國語國文學叢書 089

方言類釋

학자원

국어국문학총서 89

方言類釋

2018년 9월 15일 초판 1쇄 발행

저　자 : 洪命福
펴낸이 : 김병환
펴낸곳 : 학자원
주　소 : 134-814 서울시 강동구 천호대로 1121
전　화 : 02) 6403-1000
팩　스 : 02) 6338-1001
E-mail : hakjaone@daum.net
등　록 : 2011년 3월 24일 제324-2011-14호

HAKJAONE Publishing Co.
1121 Cheonho-Daero Kangdong-Gu Seoul

ISBN : 979-11-6247-058-9 93810

값 40,000원

方言類釋 解題

洪允杓

『方言類釋』은 韓語 漢語 清語 蒙語 倭語의 對譯語彙集으로서 洪命福 등이 1778년(正祖 2년)에 편찬한 4권 2책의 筆寫本이다. 이 책은 일반적으로 『方言集釋』 또는 『方言輯釋』으로 알려져 있지만 原冊名은 『方言類釋』이다. 이 책은 漢字로 된 中國語 단어를 표제어로 삼아 그 아래에 이 단어에 대한 韓國語를 國文으로 對譯하여 놓고 그 아래에 다시 漢語 清語 蒙語 倭語의 순으로 대역하여 국문으로 표기하여 놓았다.

서울대학교 고도서에 소장되어 있는 이 『方言類釋』은 원래 徐命膺(1716~1786)이 편찬한 『保晩齋剩簡』에 수록되어 있다. 『保晩齋剩簡』은 寫本으로 전하는데 원래 25책으로 추정되지만 현재 13책만 전하는 零本이다. 『方言類釋』은 이 『保晩齋剩簡』의 第24冊과 第25冊에 있는 것이다. 『方言類釋』은 그 책의 크기가 세로 가로 각각 33.8cm 21.5cm이고 半葉匡郭은 세로가 26.5cm 가로가 18.9cm이다. 그러나 이 『方言類釋』의 앞부분인 '保晩齋剩簡目錄引'과 '方言類釋序'의 匡郭은 이보다는 작아서 세로 가로가 각각 25.5 cm, 17.3 cm 내외다. 四周雙邊에 10행 20자로 되어 있는데 本文의 夾註는 雙行으로 1행에 36자다. 版心魚尾는 上黑魚尾인데 이 上黑魚尾의 上段 白口 자리에 '奎章韻瑞'라는 版心題가 있고 魚尾와 張次 사이에 각권에 따라 一卷은 '申部 方言' 二卷은 '酉部 方言' 三卷은 '戌部 方言' 四卷은 '亥部 方言'이라 씌어 있다.

2책으로 되어 있는 이 책의 표지에는 각각 保晩齋剩簡 二十四, 保晩齋剩簡 二十五라 되어 있다. 앞의 책에는 保晩齋剩簡目錄引,

方言類釋序, 方言類釋目錄의 순으로 각각 2장씩 있고 그 뒤에 方言類釋 卷一이 시작된다. 그런데 이 卷一은 장차가 一로부터 시작되지 않고 二로부터 시작된다. 첫째장이 落張된 것이 아니라 필사할 때의 착각으로 인한 오류로 보인다. 卷一이 37장(그러나 실제로는 36장) 卷二가 32장 卷三이 30장 卷四가 46장으로서 目錄引, 序, 目錄까지 합치면 모두 150장이다.

이 책은 전술한 바와 같이 '方言集釋' 또는 '方言輯釋'으로 소개되고 또 알려져 있지만 그 원명은 '方言類釋'이다. 序, 目錄, 그리고 卷一 ~ 卷四의 題字에 보이는 '方言集釋'의 '集'字는 원래 쓰인 '類'字의 위에다 다시 붓으로 포개어 쓴 것이다. 또한 '保晩齋剩簡目錄引'에 나열되어 있는 것 중의 '方言類釋'의 '類'字는 '集'이 아닌 '輯'으로 加筆하여 수정하여 놓았다. 이러한 것으로 보아 이 책의 원명은 '方言類釋'이었던 것이다.

이것은 徐命膺이 쓴 方言類釋序에

> 上之二年戊戌 旣撰奎章韻瑞 復命臣率舌官洪命福等 博采漢·清·蒙·倭之方言今時所用者 分門彙類 以我國諺文 釋之 且附以中州鄕語 名曰方言類釋

라 한 것에서 쉽게 알 수 있다. 즉 方言 곧 四方之言을 類로 분류하여 諺文으로 釋을 붙였기 때문에 '方言類釋'이라고 이름을 붙였다는 것이다. 그리고 실제로 이 책은 87개의 分門으로 나누어 國文으로 釋을 달아 놓은 것이다. '漢清蒙倭之方言'을 모아 놓았다(集)는 것보다는 '類'로 분류하였다는 것이 옳은 것이다. 『譯語類解』 『同文類解』 『蒙語類解』 『倭語類解』와 軌를 같이 하는 것이다. 『譯語類解』를 '譯語集解'라 할 수는 없는 것이다. 그러나 누가 이 『保晩齋剩簡』의 '方言類釋'에 보이는 '類'를 '集'으로 고쳐 놓았는지는 알 수 없다. 徐命膺의 後孫 徐有 가 1838년에

간행해 낸 徐命膺의 文集『保晩齋集』에 보이는 '方言類釋序'도 '集'이 아닌 '類'인 것이다. 이러한 점으로 보아서 '類'를 '集'으로 고친 것은 徐命膺의 生前에 이루어지지 않은 것으로 보인다. 이 『方言類釋』의 編述經緯는 徐命膺의 序에 잘 나타나 있다.

我國 西通中州 北隣淸蒙 南連倭蠻 使盖來往 幾乎無年不相接 故 朝廷設置司譯院 肄習漢·淸·蒙·倭之方言 且以壬辰兵燹 李梧里元翼·李月沙廷龜·善漢語 克稱專對之責 故 復選年少文臣 課講以爲常 然 四國方言 今已不古 殆有甚於楊子雲之關中言 故 平時雖勤於講習 及與四國人相接 率不得措一辭 夫何故 所習非所用也 上之二年戊戌 旣撰奎章韻瑞 復命臣率舌官洪命福等 博采漢·淸·蒙·倭之方言今時所用者 分門彙類 以我國諺文 釋之 且附以中州鄕語 名曰方言類釋

우리나라가 中國 淸 蒙 倭와 접해 있어 왕래가 많은데, 司譯院을 설치하여 四國方言을 여러가지로 강습하여 왔지만 이 방언들의 변화로 중국인을 만나도 한 마디도 통할 수 없게 되었으므로 正祖 2년(1778년)에 譯官 洪命福 등을 시켜 그 당시에 소용이 될 수 있는 四國方言을 類別로 분류하여 국문으로 釋을 달아 『方言類釋』이라고 하였다는 것이다.

이『方言類釋』은『奎章韻瑞』(이것은『奎章全韻』의 異稱이다)와 함께 進獻되었지만 조정에 일이 많아서 그후 4년이 지났어도 간행이 되지 않았고, 그래서 필사본으로 남아 있게 된 것이다. 徐命膺의 序에 다음과 같이 되어 있어서 이것을 알 수 있다.

是書與韻瑞 同時進獻 而自戊戌 至于今 四年之間 朝廷多事 尙未有刊布之命 然 若刊布有命 則是書 眞諺相雜 其爲校對 比他書尤難 故 用綱目三編之例 取副本 編入於剩簡 以爲後考焉 達城徐命膺 謹書

이『方言類釋』은 天文 時令 地輿 등 모두 87개 部門으로 나뉘어 있고 표제어수는 모두 5200항이다. 그리고 이들 표제어 중 '中州鄕語'라 되어 있는 항(天文, 親屬 등 모두 31개의 部門의 말미에 실려 있다) 194항을 빼면 우리말 釋이나 讀音을 쓴 표제어는 모두 5006개이다. 이 5200개 중 50여개는 부분적으로 또는 전체가 훼손되어 있으며, 그 중 20여개는 그 再構조차 힘들다. 그리고 釋 대신 漢字로 釋을 쓴 것도 하나가 보인다.

海市 : 蛋樓(1:10b)

이 『方言類釋』에 보이는 '中州鄕語'는 中國의 河南省의 方言을 말한다. 원래 '中州'란 중국에 대한 중국인들의 自稱으로 쓰이는 말이지만 여기서의 '中州'는 河南省을 지칭하는 것이다.[1)]

河南在華夏之中曰中州(故事成語考, 地輿)

이『方言類釋』은 『譯語類解』『譯語類解補』『蒙語類解』『蒙語類解補』『同文類解』『倭語類解』등을 정리 보충한 것으로 보인다. 그러나 그 배열에 있어서, 그리고 國文釋의 표기에서 약간의 차이를 보인다.

이 『方言類釋』을 편찬한 洪命福은 1733년(英祖 9년)에 태어나 首譯(각 官衙 또는 사신에 딸린 譯官의 우두머리)과 齎咨官(中國 禮部에 咨文을 가지고 가던 임시 관원) 등을 거친 漢語 譯官으로 보인다. 譯科傍目의 乾隆 癸酉 式年條에

洪命福 字敬受 癸丑生 本南陽 漢字敎誨嘉義同樞 大成子

라 하고 있고 漢淸文鑑의 말미에 漢學檢察官의 하나로서

嘉善大夫行忠武衛副司直洪命福

1) 이것은 宋基中 敎授의 助言으로 안 사실이다. 여기에 감사를 드린다.

이라 하여 洪命福을 들고 있다. 또한 朝鮮王朝實錄에 보면

(前略) 故臣等於表咨文呈納禮部時 與侍郞陸費墀 相對而立 使首譯洪命福 傳言於侍郞曰・・・
(正祖實錄 卷19 9年 乙巳 二月 甲午條)

臣等與書狀官李鼎運及首譯洪命福 上通事・・・
(上同)

賫咨官洪命福手本 言彼地事情 皇帝八旬稱賀問於禮部・・・
(正祖實錄 卷26, 12年 戊申 八月 辛丑條)

이라 되어 있는 것으로 보아서 洪命福이 중국에 다녀 왔을 가능성이 높다. '中州鄕語'란 부분도 이 洪命福이 썼을 가능성이 있는 것이다.

『方言類釋』의 國文에 나타난 國語學的인 특징을 들면 다음과 같다.

1. 어두 된소리의 표기는 ㅅ계와 ㅂ계의 合用並書로 하고 있다. 그리하여 ㅺ, ㅼ, ㅽ, ㅾ, ㅲ, ㅳ, ㅄ, ㅶ 이 보이고 ㅃ과 ㅆ이 보인다. 그러나 이 ㅃ과 ㅆ은 各自並書라기보다는 ㅂ계 ㅅ계 합용병서인 것이다. 특이하게도 ㅺ 이 보인다.

ㅺ : 깨치다(4:29a) 수지람(3:13a)
ㅼ : 똥(4:12b) 뜬구룸(1:3a)
ㅽ : 빠히다(2:24a) 뼈(1:18a)
ㅾ : 쪼차내티다(3:16a)
ㅲ : 벌임을 밋다(4:27b) 단쳐 벌이다(4:28a)
ㅳ : 술위띠(4:5b) 띠 디오논(2:26a)
ㅄ : 쌀개(1:17b) ㅄ눈(1:6a)
ㅶ : 뽄짜(1:9b) 귀에 찡ᄒᆞ다(1:21b)

ㅃ : 사모뽈(2:22a)

ㅆ : 써흐레(3:24b) 씰홈ᄒᆞ다(4:2b)

ㅺ : 솝ᄭᅴ다(呑下, 3:2a)

그러나 ㅆ ㅲ 은 그리 많이 쓰이지 않고 있다.

2. ㄹ-ㄹ 표기와 ㄹ-ㄴ 표기 중에서 ㄹ-ㄹ 표기가 우세하다.

놀리는(1:5a) 둥글리다(4:1b) 멀리(2:14b) cf. 눈 놀니다(1:6a)

3. 終聲의 ㅅ과 ㄷ은 ㅅ으로 통일되어 표기되었다. 그래서 ㄱ ㄴ ㄹ ㅁ ㅅ ㅇ 의 七終聲으로 국한시켰다.

볏(太陽, 1:3a) 구름 것다(1:4b) 비 젓다(1:5a) 이슬 듯다(1:5a)

4. 소위 사이시옷인 'ㅅ'은 두 形態素나 單語의 가운데에 독립시켜 표기하고 있다.

새 ㅅ 별(1:2b) 돌 ㅅ 빗(1:3b) 동지 ㅅ 돌(1:7b) 돌 ㅅ 모로(1:3b) cf. 홋보롬(1:7b) 믈셸(1:11a)

5. 語幹末音이 ㄹ인 用言은 모두 ㄹ을 탈락시켜 그 原形을 표시하고 있다.

별 드므다(1:3a) ᄇᆞ롬 부다(1:4a) 어다(凍了, 1:8b) ᄉᆞ다(1:27b)

6. 語中의 有氣音은 다음과 같은 세 가지 유형으로 표기되나 第2型이 가장 우세하고 第1型이 가장 적게 나타난다.

제1형 : 미친 개(4:16a)

제2형 : 곳창이(3:11b) 집팡이(3:11b) 밧치는(3:21b) ᄂᆞᆺ체(1:19a)
밋친 말(1:25a) 홋터지다(1:4b)

제3형 : ㄱ혼(1:4a) 잡힌(3:15a) 섭헤 올리다(3:22b) 놉흔(1:35b)

그러나 漢字語에서는 이러한 변화가 보이지 않는다. 특히 'ᄒᆞ다'

가 연결되는 것에서는 제3형으로 쓰고, 어간말음이 ㅎ이거나 'ᄒᆞ'가 줄어든 것은 뒤의 자음을 有氣音으로 표기한다.

급ᄒᆞᆫ(1:4b)서벅서벅ᄒᆞ다(1:9b) 만타(1:5a) 분명치 아니타(4:33b)

7. t 口蓋音化는 보이지만 k 구개음화와 h 구개음화는 보이지 않는다. 단 일찌기 h 구개음화를 겪은 것은 語幹再構造化를 거친 것이기 때문에 h 구개음화된 그대로 표기하고 있다.

지난 ᄒᆡ(1:7a) 엇지(4:30b) ᄶᅥ지다(2:20b) ᄶᅢ치다(4:29a) cf. 갈티(4:19b) 가믈티(4:19b) 서리티다(1:5a) 흉년(1:7a) 눈 깁다(1:5b) cf. ᄡᅵᆯ흠ᄒᆞ다(4:2b)

8. 語末子音群 중 ㄻ 은 뒤에 자음이 올 경우 ㄹ 은 표기하지 않고 ㅁ 만 표기된다. 이것은 이 당시의 발음을 표시하는 것이다.

별 옴다(1:3a) 옴겨가다(4:28b) cf. ᄒᆞᆰ 비(1:5a) 붉다(1:3b) 어듧다(1:3b)

그리고 ㄵ 은 ㄴ 으로 표기되지만 ㅅ 은 독립시켜 표기하고 있다.

안ㅅ 다(坐着, 1:19b) cf. 안잣지 못ᄒᆞ다(1:20a)

9. 'ㆍ'는 비교적 前時代대로 표기되었으나 語頭音節에서도 변화가 나타난다.

그늘(陰, 1:2b) ᄒᆞᆰ 비(1:5a) 벼술(1:29b) cf. 벼슬(1:33b)

(10) 아직 齒擦音下에서의 前部高母音化가 보이지 않는다.

슴겁다(淡, 3:2b) ᄇᆞ른 기츰(3:3b) 어즐ᄒᆞ다(3:4a)

이 이외에도 여러 가지의 語彙變化가 보인다. 예컨대 '양지질'(楊枝)이 '양치질'(2:8a)로 변한 것 등이다.

이 책은 筆者의 解題를 붙여 弘文閣에서 影印하여 널리 사용되고 있으나 影印本은 교정된 곳을 확인하여 이용하여야 할 것이다.

參考文獻

金芳漢(1966), '三學譯語', '方言集釋'考, 白山學報 1.

宋 敏 (1968), 方言集釋의 日本語 ハ行音 轉寫法과 倭語類解의 刊行時期, 李崇寧博士頌壽紀念論叢.

李康民(1992), 方言集釋と 倭語類解, 國語國文(日本 京都大) 61卷 9號.

李鎭煥(1984), 十八世紀國語의 造語法 硏究 - 方言集釋을 中心으로 - , 檀國大 大學院 碩士學位論文.

崔範勳(1985), '方言集釋' 硏究, 淡烏堂金炯基先生八耋紀念 國語學論叢.

安田章(1978), '方言集釋' 小考, 朝鮮學報 89.

安田章(1980), '方言集釋'と 國語表記, 朝鮮資料と 中世國語, 笠間書院.

吉田和子(1989), 方言集釋と 倭語類解との 比較硏究 -倭語と 語誌-, 日語日文學硏究(日語日文學會) 14輯.

木村晟(1991), ソウル大學校藏 方言類釋의 倭語彙, 駒澤國文 26號.

保晩齋剩簡

二十四

保晚齋剩簡目錄引

余自退居以来杜門無事揀取平日所著書藁爲保晚齋叢書其或晴牕爐灺游戲編成及承 命撰次未登繡梓凡若此類不載於叢書者削藁則可惜散帙則易至於脫誤雌黄遂蒐其中[illegible]經史子集爲類別[illegible]保晚齋剩簡言其鈔爲叢書而有餘剩也昔歐陽公自選其文集有三拔三入之文蓋凡所自爲者優劣未易辨也茂陵他日如有求遺書之 命則安知剩簡之中亦容有可采者乎剩簡[illegible]亦可無也

孫 命膺君受書于保晚齋中

經簡

〇洪範五傳 五卷

〇周易四箋 十九卷

史簡

綱目三編 二十卷

[illegible] [illegible]卷

子簡

道德指歸 二卷

參同眞詮 四卷

集簡

詩樂和聲 五卷

方言類釋 四卷

以上二十四卷應易卦之數

方言類釋序

保晚齋秘笈三十三

孔子曰誦詩三百使於四方不能專對雖多亦奚以爲蓋以詩之爲教溫柔敦厚使讀之者心平氣和而能言也然自秦漢以後四方語音與世移易南北判異東西懸殊至若戎狄蠻貊之所侏離者中國之人百不一解故居今之世雖使誦詩如子夏能言如子貢苟不能通曉方言則無以善其專對此揚子雲所以撰成方言一書而劉歆擊節歎賞郭璞爲之註釋者也然由今見之其所載關中言雖使關中人解釋茫然如異國之言而不能開口其餘又不足論也是以

明朝博雅君子往往留意於此而其爲音切類非文
字之所能盡者於是僅系中州鄉語而止其勢然也
我國西通中州北隣淸蒙南連倭蠻使盖來往幾乎
無年不相接故朝廷設置司譯院肄習漢淸蒙倭之
方言且以壬辰兵燹李梧里元翼李月沙廷龜善漢
語克稱專對之責故復選年少文臣課講以爲常然
四國方言今已不古殆有甚於揚子雲之關中言故
平時雖勤於講習及與四國人相接率不得措一辭
夫何故所習非所用也　上之二年戊戌既撰奎章
韻瑞復命臣率右官洪命福等博采漢淸蒙倭之方

言今時所用者分門彙類以我國諺文釋之且附以中州鄉語名曰方言類釋我國諺文雖出聲爲語亦可以形容況於方言乎從今以往我國爲使者素不習四國之言一開卷可以酬酢如響雖曰專對之詩三百亦未爲不可也是書與韻瑞同時進獻而自戊戌至于今四年之間朝廷多事尚未有刊布之命然若刊布有命則是書真諺相雜其爲校對比他書尤難故用綱目三編之例取副本編入於繙繹類纂後

聞 達城徐命膺謹書

方言類釋目錄

卷一

卷二

卷三

卷四

方言類釋卷一

保晩齋秘笈三十三

天文類

天 하ᄂᆞᆯ 漢天텬又天텬道 또 清 압카 蒙 텅거리 倭소라

上天 샹텬 漢上샹天텬 清 덜기압카 蒙 더거두텅거리 倭우예소라

青天 프른하ᄂᆞᆯ 漢青칭天텬 清 됴흔압카 蒙 쿠커텅거리 倭아오소라

天文 텬문 漢天텬文운 清압캐슈 蒙 텅거리연운하 倭텐몬

天河 은하슈 漢天텬河허 清숭가리비라 蒙 텅거리연오요달 倭아마노가와

天清亮 하ᄂᆞᆯ졍명ᄒᆞ다 漢天텬清칭亮량 清압카거훈 蒙 텅거리거거건 倭소랑가기요시미시새

天暗

昏 하늘어둡다 漢天텬暗안昏훈 清압가부루훈 倭소랑가쿠라시마시싸

天陰 하늘흐리다 이다 漢天텬陰인 清압가흘후엄비 蒙텅거리불쿡러뮈 倭소랑가구모리

陰凉 그늘 漢陰인凉량 清섬드리 蒙서구뎐 倭고강게

天涯 하늘ㅅ가 漢天텬涯이 清압갸부치 蒙텅거리연홀뫼 倭소라바다

天變 텬변 漢天텬變변 清압개쿠분린 蒙텅거리연호빗할 倭소라노변쓰루

天道變了 텬도변 한다 漢天텬道닷變변了랴 清압가어허러허 蒙텅거리호빗후뮈 倭소라가와루마시싸

星 별 漢星싱 又星싱皃을 清우시하 蒙오돈 倭호시

景星 경셩 漢景깅星싱 清열덩거우시하 倭게이셰이

樞星 츄셩 漢樞츄星싱 清하다하우시하 蒙알탄가다수오돈 倭쿠루룽기호시

三台星 삼태셩 漢三산台태星싱 清일란불혼이우시하 倭산다이셰이

斗星 북두셩 漢斗두星싱 清나단우시하 蒙돌로간오돈 倭싯지셰이

太乙星 태을셩 漢太태乙이星싱 清다우쥐우시하 倭다이이츠셰이

土星 토셩 漢土투星싱 清뵈혼우시하 蒙시뢰오돈 倭도셰이

木星 목셩 漢木무星싱 清모오우시하 蒙모도오돈 倭모쿠셰이

火星 화셩 漢火호星싱 清투와우시하 蒙갈오돈 倭히노셰이

金星 금셩 漢金긴星싱 清애신우시하 蒙알탄오돈 倭긴셰이

水星 슈셩 漢水쉬星싱 清무꺼우시하 蒙우수오돈 倭스이셰이

牽牛 견우셩 漢牽켠牛부 清이거리우시하 倭오다남바다

織女 직녀셩 漢織지女뉴 清죠돌간우시하 倭메다남바다

參星 삼셩 漢參순星싱 清일마후우시하 蒙굴반마랄오돈 倭산셰이

明星 새ㅅ별 漢明밍星싱 清돌갸우시하 蒙촐몬오돈 倭아가즈기호시

流星 밤아가는별 漢流류星싱 清어여러우시하 倭낭가루루호시

篲星 혜셩 漢篲쥬星싱 又彗쉬星싱 清쉬우시하 倭호웅기호시

星稠 별비다 漢星싱稠착 又星싱密미 清우시하빙신 蒙오돈낙다 倭호시김비시마시싸

星隕 별써러지다 漢星싱隕윤 清홀돈투허커 倭호시오지마시싸

星稀 별드므다 漢星싱稀히 清우시하서리 蒙오돈세럭 倭호시마례이마시싸

星移 별옴다 漢星싱移이 清우사하바쟝비 倭호시운조루마시싸

日 히 漢日이 又日이頭투 清순 蒙나란 倭히

太陽 볏 漢太태陽양 清바간 蒙어걸더 倭히강게

日光 히ㅅ빗 漢日이光광 清보손 蒙거렬 倭히히가리

日頭發紅 히ᄀᆞᆺ비최다 漢日이頭투發바紅훙 清보소코 蒙컬바바 倭히하지메데라스마시싸

日頭上了 히돗다 漢日이頭투上샹了랴 又日이出츄 清순목더거 蒙나란만두바 倭히노보리마시싸

日照 히비최다 漢日이照잔 清순열더커 倭히테라스마시싸

日頭中天 히즁텬ᄒᆞ다 漢日이頭투中중天텬 清이넝기둘린오호 蒙어둘둘리 倭히소랏노나가니이다루마시싸

日光轉射 히ㅅ빗맛비최다 漢日이光광轉젼射셔 又回회光광返반照잔 清보소바 倭히하가링가다이데라스마시싸

日頭矬 히낫계다 漢日이頭투矬초 清순울후허 蒙나란다시바 倭힝가히루승기마시싸

日微斜 히설핏ᄒᆞ다 漢日이微위斜셔 清순걸빙허 倭힝가조또나나메마시싸

日平西 히므이기우다 漢日이平핑西시 清순답시하 倭힝가단또가다후기마시싸

日頭壓山 히산엣거지다 漢日이頭투壓야山산 清순툰허머이시가 倭힝가야마니가

계마 시새
日頭落了 히지다 漢日ㅅ頭투落로了랴 清순투허거 蒙나란우나바 倭히오지마시새
日暈 히ㅅ모로 漢日ㅅ暈운 又日ㅅ圈쿠䄆 清쉰카라하 蒙나란쿠렬러버 倭히노가사
日珥 히ㅅ귀엿골 漢日ㅅ珥슬 清쉰샹가 蒙나란호실라바 倭히마밍가터
日蝕 일식 漢日ㅅ蝕시 清쉰졉비 蒙나란바리뮈 倭잇쇼구
影兒 그림쟈 漢影잉兒슬 清헐먼 蒙바룩서구덜 倭강계
月 돌 漢月워 又月워兒슬 清뱌 蒙사라 倭조기
月華 돌ㅅ빗 漢月워華화 又月워色서 清뱌이욷던 蒙사란누거렬 倭즈기이로
月芽 초싱ㅅ돌 漢月워芽야 清뱌알가나하 蒙사란하비술라바 倭하시며즈기
月盈 돌두렷ᄒᆞ다 漢月워盈잉 清뱌우헐련오호 蒙사란투쿠릭볼바 倭즈깅가마루이마시새
月明 돌ᄇᆞᆰ다 漢月워明밍 又月워亮량 清뱌거운 蒙사란사라굴 倭즈깅가아가시마시새
月淡 돌ㅅ빗여다 漢月워淡단 清뱌걸볃 蒙사란채불 倭즈기이롱가아사시마시새
月黑 돌어둡다 漢月워黑허 清바발훈 蒙사란하랑귀볼바 倭즈깅가구라시마시새
月暈 돌ㅅ모로 漢月워暈윤 清뱌카라하 蒙사란쿠렬러버 倭즈기노가사
月蝕 월식 漢月워蝕시 清뱌졉비 蒙사란바리뮈 倭과지쇼구
月虧 돌이즈러지다 漢月워虧퀴 清뱌어겸비 蒙사란호로뮈 倭즈깅가가구려마시새
月兒落了 돌지다 漢月워兒슬落로了랴 清뱌와시가 蒙사란우나바 倭즈깅가오지마시새
風 ᄇᆞ람 漢風붕 清어둔 蒙살긴 倭가계
和風 온화ᄒᆞᆫ ᄇᆞ람 漢和호風붕 清할랴순어둔 倭와스루가계
薰風 더운ᄇᆞ람 漢薰훈風붕 清할훈어둔 蒙할라쿤살긴 倭호메기가계
涼風 서늘ᄒᆞᆫ ᄇᆞ람 漢涼량風붕 清[illegible]권어둔 蒙서

리군살긴倭스스시가졔

冷風 찬보룸 漢冷릉風봉清사후룬어둔蒙지거군살긴倭히야이가졔

微風 ᄀᆞ는보룸 漢微위風봉清셜스러어둔倭호소이가졔

暴風 모진보룸 漢暴밧風봉又狂광風봉清어허어둔倭와루이가졔

朔風 북풍 漢朔소風봉清아말기어둔蒙우마라살긴倭기다가졔

旋窩風 호로리보룸 漢旋쉰窩오風봉清수어둔蒙휘倭ᄃ지가졔

一陣風 ᄒᆞᆫ셔보룸 漢一이陣진風봉清어무발가이어둔倭이지진노가졔

迎面風 마조부는보룸 漢迎잉面면風봉又頂딩風봉清잇훈어둔蒙어설쿠살긴倭마예노가졔

背後風 뒤흐로부는보룸 漢背비後후風봉又背비風봉清챳훈어둔蒙터설쿠살긴倭우시로까라후구가졔

迴風 ᄉᆞ면으로부는보룸 漢迴휘風봉清훌기러어둔倭시메너후구가졔

刮風 보룸부다 漢刮과風봉又起기風봉清어둔다비蒙살긴살긴라뮈倭가졔후구마시싸

風大 보룸세다 漢風봉大다清어둔암바蒙살긴이커倭가쳥가오오이마시싸

風住 보룸자다 漢風봉住쥬又風봉定딩又風봉息시清어둔나까하蒙살긴배바倭가쳥가야메마시싸

雲 구룸 漢雲윤又雲윤彩채清투기蒙어쿨러倭구모

彩雲 오석구룸 漢彩채雲윤清보룡고투기蒙웅거투어쿨러倭사이시기구모

浮雲 ᄯᅳᆫ구룸 漢浮부雲윤清너보러투기蒙너거쿠어쿨러倭우갑부구모

魚鱗雲 어린ᄀᆞᆺ흔구룸 漢魚유鱗린雲윤清히터러너허투기倭우록구고도ᄉᆞ구모

雲布開 구룸퍼지다 漢雲윤布부開개清투기석터허蒙어쿨러투거버倭구몽가시니시마시싸

雲遮蔽 구룸가리오다 漢雲윤遮져蔽비清투기부리하비倭구몽가사예기루마시싸

雲

淡 구룸엷다 漢雲윤淡단 清투기녀걸련 蒙어굴너채불 倭구몽가아사시마시쌰

雲黑 구룸어득ᄒᆞ다 漢雲윤黑허 清투기발훈 蒙어굴러오보갈랄투바 倭구몽가ᄀᆞ루이마시쌰

雲綻 구룸흗터지다 漢雲윤綻잔 清투기삼시하 蒙어굴러살너바 倭구몽가지라켸마시쌰

雲開 구룸것다 漢雲윤開캐 清투기허터허 蒙어굴러서쿠버 倭구몽가마기마시쌰

雷 우뢰 漢雷뢰 清악잔 蒙아윤가 倭이가즈지

轟雷 큰우뢰 漢轟훙雷뢰 清둘거러악잔 倭오오이이가즈지

焦雷 급ᄒᆞᆫ무뢰 漢焦쟈雷뢰 清가탈스러악잔 倭깃즈이이가즈지

天鼓鳴 우뢰ᄒᆞ다 漢天텬鼓구鳴밍又雷뢰鳴밍 清악잠비 蒙아윤가도오가루뢰 倭이가즈지시마시쌰

雷響 우뢰소리 漢雷뢰響향 清악잔이질간 蒙아윤가연다군 倭이가즈지노고예

雷打 벽녁ᄒᆞ다 漢雷뢰打다 清악잔다림비 蒙하윤가다가리뮈 倭가미나리마시쌰

電 번게 漢電뎐 清탈간 蒙차길간 倭이나비가리

電光閃爍 번게번득이다 漢電뎐光광閃션爍샥又打다閃션 清탈간길타릴람비 蒙차길간길랏기뮈 倭이나비가링가히라며구마시쌰

虹 무지게 漢虹훙又天텬杠강 清노론 蒙솔롱가 倭니지

雙杠 쌍션무지게 漢雙쌍杠강 清유루노론 蒙워루거순솔롱가 倭즈이니거

虹現 무지게셔다 漢虹훙現현 清노론고치가 蒙솔롱간타다바 倭니지다졔마시쌰

虹消 무지게스다 漢虹훙消샤 清노론삼시하 蒙솔롱가살니바 倭니지기유루마시쌰

雨 비 漢雨유 清아가 蒙보로간 倭아메

雨點 빗뎜 漢雨유點뎐 清아가이삽단 蒙두술 倭아메노뎬가구

濛鬆雨 ᄀᆞ랑비 漢濛뭉鬆숭雨유 清설스러아가 蒙실비기너보로간 倭고아메

甘雨 ᄯᅢ마초오ᄂᆞᆫ비

漢甘간雨유淸얄샨아가蒙챡루보로간倭아마이아야며 **驟雨** 쇠나기 漢驟주雨유淸국션이아가蒙굿거굿시엳보로간倭니와시아며 **霖雨**

장마 漢霖린雨유又迎련陰안雨유晴실스비거야가蒙뉘린보로간倭낭가아며 **傾盆雨** 퍼붓듯 漢傾깅盆픈雨유淸흥거러오드비러아가蒙친훈오로뮈倭이

고우깃즈이아며 **颶風雨** 보름에몰리드비 漢颶산風봉雨유淸빙스러아가倭가젹니도비시아며 **釀雨** 비짓다 漢釀샹雨유淸아가수넘

비倭아메가모시마시사 **下雨** 비오다 漢下햐雨유淸아감비蒙보로갈라뮈倭아멩가후리마시사 **雨大** 비만타 漢雨유大다淸아가암바蒙보로간

이거倭아멩가오오이마시사 **雨濕** 비젓다 漢雨유濕시淸아가시머거蒙보로간시멋버倭아며누례마시사 **冐雨** 비맛다 漢冐맢雨유淸아가더암

챠부하 **雨少停** 비져기머즉흔다 漢雨유少샾停칭淸아가갈라하蒙보로간샬리라바倭아멩가짓도야메마시사 **雨住** 비머즉흔다 漢雨

유住쥬淸아가나가하蒙보로간배바倭아멩가야며마시사 **雨晴** 비개다 漢雨유晴칭淸아가갈라하蒙보로간아릴바倭아메하루루마시사 **雨歇**

泡 비방올지다 漢雨유起기泡판淸아가홍고노호蒙홍흔후뮈倭아메다망가오기마시사 **土雨** 비흙 漢土투雨유淸뵈흔이아가倭즈지아며 **露**

이슬 漢露루又露루水쉬淸설령기蒙시구더리倭즈유 **露珠** 이슬믜친것 漢露루珠쥬淸실령기삽단倭즈유다마 **下露水** 이슬지다 漢下햐露

루水쉬淸실령기와시가蒙시구더리바구바倭즈융가곤다리마시사 **露滴** 이슬듯다 漢露루滴지淸실령기삽담비倭즈융가시단다루마지사 **露乾**

이슬므 漢露루乾간清실령기밝하蒙시구 霞노 漢霞햐又火호雲윤清갸산
르다 더리실기버倭즈융가호시마시싸 올 蒙울래산어굴러倭가숨미 早霞 아츰
노漢早잔霞햐清열더쟉산蒙월루거 晩霞 저녁 漢晩완霞햐清얌지쟉산蒙우더시
올울래산어굴러倭하야시노갸스미 노올 울래산어굴러倭만가다노갸스미
野馬 아즈 漢野여馬마清 霧 안 漢霧우清탈만 大霧 큰안 漢大다霧우清얌바탈
랑이 멀건倭야게 개 蒙부당倭기리 개 만蒙이거부당倭오오
이기 下霧 안개 漢下햐霧우清탈마가蒙부당 早霧 안개 세 漢早잔霧우清탈만더
리 지다 투바倭기링가군다리마시싸 이다 허蒙부당툰바倭기링
가공고로 霧濃 안개 즈 漢霧우濃룽清탈만룩숨비蒙룩기츄 霧收 안개 漢霧우收
마시싸 옥ᄒᆞ다 부당투바倭기링가우미승기마시싸 것다 식清탈만
가마기마시싸 霜 서리 漢霜상清거쳔蒙 甜霜 무서 漢甜뎐霜상清걸변 嚴霜 된서
허더허倭기링 키라구倭시모 리 거쳔倭미즈시모 리
漢嚴연霜상又苦쿠霜상清 花霜 산고 漢花화霜상又樹슈稼갸清숭 霜降 서리 漢
투민거쳔倭기비시우시모 더 커비蒙창두지倭하나시모 오다 霜
상降강清거쳔와시가蒙키라구 霜打 서리 漢霜상打다清거쳔거쳠 着霜 서리 着漢
바구바倭시몽가군다리마시싸 티다 비倭시몽가후리마시싸 맛다
죠霜상清거쳔더얌챠부 霜化 서리 漢霜상化화清거쳔웡거蒙키리 霜早 서리이
하倭시모오깃다마시싸 녹다 구핼바倭시몽가기유루마시싸 르다
漢霜상早잔清거쳔열더蒙키라 霜晩 서리 漢霜상晩완清거쳔시타하蒙키라
구열더倭시몽가하야시마시싸 늣다 구우더버倭시몽가만가다마시싸 雹

무뤼 漢雹박 清보노 蒙문둘 倭아라례

米雹 조무뤼 漢米미雹박 清머러보노 蒙홀라마문둘 倭고,이라례

下雹 무뤼오다 漢下햐雹박 清보놈비 蒙문둘러뮈 倭아라렝가,균다리마시쌰

雹打 뮈뤼티다 漢雹박打다 清보노보림비 蒙문둘ᄐ우나뮈 倭아라렝가,웃즈마시쌰

雪 눈 漢雪쉬 又雪쉬花화 清니망기 蒙챠수 倭유기

鵝毛雪 송이눈 漢鵝오毛뫄雪쉬 清너망기랍산 蒙챠수랍사 倭가사,유기

米心雪 쌋눈 漢米미心신雪쉬 清사乔 蒙홀리마챠수 倭고마유기

下雪 눈오다 漢下햐雪쉬 清니마람비 蒙챠수,오로뮈 倭유깅가,후리마시쌰

雪花飄揚 눈날니다 漢雪쉬花화飄퍄揚양 清니망기칼맘비 蒙챠수쇼고로뮈 倭유깅가도비시마시쌰

雪大 눈만히오다 漢雪쉬大다 清암바라머나마람비 蒙챠수이커,오로뮈 倭유깅가단쌋후리마시쌰

雪深 눈깁다 漢雪쉬深신 清나망기쥬민 蒙챠수균 倭유깅가,후가샤마시쌰

雪住 눈머즈다 漢雪쉬住쥬 清니망기냐가하 蒙챠수배바 倭유깅가징도야메마시쌰

雪晴 눈개다 漢雪쉬晴칭 清니망기갈라하 蒙챠수아릴바 倭유깅가하루루마시쌰

雪化 눈녹다 漢雪쉬化화 清니망기웡커 蒙챠수핼바 倭유깅가,기유루마시쌰

桃花水 눈녹은믈 漢桃탄花화水쉬 清니마샨무커 蒙챠수핼슨우수 倭유기,기유루노미즈

中州鄉語

閃 섬 山西臨晉縣謂雹爲閃

燒 샤 霞也語云早燒不出市晩燒行千里

硬雨 잉유 雹也宋紹興初臨安大雨雹大學屋瓦皆碎學宮中朝廷稱雹爲硬雨

沫露 모루 江南嘉定縣呼霧爲沫露諺云十月沫露塘溢十一月沫露塘乾

風花 붕화

欲風之時雲如斑駁形者稱爲風花

啓晝 계 쥬 雨晝止也諺云晝啓不如晚晴

䖳 후 江南福州府謂虹爲䖳

時令類

五行 오힝 漢五우行힝 清슌쟈버뎐 蒙타분마하분 倭고고우 金 금 漢金긴 清애신 蒙알타 倭가녀 木 목 漢木무 清모오 蒙모도 倭기 水 슈

漢水쉬 清무귀 蒙우수 倭미즈 火 화 漢火호 清투와 蒙갈 倭히 土 토 漢土투 清뵈흔 蒙시뢰 倭즈지 天干 텬간 漢天텬干간 清압개칙텬 蒙여시 倭텬간

甲 갑 漢甲갸 清뙁갼 蒙쿠거 倭기노에 乙 을 漢乙이 清뇨혼 蒙쿠걱친 倭기노또 丙 병 漢丙빙 清불갼 蒙울라간 倭히노에 丁 뎡 漢丁딩 清불라

훈 蒙울락찬 倭히노또 戊 무 漢戊무 清쉬안 蒙시라 倭즈지노에 己 긔 漢己기 清소혼 蒙시락친 倭즈지노또 庚 경 漢庚긍 清샨얀 蒙차간 倭기노에

辛 신 漢辛신 清샤훈 蒙차각칙 倭가노또 壬 임 漢壬인 清사할란 蒙하라 倭미즈노에 癸 계 漢癸귀 清사하훈 蒙하락친 倭미즈노또 地支

漢地디支즈 清나이갈디 蒙간어걸더 倭지지 子 ᄌᆞ 漢子즈 清싱거리 蒙훌루가나 倭녀 丑 튝 漢丑칙 清이한 蒙우컬 倭우시 寅 인 漢寅인 清탓하 蒙밟

倭도라 卯 묘 漢卯뫄 清굴마훈 蒙타올래 倭우상기 辰 진 漢辰친 清무두리 蒙루우 倭다즈 巳 ᄉᆞ 漢巳스 清메허 蒙모개 倭미 午 오 漢午

우 清모린 蒙모리 倭우마 未 미 漢未위 清호닌 蒙호니 倭히즈지 申 신 漢申신 清보뇨 蒙번친 倭사루 酉 유 漢酉우 清쵸코 蒙타갸 倭도리 戌 슐

漢戌슈清인다훈 蒙도해倭이누 **亥** 히 漢亥히清올갼 蒙가해倭이 **年** 히 漢年년清아나 蒙질倭도시 **整年** 왼히 漢整징年년清아나후시머蒙

토고린질倭 맛다구도시 **今年** 올히 漢今긴年년清어러아나蒙어너질倭끈녠 **明年** 너년 漢明밍年년清지더러아나蒙회루질倭라이녠 **後**

年 후년 漢後후年년清찰기아나 蒙회두연회루질倭고녠 **舊年** 지난히 漢舊구年년又往왕年년清너 너허아나蒙니두눈倭교녠 **去年** 상년

漢去큐年년清둘러거아나 蒙웅거력선질倭쇼우녠 **前年** 그러기 漢前쳔年년清차라아나 蒙울지논倭사이사구녠 **大前年** 그그럿긔 漢大

다前쳔年년清옹플로아 나蒙우리다질倭산교녠 **頭年** 첫히 漢頭투年년清루탄아나 蒙룩탕질倭하지메도시 **本命年** 환갑히 漢本븐命밍年

년清일컨아나蒙머쳘 건누질倭과이고우녠 **本年** 그히 漢本븐年년又當당年년清이 너쿠아나蒙븐쿠질倭도우녠 **那一年** 어서히 漢那나一

이年년清야아나蒙 알리질倭난노도시 **豊年** 풍년 漢豊풍年년清열견아 나蒙열벅질倭호우녠 **饑荒年** 흉년 漢饑기荒황年년清하지아나蒙츄

학질倭 교우녠 **年節** 설 漢年년節져清아내볼곤 蒙하구친어둘倭녠시 **年終** 세말 漢年년終중清야내두버蒙 질우쥬쥰倭도시오와루 **守**

歲 아츤설밤셔오다 漢守수歲쉬清아나아람비蒙질기 뮈倭노조구노요루오숑기마시싸 **拜年** 셰비 漢拜비年년又拜비節져清 아내도로형길럼비蒙질룬

물구뮈倭신 년노오례이 **四時** 스시 漢四스時스清된어런 蒙둘번챡倭욧즈도기 **春** 봄 漢春츈清녕더리 蒙하불倭하루 **夏** 녀름 漢夏햐清 쥬와리蒙

존倭나즈 秋 가 漢秋추清불로리 을蒙나물倭아기 冬 겨 漢冬둥清두워리 을蒙어불倭후유 四季 ㅅ계 漢四스季기清된, 불곤倭시계이

月 달 ○正月 二月 三月 漢月웨清바蒙 사라倭과지 月初 조 漢月웨初추清바이쳐려머蒙사 성 라연시닌다열倭즈기하시며 月半 보 漢 롬 月

웨半번清도보혼이넝기蒙 알반다분倭지웅고나지 月盡 그 漢月웨盡진清배맛낫훈 음 蒙비더子倭즈구모리 大盡 들거 그 漢大다 크다 盡진清

바암반이마남비倭즈깅가, 오오이즈구모리마시사다 小盡 그 믈졔어 漢小샤盡진清바오소혼이마남비蒙사란 그므다 바가倭즈깅가지사이즈구모리마시사

上半月 선보 漢上상半번月웨清덜기혼도호바蒙저 롬 곤듬다굴사라倭지웅꼬나지노마예 下半月 훗보 漢下햐半 롬 번月웨清

범결기혼도호바蒙도오라듬다 굴사라倭지웅꼬나지노노치 上弦 상현 조 漢上상弦현清위시훈이혼도호 음 蒙더거두연하갓倭쇼우즈루 下弦

훗조 漢下햐弦현清와시훈이혼도호 음 蒙도오라두연하갓倭계즈루 前月 거 漢前천月웨清찰기바蒙 월 차가나사라倭쎈계즈 去月 거 월

漢去큐月웨清마나하바蒙 웅거려선사라倭꼬계즈 来月 리 漢来래月웨又下햐月웨清저더 월 러바蒙회두사라倭라잉계즈 今月 이 漢今 들 긴月

웨又這져箇거月웨清어러 바蒙어더사라倭곤겨즈 本月 그 漢本븐月웨清이더쿠,바 들 蒙문구사라倭도웅계즈 閏月 윤 漢閏슌月웨 월 清아나간이

바蒙일러구우사, 라倭우로우즈기 冬至月 동지 漢冬둥至즈月웨清옴쇼바蒙 ㅅ들 어불룬둠다사라倭시모즈기 臘月 섯 漢臘라月 들 웨清솜곤

바蒙어블룬서쿨사 라倭시와사즈기 **節氣** 절긔 漢節져氣기淸볼곤 蒙올라릴倭셋기 **正朝** 졍죠 漢正장朝쟌淸아냐이넌 기蒙차갈라후어둘倭쇼

우죠 우 **上元** 졍월보롬 漢上샹元원淸하친이넝기蒙월졔 투어둘倭쇼웅과지노지웅고너지 **寒食** 한식 漢寒한食시淸항시蒙 거건둥갈락倭간쇼구

端午 단오 漢端둰午우淸순쟝가이넝 기蒙타분사라타분倭단고 **伏天** 복날 漢伏부天텬淸샤얀蒙너 국달어둘倭보구짓즈 **七夕** 칠셕

漢七치夕시淸나당가이넝기蒙 돌론사라연돌론倭싯지셰기 **中元** 빅즁 漢中중元원淸나단배토보호蒙 돌론사라알반타분倭우람분 **中秋** 츄셕

漢中중秋츄淸방가이넝기蒙녀 반사라알반타분倭슈우셰기 **重陽** 구월구일 漢重충陽양淸우융거이넝기蒙 이순사라연이순倭쥬우요우 **下元**

십월보롬 漢下햐元원淸쟌배토보호蒙알반사라 연알반타분倭지웅과지노지웅고너지 **冬至** 동지 漢冬둥至즈淸투워리런 蒙어블룬털倭도우지 **臘**

日 납향날 漢臘라日시淸졸곤이 넝기倭사와사너지 **臘八** 납월팔일 漢臘라八바淸졸곤배쟈쿤 倭시와사즈기노핫지너지 **除夕** 아ᄎᆞᆫ설날

밤 漢除츄夕시淸벙얌지蒙하구 친우더시倭노조구노요루 **暖和** 다스ᄒᆞ다 漢暖눤和호淸할루간蒙할 로오한倭논독가너마시쌰 **天熱** 덥다 漢天

텬熱여淸할훈蒙할라 군倭아즈이마시쌰 **熰熱** 무덥다 漢熰우熱여淸훅타머할훈蒙붕 나후할라군倭호녜기마시싸 **焦熱** ᄃᆞᄂᆞᄃᆞ시덥다 漢焦

쟌熱여淸쇼리머할훈蒙시라마 할라군倭깃즈이아즈이마시쌰 **涼快** 서늘ᄒᆞ다 漢涼량快쾌淸셜견蒙서 리군倭스스시마시쌰 **陰冷** 음랭ᄒᆞ다 漢陰

인冷릉清싱견蒙참거근倭고강계히아이마시싸 天冷 집다 漢天텬冷릉清배퀸蒙귀던倭사무아마시싸 凍了 어다 漢凍동了랴清거첨비蒙쿨더뮈倭

마시싸고웃다 日 놀 漢日시又日이子즈清이녕기蒙어둘倭히 今日 오놀 漢今긴日시清어녕기蒙어너둘倭끈너지 本日 그놀 漢本븐日

시清이너각이녕기蒙문쿠어둘倭소노너지 次日 이튼놀 漢次츠日이清재이녕기蒙회투어둘倭아구루너지 昨日 어제 漢昨조日이清용清식서蒙어

츄거둘倭사구짓즈 前日 그제 漢前쳔日이清차낭기蒙울지어둘倭오도도이 大前日 그젓제 漢大다前쳔日이清끌로이녕기蒙차가난

어둘倭오도조이 明日 닉일 漢明밍日이清치마리蒙말가타倭묘우너지 後日 모릐 漢後후日이清죠로蒙누쿠거어둘倭묘웅고너지 外

後日 글피 漢外왜後후日이清재죠로蒙회투누쿠거어둘倭산묘우너지 白日 볼근놀 漢白버日이清이녕기쉰倭하구너지 幾日

어너놀 漢幾기日이清야이녕기蒙알리어둘倭난노너지 整日 왼놀 漢整징日이清쉰투후니倭맛다구너지 時 셔 漢時스清어린蒙착倭도기 清

早 이른아춤 漢清청早잔清열더치마리蒙열더원루거倭화야시아사 晌午 낫 漢晌상午우又傍팡午우清이녕기둘린蒙어둘둘리倭히후 晌

午錽 낫계다 漢晌상午우錽조清이녕기둘린둘너거蒙어둘둘리웅거러뮈倭히루승기마시싸 晩晌 져믈게야 漢晩완晌상又傍광晩완清얌짓훈

蒙우더시연기리倭구례너 下晩 져녁 漢下하晩완清얌지蒙우더시倭유우베 初昏 초혼 漢初추昏훈清발훈쌀라마蒙륵탄우더시倭하시메구로우

黑夜 밤 漢黑허夜여清호보리蒙수니倭요루 晩鐘 인졍 漢晩완鐘즁清야지탕구강倭끈요메 亮鐘 파루 漢亮량鐘즁清거런더러

강蒙거거럿키구연싱倭간요메 頭更 초경 漢頭투更경清움쥐강蒙터리근징倭하지메고웃텐 打更 경티다 漢打다更경又起키更경清강보림

비蒙징죠키뮈倭고웃텐우스즈마시샤 替更 새경드다 漢替티更경清깅할감비蒙징할라뮈倭고웃텐가와루마시샤 夜半 밤ㅅ즁 漢夜여半번清

도보리둘린蒙수니둘리倭야쥬우 整夜 왼밤 漢整징夜여清도보뇨蒙수니다구순倭맛다구요루 通宵 밤새도록 漢通퉁宵샤清거러터리蒙거거러

털러倭요모숭가라 曉頭 새벽 漢曉햪頭투清걸시벌시蒙연키라가倭아간즈기 黎明 샐녁 漢黎리明밍清거러러어런蒙거거럿키쿠연착倭힝가

시아계노지분 晨光現 먼동트다 漢晨친光광現현清울더거蒙거러시랄라바倭아가즈기이로야계마시샤 東開 동트다 漢東둥開캐清알린

쟈가라하蒙아쿨라잡살라뮈倭힝가시아계마시샤 天亮 하늘밝다 漢天텬亮량清거러거蒙거거러버倭소라야가시마시샤 天大亮 채밝다

다 漢天텬大다亮량清거훈거러거蒙겁거거러버倭하례야가시마시샤 幾時 언제 漢幾기時스清아당기蒙커져倭난노도기 現今 즉금 漢現현今

긴又如유수긴清너蒙오도倭다다이마 立刻 즉시 漢立리刻킈又頃깅刻킈清운해蒙터두倭스나와지 片時 편시 漢片편時스又暫잔時스清달태蒙

잔지 少時 잇다가 漢少샤時스清바툴건倭지고우고구 一會 호지위 漢一이會회清커지너蒙럴리연倭이지파이

地輿類

地 ᄯᅡ 漢地디 清나 蒙가잘 倭지 地硬 ᄯᅡ굳다 漢地디硬잉清나텅숩비蒙가 잘바두倭지가다ᄯᅮ마시ᄯᅡ 地軟 ᄯᅡ무르다 漢地디軟 쉰又地디

酥수清나우후건蒙가잘듀걸 루뮈倭징가야와라구마시ᄯᅡ 地鬆 ᄯᅡ서벅서벅ᄒᆞ다 漢地디鬆숭清나 술라蒙가잘술라 地動 ᄯᅡ동ᄒᆞ다 漢地디 動동又

地디震진清나야스샵비蒙 가잘구뎔우뮈倭나이후루 地潮 ᄯᅡ축축ᄒᆞ다 漢地디潮챠清나뎔버훈蒙가 잘치긱데倭징가누례마시ᄯᅡ 地坼 ᄯᅡ터지다

漢地디坼처又地디裂려清나ᄲᅡ챠하 蒙가잘달바라바倭지홍게다바시ᄯᅡ 滷地 ᄯᅡ짠 漢滷루地디清후지리바蒙후 집두가잘倭시옹가라시노지 背陰

地 음달 漢背븨陰인地디清실먼 蒙거오시倭고강게가다 水涸地 믈즌ᄯᅡ 漢水쉬涸허地디清힐건蒙실기 은가잘倭미즈하요우호시노지 坎

坷地 언덕 흔ᄯᅡ 漢坎간坷커地디清컥터각타바蒙엉굴 퉁골가잘倭오지이루다마리미즈노지 粘泥 진흙 漢粘텬泥니清여여뵈 혼蒙날라가시뢰倭모

지조지 膠泥 사벽 漢膠갸泥니清한두 뵈혼倭기나루조지 滓泥 개흙 漢滓재泥니清할후뵈혼 蒙락시뢰倭우라조지 土塊 흙덩이

漢土투塊괘清달간뵈혼 蒙붐시뢰倭즈징구례 土堆 흙무지 漢土투堆뒤清뵈혼이북탄 蒙오보倭즈지우즈다가시 沙子 모래 漢沙사子즈 清용간

蒙얼러수 倭이산고 糞土 두험흙 漢糞븐土투清후쿤蒙혹시 뢰倭굿소만지와루조지 草坯 뗏뎡이 漢草찬坯피清괴간 蒙짐倭스계노구례

灰塵 몬지 漢灰휘塵친 又灰휘土투 清부라기 蒙토고수 倭호고리 野甸子 드르 漢野여甸뎐子즈 清비간 蒙거거리 倭노 燒荒 벌ㅅ

블 漢燒샾荒항 清텩ㅅ 蒙퉈멀ᄅ갈 倭노바라노히 茅蕩 드러 漢茅뫄蕩당 清리바간 蒙시발태 倭유루이 坑子 굳헝 漢坑킁子즈 清요호론 蒙

수박 倭호즘부 窟窿 通稱 漢窟쿠窿룽 清상구무가 蒙누꺼 倭아나 塡坑 굴헝메우다 漢塡뎐坑킁 清요호론쥬김비 蒙수박타라뀌 倭호즘부하미이려

마시 시다 山頂 뫼ㅅ곡뒤 漢山산頂딩 清알린이셩긴 蒙아굴란누孟교골 倭야마이단다기 山腰 뫼ㅅ허리 漢山산腰양 清알린이해칸 蒙아굴란누발 倭

아마 고시 山底 뫼ㅅ밋 漢山산底디 清알린이부턴 蒙아굴란누홀뫼 倭야마모도 山壑 뫼ㅅ굴헝 漢山산壑허 清알린이요호론 蒙아굴란누수박 倭

아마호 즘부 山峯 뫼ㅅ봉 漢山산峯봉 清알린이하다 蒙아굴란누니로고 倭야마미네 山脊 뫼ㅅ등 漢山산脊지 清알린이지둔 蒙아굴란누사나

倭야마 세나가 山陽 뫼ㅅ앏 漢山산陽양 清알린이안두 蒙아굴란누워얼 倭야마마예 山背 뫼ㅅ뒤 漢山산背븨 清알린이보조 蒙아굴란누아루

倭야마 노지 山縫 뫼ㅅ틈 漢山산縫봉 清알린이벼런 蒙아굴란누앙 倭야마스기 嶺子 고개 漢嶺링子즈 清다바간 蒙다바가 倭사가 坡

子 뫼ㅅ두듥 漢坡포子즈 清알린이뭉간 蒙아굴란누도보챡 倭야마오가 緊坡 ᄀ프른두듥 漢緊긴坡포 清어녀훈뭉간 蒙룰루루건 倭깃즈이오가 慢

坡 누즈혼두듥 漢慢만坡포 清어녀후건뭉간 蒙를두거건 倭히니이오가 陡坡 ᄀ장혼두듥 漢陡두坡포 清벼러쿠뭉간 蒙극두굴 倭이고우깃즈이오가

(懸崖 절벽) 漢懸崖현애 清영걸러구蒙 (崖頭 언덕) 漢崖안頭투 清뭉 (對崖 마즌) 漢對
벽 둘루건 倭우상키몬도란 덕 간蒙일먹 倭오가 언덕 뒤崖
안 清박친이, 뭉간蒙어설구 (巖頭 바) 漢巖연頭투 清하 (石頭 돌) 漢石시頭투 清위허
쳘투선일먹 倭다이오가 회 다蒙하다 倭이와 蒙칠라군 倭이시
(石縫 돌) 漢石시縫봉 清위헤벼런蒙 (海 바) 漢海해 清머더리 (江 강) 漢江강 清울라蒙
틈 칠라군ㄴ앙 倭이시스기 다 蒙달래 倭우미 무런 倭예가와
(河 내) 漢河허 清비라蒙 (洋 바) 漢洋양 清나무 (潮 조) 漢潮챤 清빌턴蒙 (島 셤) 漢島단
시나가 倭가와 다 倭호가우미 슈 둘기건 倭오시호 清훈蒙
아랄 倭 (淵 소) 漢淵원 又潭탄 清둥 (池 못) 漢池치 清오모 (井 우) 漢井징 清후친 (龍湫
시마 구蒙창갈 倭후지 蒙나쿤 倭이케 믈 蒙후득 倭이
용소 漢龍룽湫작 清무두리쥬 (湯泉 온) 漢湯탕泉쳔 清할훈셔리蒙할라 (存水 고인
슨 뒤 셔 倭다즈와구노도고로 쳔 군불락 倭아다다 샤노이즈미 믈
漢存준水쉬 又死스水쉬 清터허무 (緊水 센) 漢緊긴水쉬 清툴건蒙툴 (混水 흐린) 漢混
거蒙두녹산우수 倭다마리미즈 믈 건우수 倭기즈이미즈 믈 混
훈水쉬 清두랑기무거蒙불 (甜水 단) 漢甜텬水쉬 清잔츄훈무거蒙 (苦水 쓴) 漢苦쿠
랑길우수 倭넝구루미즈 믈암래한우수 倭아마이미즈 믈水쉬清
고시훈무거蒙가시군 (練水 폭) 漢練련水쉬 又瀑부布부 清투 (渡口 나) 漢渡두口쿠
우수 倭넝가이미즈 포 라쿠蒙굴키러 倭다킹가와 루 又津진頭투
清도끈蒙 (港汊 셕) 俗稱 漢港강汊차 清올골 (海市 蜃樓) 漢海해市스 清머더리멀커
올롬 倭즈 藏船處로 倭미즈나마다 셤비 倭하망구리노강

海溢 바다넘다 漢海해溢이清머더리빌뎜비蒙달래빌하바倭우밍가아마루마시다

海笑 바다셜다 漢海해笑샤清머더리더버거蒙달래올실루위倭우미와子마시다

潮上 믈미다 漢潮챠上샹又潮챠来레清무거칠치가蒙우수둘기버倭시옹가힛다

潮退 믈혀다 漢潮챠退퇴又潮챠落로清무거혁처허蒙우수타타바倭시옹가잇다

波浪 믈결 漢波보浪랑清무께볼乇蒙돌갼倭미즈나미

河汊 믈갈래 漢河허汊차清비래갈간蒙우순누살라가倭미즈미지

河灣 믈구븨 漢河허灣완清무께무단蒙우순누무뤼倭마와루미즈

水泒 믈줄기 漢水쉬泒패清무께갈간蒙우순살라가倭미즈와께

水面 슈면 漢水쉬面면清무께탈간蒙우순누더굴倭스이면

水宗 슈종 漢水쉬宗중清무께물루蒙우순누나로고倭노나가

水底 믈밋 漢水쉬底디清무께버러蒙우순누이루갈倭미즈모도

河沿 믈ᄉᄀ 漢河허沿연清무께달린蒙우순구버거倭미즈바다

灘裡 여흘 漢灘탄裡리又梢산裡리清이란蒙회倭나다

河決 내터지다 漢河허決궤清비라선더저허蒙고올서더러뮈倭가와홍디다마시다

決水 믈트다 漢決궤水쉬清무거선덜럼비蒙우수서털루뮈倭미즈상구루마시다

開河 내츠다 漢開개河허清비라왈담비倭가와아계마시다

水衝 믈질리다 漢水쉬衝중清무거쑬김비蒙우수시박다뮈倭미즈삿스이마시다

水漲 시위나다 漢水쉬漲장清무거빌더거蒙우수우열러뮈倭미나기루마시다

水澇 믈시이완 漢水쉬澇랖清무거비사라하蒙우열볼바倭미즈공고루마시다

水落 믈뼈다 漢水쉬落로清무거꼬치가蒙우수타타바倭미즈진지마루마시다

水

泡 믈ㅅ 漢水쉬泡팦清무케호분蒙 水沫 믈ㅅ 漢水쉬沫모清무케오 浪柴 소 漢
방울 우수쿠거수倭미즈ᄀᆞ마 거품 봉기蒙복倭미즈ᄀᆞ아와 비 浪
랑柴채清무케악산蒙학시수 氷 어 漢氷빙清쥬허蒙 凍了 通稱漢凍둥了랖清거쳡
倭미즈나우감부노ᄃᆞ깅기 름 무수倭고오리 어ᄅᆞ 비蒙쿨터뮈倭고오
다 氷牌 어름 漢氷빙牌패清쥬헤발시蒙 氷凌 살어 漢氷빙凌링又亮량氷빙清찰
조각 무순ᄃᆞ거석倭고오리가다 름 치나하쥬허蒙찰찰둑산무수
倭우스이 氷筏子 셩 漢氷빙筏바子즈又流류凌링 結凘 셩에 漢結겨凘ᄉᆞ清훈
고오리 에 清소친蒙샹倭나가라고오리 지다 고노머거쳐허蒙
창두지倭나가라고 簷垂氷 곳어 漢簷연垂쥐氷빙又氷빙錐쥐清시샤나
오리나스마시다 름 하쥬허蒙슈유가무수倭노기노고오리 地皮
硝起 소올 漢地디皮피硝샤起키清나부러너허비 跑氷 어름으로 漢跑팦氷빙清
지다 蒙가찰쿨테지倭징가계와시고온다 건너다 쥬헤도음비蒙
무수벌거둘루뮈倭고 溜氷 어름즈 漢溜루氷빙清너숨비蒙쿨ᄀᆞ 氷酥 어름서벅
오리나와다리마시다 치다 뮈倭고오리시다다리마시다 서벅ᄒᆞ다
漢氷빙酥수清쥬허부숨숨비蒙무 氷綻 어름터 漢氷빙綻잔清쥬허샤가나하蒙무수
슈쥬우러버倭가다시마셴고오리 지다 갈바라바倭고오리홍계다마시다
上頭 우 漢上샹頭투清뎔기 下頭 아 漢下햐頭투清버텰 中間 ᄉᆞ 漢中즁間견
蒙더거두倭우에 리 기蒙도오라倭시다 이 清시던蒙호
고론두倭 當中 가온 漢當당中즁清둘림 裏頭 안 漢裏리頭투清돌기 外頭 밧
아이ᄃᆞ 뒤 바蒙둠다倭나가 蒙도토라倭우지

漢外쌔頭투清틀러蒙가다나倭호가

這邉이면 漢這져邉변清어벌기蒙나가나倭고노바ᄃᆞ

那邉저편 漢那나邉변清찰기蒙챠가나倭가노바ᄃᆞ

傍邉겻 漢傍방邉변清달바키蒙하쟈오倭소바

往前압흐로 漢往왕前쳔清쥴러시蒙우록시倭마예까라

往後뒤흐로 漢往왕後후清아마시蒙회시倭우시로ᄉᆞ가라

正面뎡면 漢正징面면清친蒙둡倭쇼우멘

裡面속 漢裡리面면清돌로蒙도토가倭쇼ᄀᆞ

外面것 漢外왜面면清틀덜기蒙다ᄅᆞᆨ시倭호가오모데

尊卑類

皇帝황뎨 漢皇황帝디文皇황上상清황디蒙황디倭고우뎨이

皇后황후 漢皇황后후清황호오蒙황호오倭고우고우

皇太子황태ᄌᆞ 漢皇황太태子ᄌᆞ清황태ᄌᆞ蒙황태ᄌᆞ倭고우뎨이노다이시

皇子황ᄌᆞ 漢皇황子ᄌᆞ清아거蒙아바개倭고우뎨이노물고

親王친왕 漢親친王왕清친왕蒙친왕

郡王군왕 漢郡균王왕清견왕蒙견왕

貝勒패륵 漢貝비勒러清벨러蒙벨러

貝子패ᄌᆞ 漢貝비子ᄌᆞ清베스蒙패스

皇貴妃황귀비 漢皇황貴귀妃비清황귀뷔蒙황귀페倭고우뎨이노닷도시히ᄏᆡ

嬪빈 漢嬪빈清핀蒙핀

公主황뎨의ᄯᆞᆯ 漢公궁主쥬清궁쥬蒙궁쥬倭고우뎨이노무스메

郡主친왕의ᄯᆞᆯ 漢郡균主쥬清호뫼거거蒙호쇠궁쥬

縣主군왕의ᄯᆞᆯ 漢縣현主쥬清[illegible]

논아바해 福晉 뎨왕의쳐 漢福부晉진 淸부진 蒙호쇠하툰 倭우예사마노즈마 額駙 황뎨의사회 漢額어駙부 淸子룬이어부 蒙울룻순타부낭 倭고

우뎨이노무고 儀賓 왕의사회 漢儀이賓빈 淸왕녀어부 蒙호쇠타부낭 倭우예사마노무고 宗室 종실 漢宗중室시 淸子룬이욱순 蒙울룻순욱사가 倭도

우사스즈 覺羅 대진호종실 漢覺교羅로 淸교로 蒙교로 臣 신하 漢臣친 又臣친子즈 淸암반 蒙샌 倭신사 世臣 셰신 漢世시臣친 淸부쥬리암

반 蒙우여두샌 倭셰이신 功臣 공신 漢功궁臣친 淸궁거암반 蒙궁두샌 倭고우신

親屬類

祖宗 조상 漢祖주宗중 淸마바리 蒙어부겸 倭와시메오운지 高祖 고조 漢高갇祖주 淸다마바 蒙훈룬처어부거 倭보즈다이오운지 高祖

母 고조모 漢高갇祖주母무 淸다마마 蒙훈룬처어머거 倭보즈다이오우메 曾祖 증조 漢曾증祖주 淸봉구마바 蒙열룬처어부거 倭히오운지 曾

祖母 증조모 漢曾증祖주母무 淸봉구마마 蒙열룬처어머거 倭히오우메 祖父 조부 漢祖주父부 淸마바 蒙어부거 倭오운지 祖母

조모 漢祖주母무 淸마마 蒙어머거 倭오우메 父親 부친 漢父부親친 又爺여 淸아마 蒙어치거 倭지지 母親 모친 漢母무親친 又孃냥 淸어머 蒙

어머거 倭하하 養父 양부 漢養양父부 淸우지허아마 蒙부터지거선어치거 倭요우후 繼母 계모 漢繼기母무 淸시라머어머 蒙다라가어머거 倭계이하하

嫡母 뎍모 漢嫡디母무清징기니어녀 蒙조옴어머倭죠구하하
伯父 ᄆᆞᆺ아자비 漢伯버父부清암지蒙이 거아바가倭가시라오지
伯母 ᄆᆞᆺ아자비쳐 漢伯버母무清아무蒙이거아바 가벌거倭가시라오지노즈마
叔父 아ᄋᆞ아자비 漢叔수父부清어치거蒙바 가아바가倭지사이오지
嬸母 아ᄋᆞ아자비쳐 漢嬸신母무清오거蒙바가아바 가벌거倭지사이오지노즈마
叔叔 通稱아자비 漢叔수叔수清잇헌 蒙아바가倭오지
堂叔 오촌아자비 漢堂탕叔수清시라머잘라히여헌蒙어치거 누우여연아하더구우倭지지노이야이도고
姑母 아븨누의 漢姑구母무清구 蒙아바가어거치 倭지지 아녀
姑夫 고모부 漢姑구夫부清구부蒙아바가굼 거아하倭지지아녀노오도삭
外祖 외조부 漢外왜祖주清고로 마바蒙나가츄어치 거倭하한까 다오운지
外祖母 외조모 漢外왜祖주母무清고로마마蒙 나가츄어거倭하하새다오우메
舅舅 외삼촌 漢舅구舅 구又母무 舅구清낙츄蒙나 가츄倭과이오지
舅母 외삼촌의쳐 漢舅구母무清뎌츄蒙나가 츄벌거倭과이오지노즈마
姨母 어믜계집동ᄉᆡᆼ 漢姨이母 무清더허 머蒙어거나가츄 어거치倭오바
姨夫 이모부 漢姨이夫부清더허마蒙나가 츄굴거아하倭오바오도삭
哥哥 형 漢哥거哥거清 아훈蒙아하倭 아 니
兄弟 아ᄋᆞ 漢兄훙弟지清더오 蒙더구우倭오도도
嫂子 형의쳐 漢嫂산子즈清아샤蒙 벌거倭아니노즈마
小嬸 아ᄋᆞ의쳐 漢小 샾嬸신清우헌蒙더구우 버리倭오도도노즈마
姊妹 누의들 漢姊즈妹믜清어윤논蒙워 긴倭아녀또이모도노라
姐姐 ᄆᆞᆺ누의 漢姐저 姐저清

어윤蒙어거 치倭아녀 **妹子** 아우누의 漢妹믜子즈淸몬蒙워 킨더구우倭이꼬도 **姐夫** 모ᄉᆞ누의남편 漢姐뎌夫부淸어부蒙 쿨건아하倭아녀노오 十二

도 삭 **妹夫** 아우누의남편 漢妹믜夫부淸머어蒙더구 운쿨건倭이모도노오도삭 **叔伯弟兄** ᄉᆞ촌형아우 漢叔수伯버弟지兄흥又再재 지兄흥又從중

弟지兄흥淸잘라히야훈더오蒙 우여연아하더구우倭이도고 **房分弟兄** 뉵촌형아우 漢房방分븐弟지兄흥又再재 從중弟지兄흥淸알다히야훈

더오蒙악라가아하더 구우倭이야이도고 **姑舅弟兄** 녀외죵형뎨 漢姑구舅각弟지兄흥淸탈시야훈더오 蒙불루지거야하더구우倭우지호가노

아도 고 **兩姨弟兄** 이죵형뎨 漢兩량姨이弟지兄흥淸타다야훈더 오蒙불론철지건철倭오바노무고 **兒子** 아들 漢兒울子즈淸쥐蒙

거오건 倭무고 **長子** 맛아들 漢長쟝子즈淸아훙가쥐蒙아 하맏거오건倭가사라무고 **次子** 둘재아들 漢次츠子즈淸자친쥐 蒙호야두갈거오건倭

증기 무고 **晩生子** 막나이 漢晩완生승子즈淸뱡구쥐 蒙온훈거오건倭스예노고 **媳婦** 며나리 漢媳시婦부淸우 륜蒙버러倭요메 **女**

兒 ᄯᆞᆯ 漢女뉴兒울淸살간 쥐蒙위킨倭무스메 **女壻** 사회 漢女뉴壻시淸호지 혼蒙쿨건倭무고 **姪兒** 족하 漢姪지兒울淸잘 라히쥐蒙절거연

거오건 倭오이 **姪女** 족하ᄯᆞᆯ 漢姪지女뉴淸잘라히살간 쥐蒙절거연위킨倭메이 **堂姪** 오촌족하 漢堂탕姪지淸시라머잘 라히쥐蒙다루가우연거

오건倭이도 고노무고 **外甥** 싱질 漢外왜甥승淸어윤돈이쥐蒙어거 치위킨더구우연거오건倭아넝기 **養子** 양ᄌᆞ 漢養양子즈淸우 지허쥐蒙터지거

선거오건倭야시노우북고 **偏房兒子** 첩아들 漢偏편房방兒술子즈淸달바기 蒙하쟈오더거오건倭데가기북고 **遺腹子**

유복 漢遺이腹부子즈淸아나구쥐蒙투루쟈 거순거오건倭화라나노고리노고 **雙生子** 방싱 漢雙쌍生승子즈淸가방가 쥐蒙어부칠거오건倭즈이쟈

우마려묵고 **孫子** 손쟈 漢孫순子즈淸로蒙아치倭망고 **外孫** 외손 漢外왜孫순淸긴두거오건倭무스메노북고 **曾**

孫 증손 漢曾증孫순淸재잘단이 오몰로蒙지치倭히망고 **玄孫** 현손 漢玄현孫순淸인라치잘란이 오몰로蒙구치倭망고노망고 **岳父** 쳐부 漢岳

요父부又丈쟝人신淸암하蒙 하담어치거倭즈씨노지지 **岳母** 쳐모 漢岳요母무又丈쟝母무淸엄 허蒙하담어거倭즈마노하하 **舅子** 쳐남 漢舅구子

즈淸살간이야훈더오蒙어머 연아하더구우倭고슈우도 **大舅子** 뭇쳐남 漢大다舅구子즈淸살간이야훈 蒙하담아하倭가시라고슈우도 **小**

舅子 아우쳐남 漢小샾舅구子즈淸살간이더오蒙 하담더구우倭지사이고슈우도 **大姨** 쳐형 漢大다姨이淸나챠蒙하 담아하倭즈마노아니

小姨 쳐제 漢小샾姨이淸나쟈蒙구러워 긴더구우倭즈마노오도도 **連姈** 동셔 漢連련姈긴淸걸리 蒙바쟈倭아이무고 **渾家**

通稱 漢渾훈家갸淸살 간蒙벌게倭즈마 **正娘子** 안해 漢正징娘냥子즈淸징키나 살간蒙벌게倭쇼우즈마 **先頭娘子** 젼실

漢先션頭투娘냥子즈淸너너허살 간蒙우리다벌게倭하시메즈마 **塡房** 후쳐 漢塡뎐房방淸사라머개하살간蒙 다루가아복산벌게倭우시로즈마 **小**

娘子 쳡 漢小뱌娘냥子즈又偏편房방清아시하살간蒙바가한어머倭녀가기

出娘子 내친계집 漢出츄娘냥子즈清호고호살간蒙벌게하오라뮈倭오인다시즈마

娘家 가처 漢娘냥家갸清단찬이보오蒙툴굼분벌倭즈마이예

親家 사돈 漢親친家갸清사둔蒙후대倭아야끄도노

親眷 권당 漢親친眷쥔又親친戚치清나만훈치힌蒙우룩우둡倭끄루이

姑表 이성소촌 漢姑구表뱌清타라倭운지메지나루이도고

童養媳婦 민며느리 漢童퉁養양媳시婦부清다루하우룬蒙불루거술럭선버리倭야시노우묘며

贅婿 데릴사회 漢贅쥐婿시又養양老랖女뉴婿시清후순이호지흔蒙구츈두쿨건倭즈례노우무고

庶母 셔모 漢庶슈母무清거런어녀蒙거런어거倭지지노뎨가기

奶公 졋아비 漢奶내公궁清머머아마蒙구쿨터어치거倭오노도

奶娘 졋어미 漢奶내娘냥又乳수母무清머머어녀蒙구쿨터어거倭메노도

乾爺 슈양아비 漢乾간爺여清아라하야마蒙키슨어치거倭시우묘우지지

乾娘 슈양어미 漢乾간娘냥清아라하어녀蒙키슨어거倭시우묘우하하

乾兒子 슈양아들 漢乾간兒솔子즈清타가하쥐蒙지슨거오컨倭시우묘우묵고

老婆 계집 通稱 漢老랖婆포清타허계집蒙어거빌倭요우부

丈夫 남편 漢丈장夫부又當당家갸的디清에건蒙어러倭오도仟

公公 싀아비 漢公궁公궁清아마가蒙하감어치거倭슈우도오

婆婆 싀어미 漢婆포婆포清어머거蒙하감어커倭슈뉴도,메

大伯 아자비 漢大다伯버清거倭자시라슈우도오지

小叔 아우싀아자비 漢小뱌叔슈清어시蒙어더구우倭지사이슈우도

大姑 모싀 누의 漢大다姑구清에건이어 윤蒙하 누의다어거치倭가시라슈우도아녀 小姑 아ᄋᆞ싀 누의 漢小쑈姑구清에건이논 蒙어러연위킨더구우倭

지사이슈우도떼 妯娌 동셰 계집 漢妯직娌리清허허 걸리倭아이요메 長輩 룬어 漢長장輩븨清웅가蒙 아하쟈하倭레기레기 孩子

아희 漢孩해子조清부야쥐 蒙바가거오권倭징고 後代 후대 漢後흐代대清어넌蒙 우러倭우시루다이 倍數 배수 漢倍븨數수清 쟐란倭다이간

스 同姓 동셩 漢同퉁姓싱清어부할라蒙 너거오복倭우나시구운지 排行 항렬 漢排패行항清어 무쟐란倭균다리 朋友 벋 漢朋픙友

우 清구奔蒙누 굴倭호우바이 同年 동뇨 漢同퉁年넌清두왈리蒙 남倭우나시구망고이 同窓 동글 접 漢同퉁窓창清빈혀구 奔蒙비칙균누굴倭후

미호우 바이

中州鄉語

亞公 야공 廣東高要縣稱祖宗神祇 爹 댜 江南嘉定縣呼父爲爹廣東亦然 爸 바 廣東廣州府謂

父曰爸 媽 마 謂母曰媽 亞哥 야거 呼哥輒以亞先之亦曰阿呼嫂亦然排行亦先以亞如行二曰亞二行三曰亞三之類 公底 공디

廣東高要縣稱外祖父曰公底外祖母曰婆底 簡爺 견여 汾州寧鄉縣稱外祖父曰簡爺 簡婆 견포 外祖母曰簡婆 先後 션후

山西臨晉縣兄弟妻謂之先後此語已自漢時漢郊祀志見神於先後孟康曰古謂娣似今關中呼爲先後 丙公婆 냥공포 湖廣長沙府夫婦相呼

郎家 랑가 廣東高安縣稱壻 郎 랑 湖廣長沙府稱壻 孖兒 나술 山西臨晉縣稱小兒

身體類

身子 몸 漢身신子즈清버여蒙버여倭미 頭 마리 漢頭투清우쥬蒙톨로개倭가미 頭項 이덩박 漢頭투項힝又腦난蓋개子즈清보론이

바倭이 額 니마 漢額어清망나蒙망내倭히다이 腦袋 뒤골 漢腦난袋대清호로蒙가발라倭아다마 顖門 숫구무 漢顖신門믄清끌로

蒙奎래倭이노지노아나 爭食窩 니로소 漢爭층食시窩오清후蒙奎라개거지거倭죠우즈지나강구부 腦後 곡뒤 漢腦난後후清후이다蒙

훌라개거지거연 前奔顱 마리앏 漢前쳔奔븐顱루清우쥬죤기蒙열우倭죠우즈지 내미다기망내倭가미마예동가리마시사 後奔顱 마리뒤 漢後후奔븐顱루清우쥬궁구蒙내미다거터倭가미노지동가리마시사

分道子 가림 漢分븐道답子즈清서천蒙쟈가다수 頷項 목 漢頷보項향又頷보子즈清몽곤蒙호골래倭구비 臉 노ㅅ 漢臉련又臉련鵝단清더러蒙니술倭가오 腮 썀 漢腮새清샥샤하蒙자지술倭앙기도

下頦 톡 漢下햐頦해清선쳐허蒙어러우倭오동가이 耳朶 귀 漢耳술朶도清산蒙치키倭미미 耳孔 귀ㅅ구무 漢耳술孔궁又子子耳술竅갼清산

이웅갈라蒙치킨두 耳根 귀밋 漢耳술根근清산이다蒙치킨누이자술倭미미모도 耳輪 귀ㅅ바회 漢耳술輪륜清산이허선蒙치홍길倭미미아나

긴누구버거 倭미미노와

耳垂 귀ㅅ불 漢耳얼垂취清산이호호蒙치긴누커털倭미미다마

耳矢 귀여지 漢耳얼矢스清후수리蒙훌로고倭미미

소子, 아가

眉毛 눈ㅅ섭 漢眉믜毛맏清쀄란蒙쿠뭇거倭마유

眉頭 눈ㅅ섭머리 漢眉믜頭투清쀄란이우쥬蒙쿠뭇거더리군倭마유노가미

印堂 냥미간 漢印인堂당清뻐허련蒙큰두텁倭마유아인다

眼 눈 漢眼연清야사蒙니두倭메

眼珠 눈망울 漢眼연珠쥬清야새뱌하

蒙니둔쳐쳐게倭마낭고

瞳人 눈ㅅ부텨 漢瞳퉁人싄清호죠뱌하蒙갈쳐쳐게倭히토미

眼角 눈초리 漢眼연角교清야새호쇼蒙니둔누즙기倭메

스예

眼胞 눈ㅅ두에 漢眼연胞팦清야새홈숀蒙니둔우아낫하倭메후가

眼眶 눈어엿 漢眼연眶광清야새훈타하蒙니둔누우훌해倭메마부다

茄皮眼 뒤집련눈 漢茄겨皮피眼연清큽치蒙질라개倭후다마기시메

密縫眼 ᄀᆞᄂᆞᆫ눈 漢密미縫봉眼연清지버훈야사蒙질머걸나

둔倭호소이메

暴眼 부러진눈 漢暴부眼연清불타훈야사蒙니두불택산倭와루이메

眼淚 눈ㅅ믈 漢眼연淚리清야새무거蒙니둔누널부수倭나민

다

眼睫毛 속눈섭 漢眼연睫져毛맛清솔민蒙솔모쇼수倭소구노메마유

鼻子 코 漢鼻비子즈清오코로蒙하발倭와나

鼻樑 코ㅅ므르 漢鼻비樑량清오쿄로후런蒙하발쿠부쿨倭와나무낭기

鼻準 코ㅅ끗 漢鼻비準쥰又鼻비尖쳔清숑기하蒙홈샬倭와나사기

鼻孔 코ㅅ구무 漢鼻비孔쿵清오코로싱가蒙하발흔구거倭와나아나

鼻翅 코ㅅ방올 漢鼻비翅츠清뻔턴蒙삼사倭와나슨스

鼻毛 코ㅅ구무엣털 漢[illegible]

漢鼻비毛맏清오보로이부녀허 鼻涕코ㅅ漢鼻비涕티清나키 人中코아漢人인
蒙하발룬우수倭화나소구노테 물 蒙니수倭화나시루 래 中중清
화나시다 口입漢口쿠又嘴쥐吧바清 巧舌입하漢巧챠舌셔清허허리 笑印
날마蒙쿤倭 앙가蒙아마倭구지 논 蒙랑내倭구지소라
보쟈개漢笑샤印인清물란 唇입시漢唇츈清버먼蒙오 舌頭허漢舌셔頭투清일렁
우물 이보론倭호우노이 읆 로골倭구짐비루 ㅜ蒙켤러倭시타
舌尖혀ㅅ漢舌셔尖젼清일렁구두버 咽喉목구漢咽연喉후又嚨상子즈 嗉
굿 蒙켤러우쥬굴倭시다사기 무 清빌하蒙호골라倭논도
嗉 쥴漢嗉수袋대清얄리 重唇목漢重즁唇츈清일마하蒙 氣嗉숨漢氣기嗉
되몽곤倭논도호구루 젹ㅅ호골래연어젼倭논도지 숨 상又氣기
고 清부거몽 匾嘴납죡漢匾변嘴쥐清앙가망항가蒙암 牙齒니漢牙야齒츠清
노도고로 ㅎ입 츄굴아마倭구지우스시마시 仲 웨허蒙시두倭
화 門牙압漢門믄牙야清수츈웨허 齙牙엄漢齙반牙야又虎후牙야清독소 㾨
니 蒙어구던시두倭마예화 니 호웨허蒙둘수키시두倭기바
牙 평漢㾨내牙야清후후 月牙송곳漢月워牙야清시도 重牙덧漢重즁牙야清
니라웨허倭지노화 니 웨허倭기리노화 니 츅차하웨허蒙
답훌시두倭 牙根니ㅅ漢牙야根근又牙야床좡清 牙縫니ㅅ漢牙야縫봉清웨허
가톄톄화 므음우만蒙아굴개倭화모도 삿 자가蒙시둔우잡살
倭화 露齒니드러漢露루齒츠清웨허샤샤호蒙시 退齒니ㅁ漢退퉤齒츠清웨허
즈기 나다 두일쟈갈倭할가로견마시다 다 할람비蒙시둔할라

위倭황기시 面皮 낯 欠漢面면皮피清더러수쿠蒙 頭髮 마리 漢頭두髮바清부더
가무마시사다 갓 나굳아라수倭가오가와 허蒙우수倭가밍게
鬢毛 귀밋 漢鬢빈毛맏清숲루이부터허蒙 鬢角 살 漢鬢빈角고清숲루 鬍鬚
털 치맏해벋우수倭미이모도게 젹蒙치맏해倭마밍게
나漢鬍후鬍슈又鬍후子즈 連鬢鬍子 구레 漢連련鬢빈鬍후子즈清슈방가살루
룻清살루蒙사할倭빙비 나룻蒙비터쿠사할倭이밍게즈즈계빙게
肐膊 풀 漢肐그膊뽀清갑시 肐子窩 겨드 漢肐그子즈窩오清 手 손 漢手식清
뚝蒙갈룬토회倭운데 랑 오蒙수구倭와기 갈라蒙갈
倭 手腕 손 漢手식腕완清갈래쟌란 手丫 손ㅅ 漢手식丫야清바쥬蒙 手背 손
데 목蒙갈룬우여倭데노구비 삿 벌칠倭유비아이다 등
漢手식背븨清갈래후루蒙 手虎口 손범 漢手식虎후口쿠清바 手心 손ㅅ 漢手
갈룬아루倭데노바나가 아귀 쥬蒙벌칠倭데하즈 바당식心
신又手식掌쟝清갈래발랑子 手紋 손ㅅ 漢手식紋운清갈래혈 指頭 손가 漢指즈
蒙갈룬알라가倭다낭끄고로 금 건蒙갈룬알倭데아야 락 頭두清
갈래심훈蒙갈룬 拳頭 주머 漢拳쵠頭투清누쟌蒙 手指甲 손ㅅ 漢手식指즈甲
후루구倭유비 귀 니둘가倭데곰부시 돕 갸清히다훈蒙
후무수倭 大指 테일 漢大다指즈又拇무指즈清벌허삼 人指 테이 漢指즈人
떼즈며 지 훈蒙어러기후루구倭오야유비 지 신指즈又
食시指즈清모쵸심훈蒙후무 中指 테삼 漢中중指즈又長챵指즈清둘림배심 無
개후루구倭히도사시유비 지 훈蒙둠다후후루구倭다가다가유비

名指 제ᄉ지 漢無우名밍指즈清거무야쿠, 십훈蒙너러우게후루구倭베나사시, 유비 小指 제ᄉ지 漢小샤指즈清방구십 훈蒙시거지후루구倭

고, 유비 贅指 뉵가락 漢贅쥐指즈又六릭指즈清하뷔라쿠 심훈蒙줄가래, 후루구倭고부유비 肎膛 가슴 漢肎흥膛당清퉁건 蒙엽치구倭무너

心窩 명치 漢心신窩오又心신坎간清나만, 자가蒙아유올리해倭이노자, 몬 妳頭 젖 漢妳내頭투清호 훈蒙쿠쿠倭지 妳嘴 젖곡지

漢妳내嘴쥐清후훈이두미 하蒙쿠쿠, 연, 둘치倭지, 奚소 肎盆骨 명치뼈 漢胷흉盆차骨구清복쏜蒙수 벌거, 야수倭이노지몬, 호녀 肩膀 엇게

漢肩견膀방清메 런蒙무룬倭가다 背 등 漢背븨清비사蒙 아루倭셰나가 肋 가리 漢肋리清엽치蒙하 비수倭가다, 화라 腰 허리 漢腰야清다 라蒙누루倭

고시 軟腰 조허리 漢軟쉰腰야清숌불리蒙 차비倭야와라구, 고시, 肚子 비 漢肚두子즈清히벌 리蒙거벌리倭하라 小肚 아랫비

漢小샤肚두清갈비蒙바 가거벌리倭시다, 하라 臍 빗보록 漢臍치清울렁구 蒙쿠수倭奚소 肝 간 漢肝간清하훈蒙 열리거倭기모 心 념통 漢心신清

나만蒙지루 거倭무란도 脾 만화 漢脾비清털리훈蒙 덜리구倭와기모노 肺 부화 漢肺비清우부후蒙 아굿기倭지와다 腎 신 漢腎신清초초 蒙오죠해倭마

라 膽 쓸개 漢膽단清실히蒙 수수倭기모도 胃 양 漢胃위清귀지허蒙호 도고두倭굿소후구루 大腸 대장 漢大다腸챵清무와 두하倭오오이, 하라

와다 小腸 쇼쟝 漢小샤腸챵清날훈두 하倭지사이하라, 와다 膀胱 방광 漢膀방胱광清시컨 불후倭보우고우 三焦 삼쵸 漢三산 焦쟌清

올호툰倭 민즈쇼우

腰子 콩ᄑᆞᆺ 漢腰쟈子ᄌᆞ清뵈호蒙 부거러倭햐쇼멍구루

膓子 챵ᄌᆞ 漢膓챵子ᄌᆞ清두하蒙 거더수倭하라와다

穀道 항문 漢穀子道ᄃᆞ清더루蒙투 루구우倭화라후구루

屁股 볼기 漢屁괴股子清우 라蒙북서倭시리

股鵙 볼기ᄲᅧᆨ 漢股子鵙ᄃᆞ清우 래볼친倭지리가다

外胯 궁둥이 漢外왜胯쿠清두蒙 서구지倭시리사기

卵子 불알 漢卵롼子ᄌᆞ又卵뢴脬포清우 할라蒙불두거倭후구루다마

水脬 오줌통 漢水쉬脬판又尿노脬포清시불 루蒙다부삭倭입바리후구루

腿子 다리 漢腿퉤子ᄌᆞ清숙사 하蒙구야倭스더

大腿 넙덕다리 漢大다腿퉤清부히蒙어부 둑倭우지스더

小腿 종아리 漢小샾腿퉤又攬란筋긴 清불보蒙불비倭나즈기

接膝盖 장ᄀᆞᆫᄇᆡ 漢接져膝시盖개又傳보落로盖개清수두蒙타 길자굴倭히사호더

脚子 발 漢脚쟢子ᄌᆞ清번 허蒙쿨倭아시

脚背 발ᄉᆞᆼ등 漢脚쟢背븨又脚쟢面면清번헤우무훈蒙쿨룬울메倭아시세나가

脚跟 발뒤측 漢脚쟢跟근清구여 蒙워수기倭기비스

脚心 발ᄉᆞᆷ바당 漢脚쟢心신又脚쟢底디清번헤바탄蒙쿨룬울라倭아시고 고로

內踝 발안ᄶᅩᆨ머리 漢內뉘踝쾌清새하이 도코倭우지구루부시

外踝 발밧ᄶᅩᆨ머리 漢外왜踝쾌清새하이 투쿠倭호가구루부시

踝子骨 복숑아ᄲᅧ 漢踝쾌子ᄌᆞ骨구清가쟈하기랑 기蒙사가야수倭구루부시호더

血道 피ᄉᆞᆯ대 漢血혀道ᄃᆞᆯ清셩기쟈 蒙치수타일倭지미지

脉 ᄆᆡᆨ 漢脉머清수달라 蒙수달倭지슨지

筋 힘ᄉᆞᆯ줄 漢筋긴清수버蒙 실부수倭슨지

魂 혼령 漢魂훈清바양가蒙 수너수倭다마시이

魄 넉 漢魄버清오론

蒙숙倭다 마시우 **氣운** 긔 漢氣키清숙둔 운 蒙아줌倭깅게 **津液** 진 漢津진液이清슈기蒙 익 시구수倭아쉐시즈구 **唾沫** 춤 漢唾토沫 모又口쿠

涎연清치벙구蒙 눌무수倭즈바기 **汗** 땀 漢汗한清네蒙 쿨루수倭아세 **麩皮** 비 漢麩부皮피又風봉屑셔清 듬 호소리蒙홀로고倭후비 **汗毛**

왼몸 漢汗한毛모清네부녀 쎄털 허倭맛다구미노게 **毛孔** 털구 漢毛모孔쿵清부녀허선蒙 무 시라우순누수버倭게야나 **骨頭** 쎄 漢骨구頭투清

기랑기蒙야 수倭효녀 **卵毛** 음 漢卵뤈毛모清사 모 불라倭긴다마게 **尿** 쇼 漢尿뇨生清시거蒙 변 시거수倭쇼우변 **屎** 대 漢屎스清하무 변 蒙바가수倭夭

소 **撒尿** 쇼변 漢撒사尿生清날훈어둔투삼비蒙나린 보다 살긴우져뮈倭쇼우변좌나스마시다 **出恭** 대변 漢出추恭궁清무 보다 와어둔투삼비蒙

부둔살긴우져뮈倭 굿소좌나스마시다

容貌類

相貌 샹 漢相샹貌만清바넌원 모 蒙오볼싱시倭가다지 **模樣** 모 漢模무樣양清무루 양 蒙둘롬倭요우스 **身量** 몸 漢身신量 베 량又身신

分븐清버예기루蒙버 여연두리倭미요우스 **骨格** 골 漢骨구格거清기루 격 蒙두러倭호네가구 **氣色** 긔 漢氣키色서清치라 식 蒙치래倭깅게이로

白淨 희조출 漢白버淨징清더러거비蒙쳐 호다 러지倭시로기례이마시다 **紅潤** 홍윤 漢紅홍潤순清볼랄잠 호다 비倭이로인데마시다 **緊**

東 모양곱다 漢緊긴束수清고간倭요우스우즈ᄭᅮ시마시ᄊᆞ다

高條 모양호리ᄒᆞ다 漢高가ᇢ條탸ᇢ清순가얀倭요우스호소이마시ᄊᆞ다

魁偉 어거롭다 漢魁귀偉위清암발링구蒙이겸숙倭오오이나라마시ᄊᆞ다

俊秀 쥰슈ᄒᆞ다 漢俊쥰秀슈清길투간蒙거건倭농기인다스마시ᄊᆞ다

俊美 미자ᄒᆞ다 漢俊쥰美믜清호치곤蒙고와倭메데도우마시ᄊᆞ다

嫩瞧 졈어뵈다 漢嫩눈瞧챠清아시하기蒙쟈라구갇倭와가이미예루마시ᄊᆞ다

老蒼 늙어뵈다 漢老랖蒼창清호로기倭도시요리미예루마시ᄊᆞ다

清减 신식이져기샹ᄒᆞ다 漢清칭减견清나라가비倭가오이롱가ᄌᆞᆺ도노계마시ᄊᆞ다

瞧悴 초췌ᄒᆞ다 漢瞧챠悴쥐清마쇼하비蒙어처지倭공가례마시ᄊᆞ다

俏 곱다 漢俏쟌清호쇼蒙고배倭우즈ᄭᅮ시마시ᄊᆞ다

醜 더럽다 漢醜척清보치허蒙모오해倭미녀구시마시ᄊᆞ다

胖 ᄉᆞᆯ지다 漢胖팡清탈훈蒙탈곤倭고예루마시ᄊᆞ다

瘦 여위다 漢瘦수清둘가蒙투라한倭야예루마시ᄊᆞ다

身子高 킈크다 漢身신子즈高가ᇢ清버여던蒙버여운둘倭미낭가이마시ᄊᆞ다

身子矬 킈젹다 漢身신子즈矬초清버여방갈라蒙버여보고너倭미미지가이마시ᄊᆞ다

面麻 얽다 漢面면麻마清걸거리蒙누루거倭시바루마시ᄊᆞ다

面麻稠 박박얽다 漢面면麻마稠착清걸거너허비倭단쏘시바루마시ᄊᆞ다

面皺 ᄂᆞᆺ체살지다 漢面면皺주又面면有우紋운清더러슈바나하비蒙후나수투지倭가오니시와무마시ᄊᆞ다

臉贜 ᄂᆞᆺ더럽다 漢臉련贜장清더러후마라가비倭가오미너구시마시ᄊᆞ다

斑白 반빅 漢斑반白버清순파蒙알살채지倭만다라시로이

眼昏 눈어둡다 漢眼연昏훈清야샤더리거蒙부루시버倭멩가구라시마시ᄊᆞ다

天老 차치 漢天텬老랖 清덤피너허비 蒙옹곤우수 倭모도시로게

痣記 아희텬 싱뎜 漢痣지記기 又青칭記기 清새비간 蒙오올멍거 倭모도아루아자

中州鄕語

䠷 댜 山西臨晉縣稱長者

笨材 븐채 謂人粗蠢

腂膗 래촤 汾州寧鄕縣謂形惡者

禿儨 휘뒤 謂少精彩者

媌條 먀댜 江南江寧縣稱人物之長

夭邪 약셔 江南嘉定縣謂婦人身容不正

尾剌國 와라궈 尾剌國人最醜惡故詆婦女之不正者曰尾剌國

潑賴 포래 至江南松江府謂醜惡者

動静類

坐着 안ㅅ다 漢坐조着죠 清텀비 蒙사구뮈 倭인도라시마시샤

穩坐 편히안ㅅ다 漢穩운坐조 又安안坐조 清바랑스머텀비 蒙락랜사구뮈 倭혀이자마시샤

圍坐 둘러안ㅅ다 漢圍위坐조 又羅로圈쾬坐조 清톨호머텀비 蒙토모굴란사구뮈 倭마와루인도라시마시샤

獨坐 혼자안ㅅ다 漢獨두坐조 清록도혼텀비 蒙록뢴사구뮈 倭히도리인도라시마시샤

擠着坐 세이여안ㅅ다 漢擠지着죠坐조 清츄부머텀비 倭오스인도라시마시샤

跪着坐 ᄭᅮ러안ㅅ다 漢跪귀着죠坐조 清부히야다머텀비 蒙두훔비뮈 倭히사마즈기인도라시마시샤

伸腿坐 다리펴고안ㅅ다 漢伸신腿퉈坐조 清슈쿠머텀비 蒙쥐휜사구뮈 倭스녀노베인도라시마시샤

盤腿坐 다리살이고안ㅅ다 漢盤편腿퉈坐조 清모슬라머텀비 蒙쟈빌란사구뮈 倭

혜이인도라시마시사

蹲着坐 조쯔리겨안ㅅ다 漢蹲둔着죠坐조 清도도머텀비 蒙야분사구 倭우주구마루인도라시마시사

坐不住 안잣지못ᄒᆞ다 漢坐조不부住쥬 清터머독도라쿠 倭인도라시맛센

步行走 걸어가다 漢步부行힝走주 清야바할람비 蒙야바갈라뮈 倭아요매유기마시사

跑走 ᄃᆞᆺ다 漢跑팦走주 清수줌비 蒙뀌오뮈 倭하시리마시사

溜邊走 ᄀᆞ으로가다 漢溜릭邊변走주 清건쳐헐러머야붐비 蒙하챠우두야부뮈 倭바다가라유기마시사

遶遠走 에웨가다 漢遶샾遠웬走주 清부달리머야붐비 蒙무뤼뷔 倭멩구루유기마시사

走踉蹌 뷧독이다 漢走주踉량蹌창 清허시더머야붐비 蒙걸둘길러쥬야부뮈 倭유기웅구쑤마시사

跳上 뛰여올으다 漢跳탸上샹 清털김비 蒙텁껄루뮈 倭온도리앙가리마시사

跳過去 뛰여넘다 漢跳탸過고去큐 清버쿠넘비 蒙하랜오도뮈 倭온도리고시마시사

岔腿立 다리버리고셔다 漢岔차腿퇴立리 清산달라머일림비 蒙알채쥬족소뮈 倭스티아계다테마시사

站着 셔다 漢站잔着죠 清일림비 蒙족소뮈 倭다테마시사

擡頭 마리드다 漢擡태頭투 清우쥬투겹비 蒙톨로개얼구뮈 倭가미앙계마시사

囬頭 마리두로혀다 漢囬회頭투 清우쥬보롬비 蒙톨로개더거러뮈 倭가미가예리마시사

點頭 마리그덕이다 漢點뎐頭투 清우쥬거허셤비 蒙톨로개거키뮈 倭가미겡가스마시사

轉身 몸도로혀다 漢轉쥰身신 清버여마림비 蒙버여불쿠뮈 倭미가예리마시사

扒起來 벌셕이다 漢扒두起키來레 清개하리일림비 蒙거덧긴독소뮈 倭깃즈이오기마시사

坐溜下 안자즈최여ᄂᆞ리다 漢坐조溜

루下하清슈스머와심비蒙숩두런바구 위倭인도라시슴베루군다리마시쌰

手勢 손즛 漢手식勢시清갈래알분 蒙갈룬배달倭뎨셰이

點手 손티 다 漢點뎬手식清갈라기다샴비家 갈도키뮈倭뎨경가스마시쌰

乂手 골댱디르다 漢乂차手식又拱궁手식清갈라죠올 람비蒙갈아굴자굴루뮈倭뎨샨스마시쌰

背乂手 뒤짐지다 漢背븨乂차手식清갈라 우눔비倭뎨오우마시쌰

拍手 손ㅅ벽티다 漢拍퍼手식清발랑구둠 비倭다낭고고로다다구마시쌰

挪手叫 손쳐불으다 漢挪여手식叫갸清갈라기다샤머훌람 비蒙갈도키뮈倭뎨다다구욤부마시쌰

痃了 굿부다 漢痃바 了랴清샤담비蒙알자뮈倭 구다비려마시쌰

踼着 ㅅ지펴브리고업되다 漢踼탕着죠清살바훈더둠비蒙살 밴겁더뮈倭노베뎨후시마시쌰

仰卧 졋바 티눔다 漢仰양바오清온쵸혼더둠비蒙거 덜컨겁터뮈倭아옹구후셰마시쌰

睡頭 조을음 漢睡쉬頭투清아 무蒙뇔倭녀무리

睡覺 자다 漢睡 쉬覺 갸清얌감비蒙운타 뮈倭녀루마시쌰

打盹 조우다 漢打다盹둔清아무샤부랍비 蒙울걸러뮈倭녀무리마시쌰

磕睡 그덕그덕조으다 漢磕 커睡 쉬清거허셔머샤부람비蒙거길 져뮈倭경가스녀무리마시쌰

顚倒睡 발막아자다 漢顚뎐倒닾睡쉬又通퉁脚교睡쉬 清번헐러머더둠비倭아시다이녀루마 시쌰

露天睡 한뎌셔자다 漢露루天텬睡쉬清실렁기더 더둠비倭즈유니녀루마시쌰

打鼾睡 코고오고자다 漢打다鼾 한睡쉬清 화챠라머암감비蒙훌키라쥬운 타뮈倭화나히기녀루마시쌰

甜睡 둘게자다 漢甜텬睡쉬清히리암감비蒙우쿠시 러털러운타뮈倭아마이녀루마시쌰

濃

睡 김게자다 漢濃눙睡쉬清부쳐머얌감비家우쿠 팔윤타뮈倭우마승기녀루마시다

做夢 꿈꾸다 漢做주夢뭉清톨깁비家쳐 구둘러뮈倭유메나스마시다

夢話 잠꼬대 漢夢뭉話화清바숭감비家 뵐목라뮈倭유메고도바

夢魘 몽압 漢夢뭉魘야清톨긴기中붐비家 하라다루뮈倭유메나오사유마

睡聰 잠ㅅ귀밝다 漢睡쉬聰충又睡쉬的디輕깅清아무석투家 뵐설구버倭뎌무리미밍가아가시마시다

睡醒 잠세다 漢睡쉬醒싱清거텁시 다 비家서러뮈倭녀 무리사메마시다

笑了 웃다 漢笑샤了랴清인졈비家 니녀뮈倭와라이마시다

顚倒笑 곤곤웃다 漢顚뎐倒도笑샤清반챠머인졈비家찰래탈라녀녀뮈倭 미오웅구삭와라이마시다

哈哈笑 허허웃다 漢哈허哈허笑샤清갸탈스머인졉비家더 치기녀쥬녀녀뮈倭오오이와라이마시다

陪笑 비웃다 漢陪픠笑샤又笑샤話화清바숨비家 얼력러뮈倭아자계루와라이마시다

張口 입벌이다 漢張쟝口쿠清앙가짭 비家앙개뮈倭구지아계마시다

閉口 입다므다 漢閉비口쿠清앙가미밈비家 지메뮈倭구지다뎨마시다

口吧吧 입벙웃거리다 漢口쿠吧바吧바清앙갸냥냐후샵 비倭구지아계 쏘다뎨마시다

默口 잠잠ᄒᆞ다 漢默머口쿠清어기사가家 돔도귀倭얍바리마시다

抿嘴 입쁴다 漢抿민嘴쥐又揩개嘴쥐清일바샵 비家위무걸쳐뮈倭 구지농고우마시다

咂口 입다시다 漢咂자口쿠又咂자嘴쥐清타 미샵비倭구지이려마시다

親嘴 입마초다 漢親친嘴쥐清앙간 오좀비家아마오죠뮈 倭구지아와메마시다

撅嘴 부리내미다 漢撅궤嘴쥐清앙가봉뇨 흔倭구지구이마시다

喀痰 담밧다 漢喀커痰탄清칵심

비蒙하가루뮈倭가 喀吐 다 춤밧 漢喀쳐吐투清치벌럼비蒙눌 擤鼻涕 코푸 漢擤
스바기화군마시사 다 무뮈倭즈바기화구마시사 다 힝鼻
비涕티清나기시림비蒙니 流涎 춤흘 漢流릭涎션清실렁가어염비蒙실루
수니뮈倭화나가무마시사 리다 수우수루뮈倭즈바가온다려마시사 聲響
소 漢聲싱響향清질 睜眼 눈부로 漢睜쥥眼연清야사모로혼넴비蒙니 眼勢 눈 漢
리간蒙다군倭고예 쁘다 누불터걸너거뮈倭예이가루마시사 칙 眼
연勢시清야새알분蒙니 丢眼色 눈주 漢丢뒤眼연色서清야사아람비蒙니 眼
둔두이치倭예노이로 다 두쟈삭라뮈倭예오고리미루마시사
亮 눈번 漢眼연亮량清야사거터릴라하蒙 眼瞇 눈의티 漢眼연瞇미清야사소힘비
ᄒ다 니둔설굿기비倭멍가하려마시사 드다 倭예니호고링가이려마시
사다 揉眼 눈부 漢揉ᄉᆛ眼연揄야사본짐 眼生花 눈에아즈 漢眼연生승花화清야
비다 비倭예히데루마시사 랑이나다 사일하남비蒙니둔어
렬질려뮈倭예니야 定睛看 물그름 漢定딩睛징看간又釘딩看간清하다해투왐비
경가인데마시사 보다 蒙하닥사갈우져뮈倭낭가이니미루마시사
翻白眼 눈희번 漢翻반白버眼연清야사샤린잠비蒙니 瞥看 얼픗 漢瞥펴看간
득이다 둔챈라발쟈뮈倭예히룽가예루마시사 보다 清샴비蒙실
다뮈倭죤도 偷看 여어 漢偷투看간又張장看간清쟈갈라머투왐 看過 보와 漢看간過
미루마시사 보다 비蒙훌라구지우져뮈倭스기미루마시사 다
고又瞧챺過고清투와하비 耳聰 귀밝 漢耳술聰충清샨갈비蒙치키 耳眩 귀예뼝
蒙우져버倭미루이마시사 다 소홀倭미미아가시마시사 ᄒ다

漢耳盒眩䀘又震聤耳盒清샨시 참비倭미미니야가마시마시ㅅ다 耳軟 귀열이다 漢耳盒軟쉬人清샨우후컨蒙치키툰 키너뮈倭미미야와라구마시ㅅ다 歪

着頭 마리기우리다 漢歪왜着죠頭투清우쥬헤다 람비倭가미가다후구마시ㅅ다 托腮 투밧치다 漢托토腮쉬清샤作하수쟌므 비倭앙기도사사예루마시

ㅅ다 皺眉 눈살집피다 漢皺주眉믜清배탄이더러거비蒙쿠 뭇거얼체지倭마유시와무마시ㅅ다 拍背 등두들이다 漢拍퍼背븨清하빔샤비蒙텁

시뮈倭셰나가다다구마시ㅅ다 彎腰 허리굽히다 漢彎완腰요清구구럼비蒙버여 부퀴뮈倭고시구룸부마시ㅅ다 聳身 몸소소다 漢聳숭身신清버여

텀깁비倭미오소비유루마시ㅅ다 格支 곤지러이다 漢格거支즈清거지허셤비蒙거 지걸러뮈倭다구라후마시ㅅ다 格蹬 아감질흐다 漢格겨蹬

등清도호돔비倭이지야 시가라온도리마시ㅅ다 歇歇 쉬다 漢歇혀歇혀清터염비蒙 사기뮈倭야스무마시ㅅ다 納涼 서늘흔듸쉬다 漢納나涼량清얼커

텀비倭스스시도고 로니야스무마시ㅅ다 被蹤 볿히이다 漢被비蹤채又被비踏다清벙후붐비 蒙깃긱터뮈倭후무고우무루마시ㅅ다 磞見 마조보다

漢磞풍見건清퉁갈라머투왐비蒙 틋란우저뮈倭다이미루마시ㅅ다 撒酒風 쥬졍흐다 漢撒사酒쟉風붕清쉬훔비蒙 악숨라뮈倭스익교우마시ㅅ다 靠

着 지허다 漢靠캎着죠清니컴비蒙투 시뮈倭요리가가루마시ㅅ다 歪靠 시즐이다 漢歪왜靠캎清캐담비蒙하지 굴라뮈倭나가라후셰마시ㅅ다 推

了 밀치다 漢推튀了랴清아남비蒙 툴기뮈倭오스시마시ㅅ다 倒了 엽더지다 漢倒닾了랴清투허거蒙툴 굴러倭다오루후시마시ㅅ다

中州鄕語

奔 븐 江南蘇州府郡城曰奔 吳江曰跳 常熟曰跑 崑山曰跌 太倉崇明嘉定俱曰蹽 郎北人所謂走

唙塗 흔투 江南蘇州府謂聽聲 卽北人所謂打呼 吳人所謂打呼塗

哼唧 흥지 江南江寧縣謂聲而呻者

欸誒 애애 江南嘉定縣謂相應之聲曰欸 相惡之聲曰誒 只在呼辭嗔喜輕重之間耳

嗑嗑 하하 江南嘉定縣謂笑聲

人道我 인다오 凡人嘖嚏必曰有人道我 毛詩曰願言則嚏 註曰 今俗人嚏曰人道我 乃知此語甚古

眼麻嗏 연마차 江南太倉州謂倦眼

敵流 지루 汾州寧鄕縣謂度手携物

慱立 보리 謂手足亂動

蹀躞 뎌셔 江南江寧縣謂持物而不敬者

腼腆 면뎐 面靦澁也 一作眠娗 면뎐

氣息類

出氣 숨쉬다 漢出氣 키 淸 열건 깁비 蒙 아밋홀라 위 倭 옴부스우 마시다

呵欠 하의옴 漢 呵 허 欠 견 淸 합갼 蒙 엽셔 위 倭 아구비

嗄咈 트림 漢 嗄 애 咈 보 淸 커커런 蒙 커커런 倭 가례 교에

嚏噴 조최옴 漢 嚏 디 噴 푼 淸 야치한 蒙 내타 위 倭 하나히루

打嗝 피기호다 漢 打 다 嗝 겨 淸 쟈힘비 蒙 죠키슈 위 倭 우셥부마시다

寒噤 즌리 漢 寒 한 噤 긴 淸 셔수견 蒙 지키루 위 倭 공교유루

噎了 목메다 漢 噎 여 了 랴 淸 칠림비 蒙 터거러 위 倭 논도즈마시다

喘息 숨차다 漢 喘 촨 息 시 淸 보돔비 蒙 오골리 위 倭 아예구마시다

想一想 싱각호다 漢 想 샹 一 이 想 샹 淸 구닌쟌비 蒙 사나믜

二十二

倭오모이마시다

害怕 저프다 漢害해怕파 淸올홈비 家볼꼬가뷔 倭오소례마시다

害羞 붓그리다 漢害해着쥬 淸기룸비 家이켜뷔 倭하즈가시이마시다

惱了 노ᄒᆞ다 漢惱난了랴 淸질리담비 家길링러뷔 倭하라다뎨마시다

樂了 즐기다 漢樂로了랴 又心신樂로 淸셔결럽비 家쳥결두뮈 倭오모시록구마시다

喜歡 깃거ᄒᆞ다 漢喜히歡환 淸울군졉비 家바얄라뷔 倭요로고비마시다

叫苦 셜웨라 漢叫갸苦쿠 淸압시코로 家마시호오라 倭이다무나

喫驚 놀라다 漢喫치驚깅 淸골롬비 家결머뷔 倭온도로구마시다

驚一跳 ᄀᆞ족놀라다 漢驚깅一이跳턒 淸가치할랍비 倭죤도온도로구마시다

驚呆 놀라어리다 漢驚깅呆여 淸버럼비 家되러뷔 倭다망갓뎨마묘우마시다

淘氣 애ᄡᅳ다 漢淘탚氣기 淸반참비 家터켜더뷔 倭고고로즈고우마시다

嘈心 걱졍ᄒᆞ다 漢嘈찬心신 淸조보솜비 家조바니뷔 倭고고롱가사와구마시다

心焦 ᄆᆞᄋᆞᆷ트노돗ᄒᆞ다 漢心신焦쟌 淸발하삼비 家멍더구러뷔 倭고고로니힝기인뎨마시다

心悶 답답ᄒᆞ다 漢心신悶믄 又悶믄的디 慌황 淸구수츔비 家부키니투뷔 倭고고로예이와구마시다

心跳 가슴도근ᄒᆞ다 漢心신跳턒 淸나만툭심비 家지루켜툭시뷔 倭고고롱가온도리마시다

心鬆 ᄆᆞᄋᆞᆷ노히다 漢心신鬆숭 淸무질런술라오호 倭고고로하나스이마시다

魂吊 혼일타 漢魂훈吊댶 又魂훈丢뒤了랴 淸벼쿤왈랍비 倭다마시잉가오지마시다

埋怨 원망ᄒᆞ다 漢埋매怨원 又抱봐怨원 淸가삼비 家가발루뷔 倭우라무마시다

氣不忿 애ᄃᆞᆲ다 漢氣기不부忿븐 淸반챠츄카 倭잔넘마시다

撒性子 셩부리다 漢撒

사性싱子ᄌ又使ᄉ性 싱子ᄌ清질리담비 皮氣(낫갓ᄒᆞ다) 漢皮피氣키清부쳠비蒙운두구 처뮈倭가오이도ᄌ구루마시다 放氣(방긔ᄒᆞ다) 漢放방氣

피清브오톰비倭 혜히루마시다

性情類

生性(삼긴셩품) 漢生승性싱又生승分븐清반지태蒙투루긘倭모도노쇼우 稟賦(품부) 漢稟빈賦부清산가분蒙후비죠갈倭기분 力量(력량) 漢力리量량清후쇼蒙구챤倭지가라

節操(졀조) 漢節져操잔清잘랑가蒙죠리태倭셴조쇼우 度量(도량) 漢度두量량清부냐간蒙머덜倭도우료우

心裏(ᄆᆞᄋᆞᆷ) 漢心신裏리清부질런蒙셜킬倭고고로 良心(어진ᄆᆞᄋᆞᆷ) 漢良량心신清살강가부질런倭요시노고고로 黑心(욕심) 漢黑허心신清부연蒙구셜倭다무고고로 意思(ᄠᅳᆺ) 漢意이思ᄉ清구보蒙사나가倭고고롱기 才能(ᄌᆡ능) 漢才채能능清무던蒙치달倭사이요구요

本事(조ᄌᆡ) 漢本븐事ᄉ清병선蒙뎡거거倭사이가구 思量(ᄉᆡᆼ각) 漢思ᄉ量량清구니갼蒙사나가倭오모이 精神(정신) 漢精징神신清오오리시먼蒙두술시머倭예이신

忠厚(튱후) 漢忠중厚후清돈도비신蒙시둘구닉타倭쥬우고우 老實(고지식) 漢老랖實시清놈혼蒙노모한지기倭쇼우

正大(졍대) 漢正징大다清톰얌발넝구蒙치거이검수倭쇼우다이 柔順(유순) 漢柔우順슌清너머연蒙아물링키너머군倭유우슌

沉重 진듕 漢沉친重중 清우젼 蒙군두 倭신죠우 蔭德 음덕 漢蔭인德더 清부투 열더무 蒙비터구 열덤 倭안도구 尊重 존즁 漢尊준重중

즁 清쥐시훈 蒙열길러뮈 倭죤죠우 正直 졍직 漢正징直지 清톱사진훈 蒙치거지 倭쇼우지구 村俗 향암 漢村춘俗슈 清알바투 蒙구더길러뮈 倭무각

고도 바 慷慨 강개 漢慷강慨개 清호오히우 蒙하굳수굴 倭고우가이 聰明 총명 漢聰충明밍 清수러 蒙서쳔 倭쇼우메이 穎悟 영오 漢穎

잉 悟우 清물히수 蒙우하가태 倭사가시모노 明敏 명민 漢明밍敏민 清입건 蒙아라우한 倭묘우힌 明白 명븩 漢明밍白버 清거투 건 蒙토돌해 倭묘우

하구 精細 졍셰 漢精징細시 清날훈 蒙나린 倭구와시구 伶俐 령리 漢伶링俐리 清서투 蒙가산 倭레이리 爽快 샹쾌 漢爽상快 쾌 清랄린

蒙비시구 倭기산지나 慇懃 은근 漢慇인懃킨 清합치 한 蒙엳서 倭인긴 從容 죵용 漢從충容융 清잡두항가 蒙알굴야가짐 倭유루리 輕

恇 경망 ᄒ다 漢輕킹恇탕 清독돌솜비 蒙투토 갈쟈뮈 倭고고로가루이마사싸 刻薄 각박 漢刻킈薄바 清게거 蒙우리구우 倭가주화구 乖覺 공교

ᄒ다 漢乖괘覺교 清박시담비 蒙우랄라뮈 倭다구미마시싸 糊塗 호리다 漢糊후塗투 清훌히담비 蒙몽학라뮈 倭닝구루마시싸 慳吝 다랍다 漢慳

간흡린 清불건 蒙커리 倭시맘즈마시싸 反覆 반복ᄒ다 漢反반覆부 清우바샤탐비 蒙러뮈 倭고노요우가노요우마시싸 執拗 고집지 漢執 拗

얃 清머머런 蒙죤 구뮈 倭이즘즈나 詭多 쎄만타 漢詭귀多도 清알강가 蒙알가태 倭하가링고도단도마시싸 愚蠢 미호ᄒ다 漢愚유蠢츈 清먼투훈 蒙

乜斜 마옥ᄒᆞ다 漢乜며斜셔清구뇨잇현련倭교구즈마시ᄯᅡ

利害 사오납다 漢利리害해清너머츄거蒙마구倭아시시마시ᄯᅡ

膽子大 담대ᄒᆞ다 漢膽단子즈大다清바훈얌바蒙지루거이거倭기모도오오이마시ᄯᅡ

疑惑 의심ᄒᆞ다 漢疑이惑휘清거너훈졈비蒙서죄러뮈倭우당가이마시ᄯᅡ

小心 조심ᄒᆞ다 漢小샨心신清올호솜비蒙볼곰질라뮈倭쇼우신마시ᄯᅡ

支吾 이리져리ᄒᆞ다 漢支즈吾우清열건털거倭고례가례마시ᄯᅡ

量窄 조븨압다 漢量량窄재清칭가蒙무친倭예바이마시ᄯᅡ

肯羞 붓그림ᄐᆞ다 漢肯큰羞식清힛훈蒙머게倭화즈가시스기마시ᄯᅡ

性急 셩급ᄒᆞ다 漢性싱急기清질리하히蒙길링하탄倭고고로깃즈이마시ᄯᅡ

有內囊 안죵잇다 漢有익內뉘囊낭清도토리비蒙치다부리뷔倭소구화가로우아루마시ᄯᅡ

忘䰟大 니즘하다 漢忘왕䰟훈大다清옹고로망가蒙말타후거쳐구우倭왼스례단도마시ᄯᅡ

有記性 총잇다 漢有익記기性싱清울히츙가蒙우하부리태倭미미도시아루마시ᄯᅡ

中州鄉語

獃 개 江南蘇州府謂不慧者 范成大詩 千貫賣汝癡萬貫賣汝獃

儇利 현리 謂人之機巧

直

籠統 룽퉁 江南太倉州謂人之不委曲

鶻突 후두 江南嘉定縣謂人憒憒不曉事

褦襶 내대 人性之乖劣者也 古樂府令世褦襶子 觸熱向人家

朗伉 랑강

磊砢 뤼거

孟浪 믕랑

莽撞 뭉쨩

粗奘 추장

倔僵 귀쟝

皆江南江寧縣謂人不雅馴之辭

懵懂 몽 둥　少度 샤 닥　混沌 훈 둔　沒汨 무 유　悶渾 믄 훈

禿儂 투 눙 皆言其不聰敏者　邋遢 라 타 不爛藍也　直紂 지 작 性堅執也　浪蕩 랑 당 曠大不拘束也　𠓗

胡 한 후 不分辨是非也　皈骨 반 구 江南太平府稱方正拘謹

言語類

話 말 슴 漢話화 淸기 순蒙우거 倭모농가다리

正經話 정 대 혼말 漢正징經깅話화淸징기너기 순蒙쇼홈우거倭쇼우고도바

白話 부 헐 업순 漢白버話화淸배기순蒙 말 새우거倭후긴고도바

市話 도 언 漢市스話화淸버질런蒙 괴골란倭이지고도바

古話 녀 야 기 漢古子話화淸 쥴런기순蒙울리걸 倭무가시고도바

謎話 슈 지 漢謎미話화又外쇄話화淸 배지가순倭가계고도바

頑話 회 롱 엣말 漢頑완話화淸 요보기순蒙호 용라후우거倭다 와부례고도바

小米子話 좀 말 漢小샤米미子즈話화淸여여기순 蒙날라가우거倭호소이고도바

謊話 거 즛 말 漢謊황話화淸홀로기순蒙후 달우거倭이즈와러고도바

瘋話 미 친 말 漢瘋붕話화淸댈라하기순蒙갈쟈 구락산우거倭깃징가이고도바

說話 말 호다 漢說쉮話화淸기수럼비蒙후달 럴쳐위倭고도바시마시다

撒謊 거 즛 말 호다 漢撒사謊황淸홀로기수럼비蒙후달 컬럴쳐뮈倭이즈와러고도바시마시

샤

嘴碎 잔말ᄒᆞ다 漢嘴쥐碎쉬 清달후담비 蒙놀올라뮈 倭호소이고도바마시다

攔話 남의말막아ᄒᆞ다 漢攔란話화 清가머기수럽비 蒙오로간걸렬쳐뮈 倭후셍구고도바마시다

問着 뭇다 漢問운着죠 清본집비 蒙아사子뮈 倭도우마시다

說了 니르다 漢說숴了랸 清헌둠비 蒙걸러뮈 倭유우마시다

說過 널럿다 漢說숴過고 清헌두허 蒙워굴러버 倭유우시마시다

話窮 말막히다 漢話화窮쿵 清기슌모홈비 蒙우거모호뮈 倭고도바즈마마시다

顚倒說 뒤너루다 漢顚뎐倒닾說숴 清우바샤타머기수럽비 蒙울바굴룬걸러뮈 倭사가사마니유우마시다

信口說 입에나는되로ᄒᆞ다 漢信신口쿠說숴 清기슌범비 倭子지다노미고도바마시다

吩咐 분부ᄒᆞ다 漢吩분咐부 清분불람비 蒙쟈잘라뮈 倭이잇즈게마시다

囑咐 당부ᄒᆞ다 漢囑쥬咐부 清담람비 蒙답라뮈 倭도우즈게마시다

學舌 말젼ᄒᆞ기ᄒᆞ다 漢學햪舌셔 清오보로돔비 倭고도바즈다예시마시다

多口 말만타 漢多도口쿠 清기슌불루 蒙우거일디구우 倭고도바오옥구마시다

插話 말깃다다 漢插차話화 又插차口쿠說숴 清샤칼샤머기수럽비 蒙쿠세쥬걸렬쳐뮈 倭고도바마이리마시다

失口 말그릇ᄒᆞ다 漢失시口쿠 清타샤라머기수럼버 蒙타샤라쥬길렬쳐뮈 倭고도바오로이마시다

咕噥 구두더리다 漢咕구噥눙 清보돌숨비 蒙쿵구너뮈 倭소구까라우라무마시다

改嘴 변ᄉᆞᄒᆞ다 漢改개嘴쥐 清부할람비 蒙멀지뮈 倭고도바번스루마시다

話把 말ᄉᆞ거리 漢話화把바 清기슌이버신

謠言 동요 漢謠얖言연 清요로기슌 蒙쇼오우거 倭와람베우다노고도바

口傳信 젼갈ᄒᆞ다

漢ㅁ쿠傳說信 [illegible] 자십비家아 만니열자가뮈倭고 [illegible] 계마시다

中州鄕語

喳哇 와차 激聒 고기 瑣碎 쉬소 嘈嗜 자찬 並江南江寧縣謂言之多而躁者

唧噥 지ㅁ 唧嘈 찬ㅁ 小語而可厭也 喃喃 난난 江南太倉州謂語不休 數說 쉬수 山西臨晉縣責人之稱

受記 [illegible] 江南撫州府謂責人而約警之也 耳邊風 붕변 江南嘉定縣謂入聆言不省 打坎子 다칸 江南太倉州謂 [illegible] 爲 [illegible] 人

宮殿類

內裡 대리 通稱漢內裡 리 清子 마바리 쥐 [illegible] 倭소우 됴우 宮殿 뎐궁 漢宮궁殿뎐清子룽 [illegible] 올두 [illegible] 倭미야도노 宗廟 묘중 漢宗廟 중묘

社稷 직사 漢社서稷지清뵈호 쥬쳐쿠쥬倭샤쇼子 乾清宮 신궁 황뎨계 漢乾건清칭宮궁 清황디더허子룽 [illegible] 쟈칭 올두

坤寧宮 신궁 황후계 漢坤쿤寧닝宮궁又中중宮궁清 황후오뎌허子룽家쿤팅올두 東宮 신궁 태즈계 漢東둥宮궁 清뎔기

保和殿 뎐공 소호 漢保바和호殿뎐清 [illegible] 子룽家 [illegible] 올두 [illegible] 이시이마쓰루미야 太和殿

조회반漢太태和호殿뎐清암바훨람부 논뎐 러더연蒙이케내라굴후할시

文華殿 경연호漢文운華화殿뎐清슈얼 논뎐 뎡켜더연蒙원화할시

武英殿 어졔칙민漢武우英잉殿뎐清 그논뎐 호롱고양상가더연

養心殿 상용즙물マ漢養양心신殿 옴아논뎐 뎐清양신더연

團殿 둥균漢團퉌殿뎐清올도더연蒙 뎐 더거불할시倭마와루도노

行宮 힝漢行힝宮궁清타라구룽蒙 궁 바구후올두倭아루기미야

寶座 어漢寶반座조清보오배소오린蒙사 랍 구린倭고우뎨이고자쓰루노도우

正門 가온漢正징門믄清친이두가蒙틍 덧문분하갈가倭나가노오오이몬

掖門 결漢掖이門믄清얏한이두가 문 蒙지굴훈하갈가倭소바몬

遊廊 두로뎐漢遊익廊랑清쥴더러낭긴蒙토 호뎐 고린답훌사람치倭마와루즈즈

朝房 예계이 조漢朝챤房방清이산징가보오蒙후 방 란이러쥬야후걸倭조우항가이

牌樓 패漢牌패樓루清 루 참한蒙괠루

牌匾 현漢牌패匾변又匾변額여清 관 일러톨러헌倭가계이다

品級山 품漢品핀級기山산清질기탕칸 패 이알린蒙절거잔할룬ợ굴라

擎天柱 경텬漢擎칭天텬柱쥬清알리간 쥬 이두라蒙투숙선바가나

內苑裡 대궐漢內뉘苑원裡리清돌기야반蒙 후원 올두뫼쿠철렁倭긴러우시로소

下馬牌 노 걸문반漢下햐馬마牌패倩어부부러참하 하마패리蒙바굴가후패倭우마오리훈다

簷網 쳠하의漢簷연網왕 텰망 清야하蒙도

獸頭 올倭노기니 즘漢獸ᄉᆡ頭투又稳 가녜아미 개운獸ᄉᆡ清굴구두

貓頭尾 막漢貓반頭투尾와又花화頭투 새尾와清거시거우쥬蒙미키툴

로개倭녀고가
미노가와라

丹墀 텬漢丹단墀치淸쳘러헌이와蒙샬
계란누호로가倭도노노이시사시

姜礤 빗노흔漢姜강礤차
서두리淸어넛훈다

부쿠倭용고
이가계하시

垂帶 서두리漢垂취帶대淸하부쿠이대비
돈마기한倭가계하시노소바이시

八字墻 문밧좌漢八바
우담字즈墻

챵淸어셩거부倭몬노
호가힝가밍기즈인지

影壁 문마조漢影잉壁비淸달당가부
바담倭몬다이즈구노즈인지

朝會類

坐殿 뎐좌호漢坐조殿뎐又陞싱殿뎐淸더션더더더蒙
시다 할신둘사주바倭도노니고자스루마시다
더더허蒙하갈가두사주바
倭몬니고자스루마시다

御門 문에뎐좌漢御유門
호시다 쁜淸두가

動駕 거둥호漢動둥駕가淸어젼야붐비蒙
시다 어젼야부뮈倭몬니리마시다

臨雍 알셩
호시
다漢臨린雍융淸타치쿠더영
걸럼비蒙북다쿤둘우져뷔

上朝 죠회에漢上샹朝챠淸할가샴비蒙야물
가다 라뮈倭죠우과이녀유기마시다

受朝 죠회漢受샥朝챠淸할가샤라버알리머개하蒙야물라쥬물
받다 구쿠기다가간아보뮈倭죠우과이오우구루마시다

免朝 죠회아漢免면朝챠
니밧다淸할가샤라
버알리머개라쿠蒙야물라후기다가
간압후게倭죠우과이우구루마션

罷朝 죠회漢罷바朝챠淸할가샨바참비蒙야물
맛다라후기탈하바倭죠우과이오외루마
시
다

面聖 님금뵈漢面면聖싱又面면君군淸어견더투와붐비蒙어
뵈옵다 젼둘우져굴루뮈倭우베사마니미셔루마시다

鳴鞭 태티漢鳴
다 밍鞭

변清슈시하셤붑비蒙빌 릭타시굴도오갈가뷔 **擺班** 반렬 셔다 漢擺배班반清배담비蒙직 사가뷔倭반나라베마시다 **班齊** 반렬졍 졔ᄒᆞ다 漢班 반齊

치清배단뎍신비蒙직사갈뎍 실러뷔倭반도도노베마시다 **演禮** 습의 ᄒᆞ다 漢演연禮리(清)도로우러붐비蒙요수봉 바수라뷔倭례잉기오나라이마시다 **贊**

禮 창ᄒᆞ 다 漢贊잔禮리清훌랍비蒙다 구다뷔倭용부시마시다 **贊進** 창ᄒᆞ여 나오다 漢贊잔進진清훌라머이버붐비蒙 다구다쥬덥시뷔倭옴부테스스무

마시 다 **贊退** 창ᄒᆞ여 물리다 漢贊잔退퇴清훌라머버드러붐비蒙다구 다쥬어거뷔倭용부테시리소구마시다 **行禮** ᄒᆡᆼ녜 ᄒᆞ다 漢行ᄒᆡᆼ禮 리清도롤

음蒙요全라뷔倭레 노우마시다 **跪** ᄭᅮᆯ다 漢跪귀清어쿠랍비蒙수구 두뷔倭히사마즈기마시다 **拜** 졀ᄒᆞ 다 漢拜배清ᄒᆡᆼ길럼비蒙 물구뷔倭화이마시다

叩頭 마리 좃다 漢叩거頭두清ᄒᆡᆼ기셤비蒙물 굴러뷔倭가미다다구마시다 **謝恩** 샤은 ᄒᆞ다 漢謝셔恩은清거시더ᄒᆡᆼ길럼 비蒙거식둘물구뷔倭온게이

샤스루 마시다 **進貢** 죠공 ᄒᆞ다 漢進진貢궁清알반자밥비蒙알 바바리뷔倭죠우고우마시다 **儀注** 의 주 漢儀이注쥬清도롤론 이어저헌蒙요순누뵐

라굴倭 기유 **鹵簿** 노 부 漢鹵루簿부清 배단蒙직사갈 **儀仗** 의 장 漢儀이仗장清도롤론배단 蒙요순직사갈倭기죠우 **金輅** 코기 리메

오느 뎐 漢金긴輅루 清애신루뎐 **玉輦** 뎐 漢玉유輦뎐清구난잔 蒙난덜거倭데구루마 **步輿** 사롬메 느뎐여 漢步부輿유清 교강가코오 **寶**

象 년메오느 코기리 漢寶보象샹清보오배말루아지 러수반蒙어머결코호슨자갈

政事類

聖旨 황뎨ㅅ명 漢聖싱旨즈又旨즈意이 清허스 蒙잘릭

懿旨 황후ㅅ명 漢懿이旨즈 清황흐오이허스 蒙황흐우연잘릭

令旨 태즈ㅅ명 漢令링旨즈 清황태즈이허스 蒙황태즈연잘릭

玉牒 나라족보 漢玉유牒쳡 清어져허

御寶 어보 漢御유寶보 清보오배 蒙얼더니 倭오임반

聘牌 명패 漢聘핑牌패 清허싀텀거투

合符 병부 漢合허符부 清혼토호모오 蒙하강모도

信牌 표신 漢信신牌패 清악둔텀거투 蒙바투텁더

憲書 칙력 漢憲현書슈 清어린볼곤이빈허 蒙울라릴군마갓도가 倭고요미

冊封 황후이하봉ᄒᆞᄂᆞᆫ글월 漢冊처封봉 清압당가붕너헌 蒙치얼굼질럴

詔書 죠서 漢詔쟢書슈 清셜거러허스 蒙죠오비칙

勅書 칙서 漢勅처書슈 清다치부러허스 蒙지구후

宣諭 신하의게효유ᄒᆞᄂᆞᆫ전지 漢宣션諭유又上샹諭유 清울히부머셜겨러허스 蒙토골가즀잘라흔쟐릭 倭고웅기이분노후미

赦書 사ᄆᆞᄂᆞᆫ글월 漢赦셔書슈 清쉬부러허스 蒙셔잘릭 倭동가유루시후미

須赦 샤셔반표ᄒᆞ다 漢須반赦셔 清쉬부러빈허셜젼비 蒙셔비칙잘라뮈 倭유루시호미굼바루마시ᄯᅡ

布告 반포ᄒᆞ다 漢布부告갇 清설겸비 蒙잘라뮈 倭굼바루마시ᄯᅡ

御覽 어람ᄒᆞ다 漢御유覽란 清덜러투와보하 蒙더거러우져굴루뮈 倭고란마시ᄯᅡ

旌表 정문ᄒᆞ다 漢旌칭表밮 清두카더텀거둘럼비 蒙텀덕러무

追封 츄증ᄒᆞ다 漢追쥐封봉 清암차머봉덤비

倭옷뎨홍고우,마시다 **誥命** 五品以上가조히부러붕너헌 漢誥갈命밍清울, **勅命** 六品以下가조치부러붕너헌 漢勅치命밍清타 **憑** 외방

문관의漢憑괴清빈헤 하반이텀거투 **劄付** 외방무관의처접 漢劄자付부清쵸오 해하반이텀거투 **表文** 임금ㅅ긔엳줍는글월 漢表뱦文

운清위심부러빈허 家앨란하후비칙 **箋文** 태조ㅅ게엳줍는글월 漢箋젼文운清앨리부머위심부러 빈허家다갈가슈앨란하후비칙 **奏本** 인아

니디고들漢奏주本븐清안이위심부러 이노글월빈허家겹연앨란하후비칙 **題本** 인쳐드리는글월 漢題치本븐清도논이위심부러빈허家타마간누앨란하후

비치 **正本** 정본 漢正징本븐清징기니,위심부러빈허家치거앨란하후비칙 **副本** 부본 漢副부本븐清아다부빙위심부러빈허家타실라굴루슈앨

란하후비칙, **貼黃** 주본읫히황지로버드러는것 漢貼텨黃화清투겨허쇼쇼혼家얼국선후랑귀 **啓奏** 계주혼다 漢啓기奏주 又奏주聞운清위심붐

비家터거러앨란하뮈 **條奏** 됴건됴건엳줍다 漢條턒奏주清하칠라머위심붐비家쥘쥘앨란하뮈 **承旨** 지의받줍다 漢承칭旨즈清허스버,알

리하家잘락기다가간야보뮈 **進本** 글월드리다 漢進진本븐清빈허위심붐비家비칙앨란하뮈倭후미앙계마시다 **奏下** 엳조와느리다 漢奏주下햐清

위심부빙와심부하家앨랄하쥬바구비 **本下** 글월느리다 漢本븐下햐清위심부허빈허와심부하家앨랄학산비칙바구바 **坐堂** 좌긔혼다 漢坐조堂

당清야물람비家야문,둘시구뮈倭자기,마시다 **早堂** 일은좌긔 漢早잔堂당清얼터야물라家얼터야문,둘사구뮈倭하야시노자기 **晩堂** 느즌좌긔

二十八 11

漢晥와堂당淸얌지야물란家우터시야뮤둘사구뮈倭만가다노자기

咨文 天 문 漢咨즈文운淸야부부러빋허家야부굴후비칙倭쇼게이

申文 하 관 이샹관ᄭᅴ경호ᄂᆞᆫ글월 漢申신文운淸보올라라빋허家머더굴쿤비칙倭쥬우신노후미

剳文 샹ᄉᆞㅣ하ᄉᆞ에 보내ᄂᆞᆫ글월 漢剳자文운淸아바투샹가쥬일러거후 부머웅기러빋허家비칙倭관노후미

手本 슈 본 漢手삭本븐淸알리부러북단家다리家누굴룩선비칙 갈가후누굴룩선비칙倭스이혼倭다다무노후미

摺子 뎝 단 漢摺져子 즈清북다

粘單 쳡년ᄒᆞᆫ 단ᄌᆞ 漢粘년單단清라투부하야바하家나갈 두선ᄒᆞᆫ구다수倭즈계다다무노후미

藁本 글 월 초漢藁간本븐淸지스 家어거倭후미ᄉᆞ우

底子 문서 본판 漢底디子즈清징키나빈허家누 루굽칠력선비칙倭몬쇼노모도

檔子 흘렴 척 漢檔 당子 즈清당스家윌라후뎝뎝 倭가기오이모노노혼

稟帖 품 복 漢稟빈帖뎌清려올려알리분家슈굼질려 쥬다갈가후비칙倭모우시단즈뎨노후미

拜帖 명 함 漢拜배帖뎌又名밍帖뎌又禮리帖뎌清형 길려려빋허家배쳐비칙倭나가기노가미

回帖 회 쳡 漢回휘帖뎌清카루버드려 부려빋허家하리굴란어거 굴쿠비칙倭쳰 도우노후미

說帖 쇼 롱 漢說쉬帖뎌清두겨허야바하家 얼국선하구다수倭쇼우로구

案卷 공ᄉᆞ 글월 漢案안卷권清 시뎐이당스家 호고론두연당사倭 구보우고도노후미

案呈 낭청이당샹ᄭᅴ드리ᄂᆞᆫ글 漢案안呈칭淸배다이 ᄭᅥ권家거력군어키

呈堂 당샹ᄭᅴ 경ᄒᆞ다 漢呈칭 堂당清 당긴더알 리붑비

回堂 당샹ᄭᅴ회 공ᄒᆞ다 漢回휘堂당清당긴더두와부하家당둘우 젹더버倭구보우고도과이끄우마시따

稟公事 공 ᄉᆞ

물ᄒᆞ 漢稟빈公공事ᄉ清시뎐이배타투와부하家ᄒᆞ고론 發放 공ᄉᆞ 녕ᄒᆞ다 漢發방放방清
다 두연거럭우져러뮈倭구보우고도쥬우신마시다 질러허빌허설
디허家ᄒᆞ골록산비칙잔라뮈 申發 공ᄉᆞᄒᆞ여 漢申신發비清빈허구리부하家비칙덥
倭구보우고도貧례이마시다 보내다 시쿨루바倭구보우고도야리마시다
會議 의회 漢會휘議이清히버아잠비家ᄒᆞ 批判 졔ᄉᆞ 漢批피判펀清필렴비家ᄒᆞ골
오비벨러뮈倭아조마루낭고우 ᄒᆞ다 로뮈倭히반아다시마시다
批回 젹여 漢批피回휘清발가하덥거투家 駁送 공ᄉᆞ 막아 漢駁박送숑清버드러
ᄒᆞ다 후략산텀더倭가기쥬례마시다 되ᄒᆞ다 붐비家어거굴루뮈倭
구 고도시리 行會 지위 漢行힝會휘清비리머울히부허家부 議處 의치 漢議
시마시다 ᄒᆞ다 구더로골가마倭시리사소로마시다 ᄒᆞ다 이處
쉽러기수럼비家얄랍컬뎔 告示 끄 漢告고示ᄉ清울히부머설뎌러빌 循環
처뮈倭댕고우시즈계마시다 시허家가오ᄉ비칙倭고우시노후미
報 죠 漢循쉰環환報반又塘탕報반清부야라머 空白 인친 漢空쿵白버清도론이호
보 家바가사갈루쥬셔러굴루후비칙 공자 오샨家타마가다루손챠
가수倭이조의 先聲牌 션 漢先션聲싱牌패清쥬라라머 路引 노 漢路루引인清쥬
노아이가미 문 지거家몰다후머터거倭션몬 문書이야쿤倭ᄉ잇
교 報單 인마수 漢報바單단清톤이아바하 領狀 공ᄉᆞ 漢領링狀장清시뎐이배타
우 젹은거倭히도도우마가기조메 밧다 알리하家다가간아부바거
쿠비칙倭구보우고 勾嗖 공ᄉᆞ로 漢勾구嗖헌清시뎐이배타가지하家ᄒᆞ고론두연거
도오와루마시다 부르다 러벌압쥬이러뮈倭구보우고도마라욤부마시다

勘過 마감하다 漢勘칸過고 清킨치머아차두머두왐비家무 천넬러굴쥬우저뮈倭동게간고우마시다 掛榜 방거다 漢掛과榜방 又 貼텨榜방 清로 [illegible]

와붕가라캅비家잘라후비칙 얼구뮈倭호우가게마시다 票子 표 漢票뱌子즈 清텀거 길투빈허倭가기즈게 封套 집 漢封봉套 清텀필러

돔튼家비터굼질럭선두 퉈倭인즈이홍고우모노 封條 봉하논 漢封봉條탄 清茶탄이범빙家비터굼질 리죠히 러구차가수奩붓倭홍고우노예다가미 [illegible]

板 문셔 협관 漢板가板반 清합 스倭쇼간노이다 印簿 공좌부 漢印인簿부 清얼더배차라 당스家얼터배차가후당사 畵卯 공좌부의 일홈드다

漢畵화卯만 清얼더배 차라당스터화알랍비 畵字 일홈두다 漢畵화字즈 清화알랍비家비러 탈비뮈倭나오남반가기마시다 畵押 슈례두다 [illegible]

야清텀거투아람비家텀덕 비치뮈倭시루스시마시다 印 인 漢印인 清도론家 타마가倭인반 打印 인치다 漢打다印인 又 [illegible] 인清도론기다 [illegible]

다가다루뮈倭 인즈이마시다 遞呈子 정문 漢遞디呈칭子즈 清빈허알리붐비家비 후다칙다갈가뮈倭후미오사상거마시다 綠頭 [illegible]

급히계주 漢綠루頭두牌패 清방간우쥬家쿠거 후논패 툴로개패倭기즈이앙게모우시훈다 飛報 급히보후 漢飛뵈報바 清[illegible] 리반허家시버[illegible]

칙倭길즈이 쥬우신후미 火牌 급보후논패 漢火호牌패 清후둔슈시허家홀 둔패倭기즈이쥬우신노훈다 雲板 좌긔홀 치논쇠판

투경가운더헌家어 굴러합다개모도 作班 번드다 漢作조班반 清이두반지붐비 지산죠가뮈倭반즈구루마시다 進班 번드다

全言行貝 申部 方言 三十

上상班반又上상直지淸이두도심 비蒙지샤오로뮈倭반이례마시싸

下班 번나다 漢下하班반又下하直지淸이두호곰 비蒙지샤가루뮈倭반인间마시싸

輪班 번도리다 漢輪룬班반淸이두람비蒙지샤 다갈가뮈倭반마와리마시싸

交班 체번후다 漢交갸班반淸이두알리붐 비蒙지샤할라뮈倭반가와

루마시싸

跳班 걸번후다 漢跳탸班반淸이두벙굼비蒙지 샤겔러뮈倭반가구례마시싸

攗班 번차려 漢攗훤班반淸이두 밧고다 홀라삼비蒙지샤

랄지뮈倭반야이 가와루마시싸

本班 본차례 漢本븐班반淸이두일히家 버여연던倭모도노쫑기

告暇 말미로 漢告갇暇햐淸욜 蒙칠루거倭이

도마

交付 맛지다 漢交갸付부淸아바붐비蒙 투샬가뮈倭안즈계마시싸

限期 그한 漢限현期기淸빌라간蒙호 구차가倭사다예강기리

展限 관한후다 漢展쳔限헌淸빌라간사나붐비蒙후구차 간숭가뮈倭강기리사리쓰구시마시싸

査看 사희후다 漢査차看간淸배차 여보다 머투왐비蒙배챠가

쥬우져뮈倭션 사구마시싸

官職類

官職 通稱 벼슬 漢官권職지又前쳔程칭 淸헐건蒙걸검倭관쏘

文官 문관 漢文운官권淸빌헤하반蒙 비치군투시멸倭후미관

武官 무관 漢武우官권淸쟈오해하반 蒙쳐리군투시멸倭유미관

大臣 대신 漢大다臣친淸암반蒙터 리굴러선생ᄒᆞ오이신

太學士 태호ㅅ 漢太

태學효士스清알리하받헤다 蒙다가각산비칙군다루가

都御使 도어 스 漢都두御유使스清배차라암 반蒙배차가후샌傒오즈가이

尙書 상 셔 漢尙창書슈又正징堂탕清 알리하암반蒙다가각산샌

左侍郎 좌시 랑 漢左조侍스郎랑又左조堂탕清핫 후앗한이암반蒙솔로개지군룬샌

右侍郎 우시 랑 漢右우侍스郎랑又右우堂탕清이 치앗한이암반蒙이치지군룬샌

內閣學士 내각 학스 漢內뉘閣거學효士스清돌기, 야문이빈헤다蒙도툴 야문두비칙군다루가

卿 경 漢卿깅清알리하하반 蒙다가각산두시면

少卿 쇼 경 漢少쇼卿깅清일히, 하반蒙던투시면

使 스 漢使스清타구라구 蒙열치傒이작바메

副使 부 스 漢副부使스清일히타쿠 라쿠蒙던열치傒님바메

監察御史 감찰 어스 漢監단察차御유史스清배차머투와라,하반蒙배차가 후우저쿠투시멀傒즈마히라,사노오즈가이

侍讀 시 독 漢侍스讀두清아다하훌라라하 반蒙타실락산다루가투시멀

侍講 시 강 漢侍스講강清아다하,걍나라,하반 蒙타실락산탤부릳라후투시멀

給事中 급스 쥬ᅌ 漢給기事스中중清기 수러러하반蒙걸렬쳐쿠,투 시멀

郎中 랑 즁 漢郎랑中중清이치하라, 하반蒙실커쿠투시멀

主事 쥬 스 漢主쥬事스清어져쿠, 하반蒙왼라후투시멀

員外郎 원외 랑 漢員원外왜郎랑清애실라 구하반蒙투살라후투시면

修撰 슈 찬 漢修슈撰잔清반지부머다 사구蒙죠깐자사후투시멀

編修 편 슈 漢編변修슈清아차부머반지부 쿠蒙낼러굴쥬됴캬후투시멀

檢討 검 토 漢檢견討탄清 캄치머배차쿠

翰林 한 림 漢翰한林린清빈 혜숭시蒙비친군

야문두 시멸 **庶吉士** 서길 亽 漢庶슈吉기士스清거 런길투시蒙슈기시 **中允** 즁윤 漢中즁允윤清간버잔 리쿠蒙지가후투시멸 **諭**

德 유덕 漢諭유德더清얼 더무버낼러구 **洗馬** 셰마 漢洗시馬마清쥴러리얄후단 蒙어부너우두리쿠투시멸 **博士** 박亽 漢博보士 스清타치

하,하반蒙수 룩선투시멸 **正** 정 漢正징清다하반 蒙다루가투시멸 **大使** 대亽 漢大다使스清암바타 구라쿠蒙이거열치 **總督** 총독 漢總 중督

두清우허리가달라,하반 蒙부구더자길후투시멸 **巡撫** 슌무 漢巡슌撫부清가리머다사 라암반蒙다난자사후샌 **布政使** 포정亽 漢 布

부 장使스清다산버설겨러 하,반蒙자삭,기,자길후,투시멸 **按察使** 안찰亽 漢按안察차使스清배차머베더 러,하반蒙배차간시군쿠투시멸 **府**

尹 부윤 漢府부尹인清부이알리하하반蒙 지룬문다가각산투시멸俟후인, **道** 도 漢道도清다 오리하반 **將軍** 장군 漢將장軍쥰清 장편蒙장쥰俟 **摠**

쇼우 군 **都統** 도통 漢都두統퉁清구사버가달라 라암반蒙호시구,쟈길후샌 **提督** 제독 漢提티督두清비더머 가달라라암반蒙티두

管 총관 漢摠중管권清징키너가달라 라다蒙챤홈쟈길후다루가 **知府** 지부 漢知지府부清부이쟈 라치蒙지룬문머더치 **知州** 지쥬 漢知 지州

주清져오이사라치 蒙져워부머더치 **同知** 동지 漢同퉁知지清 우혜사라치 **知縣** 지현 漢知지縣현清한 이사라치蒙지한 **丞** 승 漢丞 칭清

시람 시 **通判** 통판 漢通퉁判펀清 아챤배더시 **經歷** 경력 漢經깅歷리清배타,이 치하시蒙거러,산거치 **指揮** 지휘 漢指즈揮 휘清죠리

시蒙지가치

主簿 쥬부 漢主쥬簿부清당스쟈바샤구蒙당스바릴라치

教授 교쟈 漢教쟈授쑤清부이타치부쿠하반

訓導 훈도 漢訓훈導담도清일히타치부쿠하반倭곤도

巡檢 슌검 漢巡슌檢검清갸람시蒙마나후치

驛站監督 역참감독 漢驛이站잔監감督두清갸문버카달라라하반蒙울라가기자길후투시멸

鳴贊 명찬 漢鳴밍贊잔清훌라라하반蒙다구다후투시멸

筆帖式 필텹식 漢筆비帖텨式시清빈허시蒙비칙치

通事 통ᄉ 漢通퉁事스清하봄부구하반蒙길러물치倭즈우지

序班 셔반 漢序슈班반清배다시蒙쉬반

驛丞 역승 漢驛이丞칭清갸무시蒙울라각치

城守尉 셩장 漢城칭守쑤尉위清호톤이다蒙호탄누다루가倭시로쏘우슈

外郎 외랑 漢外왜郎랑清왤란蒙왤란

章京 쟝경 漢章쟝京깅清쟝긴蒙쟝기

協領 고산대 漢協혀領링清구새다

防禦 슈셩오품관원 漢防방禦유清퉈샤라하반이절기쟝긴

佐領 우록쟝경 漢佐조領링清니뤼쟝긴

驍騎校 분두뵈고 漢驍쟈騎기校햐清분더보쇼쿠

總兵 한병도통관 漢總중兵빙清우허러카달라라다

副將 종명버금관원 漢副부將쟝清애실라버카달라라다

叅將 부쟝버금관원 漢叅찬將쟝清아다하카달라라다

游擊 참쟝버금관원 漢游우擊기清다시히러하반

都司 유더버금관원 漢都두司스清다나라하반

守備 도ᄉ버금관원 漢守쑤備비清카라하반

千總 슈비버금관원 漢千쳔總중清밍가투

把總 쳔총버금관원 漢把바總중清박시투

中軍 즁군 漢中중軍쥰清버러더

亐司 투외방부라검거ᄒᆞᄂᆞᆫ관원 漢亐투司ᄉᆞ 清애만이하반 閣老 각로 漢閣거老랃又中중堂 清탕불라오 蒙불라오 宰相 재샹 漢宰

재相샹 清달라하얌반 蒙재샹 倭사이쇼우 九卿 구경 漢九구卿킹 清우윤새투 蒙이순깅 倭구교우 堂官 당샹 漢堂탕官권 清애실라라하반 蒙탕노얀

司官 ᄉᆞ랑쳥 漢司ᄉᆞ官권 清이치하라하반 諡號 시호 漢諡ᄉᆞ號할 清암차머거 蒙부키천너러 誥贈 고증 漢誥갇贈증又贈증 職지 清암차머

告身 고신 붕념비 通稱 漢告갇身신 清봉녀 蒙벋거 가지 질렵 倭가미나가기노판또 品級 품급 漢品핀級기 清절기 蒙절거 倭구라이 正

品 졍품 漢正징品핀 清징기너 蒙쇼홍더리군 절거 從品 죵품 漢從중品핀 清일히 蒙기 蒙더리군절거 俸祿 봉녹 漢俸봉祿루 清불룬

倭로기 錢粮 젼량 漢錢쳔粮량 清찰란 蒙찰링 倭환마이 職掌 직장 漢職지掌장 清아바분

陞黜類

除做官 벼슬ᄒᆞ이다 漢除츄做주官권 清하반신담 蒙두시멸달비 倭위관또시사셰마시사 做官 벼슬ᄒᆞ다 漢做주官권 清하반텀 蒙두

시멸사구위 倭관또이기마시사 陞官 벼슬도ᄃᆞ다 漢陞싱官권 清위심비 蒙덥시위 倭관또앙가루마시사 高陞 벼슬놉히도ᄃᆞ다 漢高갇陞싱 清다발리위

심비 蒙거두덥시위 倭다가이칸또앙가루마시사 擬正 의망낫타 漢擬이正징 清쇼홈비 蒙투헐라위 擬陪 아래ᄭᆞ미 漢擬이陪픠 清아다붐비

蒙다실라굴루뮈 開列 벌망 漢開개列려淸배답비蒙식사가뮈 缺 결 漢缺궈淸오론蒙오로倭가구려 補缺 보결ᄒᆞ다 漢補부缺궈又頂딍

缺궈淸오롤롬비蒙오로굴루뮈 還缺 인입ᄒᆞ다 漢還환缺궈淸눌후붐비蒙오롤로뮈倭온야구니가예루마시싸 候缺 절기ᄃᆞ리다 漢候후缺궈淸

오론알팡비蒙오로굴려뮈倭가구려오마지마시싸 裁缺 결주리다 漢裁재缺궈淸오론버어버럼붐비蒙오로호록다굴루뮈倭가구려오노계마시싸 補

蔭 선음으로벼슬ᄒᆞ다 漢補부蔭인淸시라머하한텀비蒙우여쟐감질란투시멀사구미倭오윤지노관ᄌᆞᄌᆞ계마시싸 承襲 승습ᄒᆞ다 漢承칭襲시淸하한시람

비蒙결겸쟐감칠라뷔倭지지노관ᄌᆞᄌᆞ계마시싸 調用 됴용ᄒᆞ다 漢調댶用융淸보볼고솜비蒙울라리뮈倭예람비ᄌᆞ고우마시싸 錄用 녹용ᄒᆞ다 漢錄

루用융淸배탈람비蒙거럭러뮈倭가기ᄌᆞ고우마시싸 派出 구실식이다 漢派패出츄又派패定딍淸토밀람비蒙도밀라뮈倭야구오사시마시싸 保

擧 보거ᄒᆞ다 漢保반擧규淸악돌람비蒙바돌라뮈倭다못ᄌᆞ양계마시싸 挨次 차례로 漢挨애次ᄎᆞ淸일히야남비蒙더더러뮈倭증기새라 署

理 겸관 漢署슈理리淸대슬람비蒙하말가뮈 上任 도임ᄒᆞ다 漢上샹任신淸투산더거너허蒙야문둘러치버倭온야구너이다루마시싸 留任

혁직후그벼슬의두다 漢留릭任신淸다두산더배탈라하 滿了 과만ᄒᆞ다 漢滿먼了랴淸타쿠란쟐루까蒙쟈룰가투시멀倭강기러너미ᄌᆞ루마시싸 忝

了 논박ᄒᆞ다 漢忝찬了랴淸와갈람비蒙부루구샤가뮈倭당고우시가려마시싸 被忝 논박맛다 漢被븨忝찬淸와갈라부하倭당고우시가려고우두루마시

衙部 方言

싸

罰俸 쥬봉ᄒᆞ다 漢罰방俸봉 清볼룬배탐비 蒙풍루 엇커뮈 倭로기우바이도루마시싸

革職 혁직ᄒᆞ다 漢革거職지 清헐건어 불럼비 蒙컬검엽더뮈 倭관또야보려마시싸

原職 본직 漢原원職지 清다투산 蒙욱야무 倭모도노관또

大衙 벼슬놉고겸직만ᄒᆞᆫ것 漢大다衙현 清암바절깅거

小衙 벼슬놉고目직업ᄉᆞᆫ것 漢小샤衙현 清아지거절깅거

欽差 나라명으로부리인이 漢欽긴差채 清허시타쿠라하열친 蒙잘릭가열쟈룩산투시멸 倭고우젼이즈가이

甜差 죠흔구실 漢甜텬差채 清섄타쿠란 蒙섄쟈룰가 倭요이야구

苦差 괴로온구실 漢苦쿠差채 清어허타쿠란 蒙마구쟈룰가 倭구로우야구

人類類

秀才 션비 漢秀샤才채 清박시 蒙박시 倭징고다저

幕賓 셔긔 漢幕모賓빈 清안타하시 倭쇼기

大夫 通稱의원 漢大다夫부 清대부 蒙엄처 倭이사

太醫 나라의원 漢太태醫이 清구룬이옥토시 蒙울룻순엄치 倭구너노이사

內科 의약 漢內뉘科코 清옥토시 蒙엄문엄치 倭구스리이사

外科 의원 漢外왜科코 清나마시 蒙하나후엄치 倭하리이사

畫官 화원 漢畫화官권 清니루러날마 蒙지루후쿤 倭에가기연

老公 쟈고 漢老랸公궁 清태간 蒙태간 倭누이관

看相的 상보ᄂᆞᆫ이 漢看칸相샹的디 又相샹士스 清치라타가라날마 蒙[illegible]지치쿤 倭가오미루히도

看命

的 팔ᄌᆞ보ᄂᆞᆫ이 漢着간命밍的디又許핑命밍的디清투와라낟마蒙후비죠갈우져쿠쿤倭우마러ᄌᆞ기미루히도

打卦的 졈ᄒᆞᄂᆞᆫ이 漢打다卦과的디清가투와라낟마蒙우졀거치쿤倭우라나후시마ᄊᆞ루ᄋᆞ노

觀風水的 디관 漢觀권風붕水쉬的디清셩신투와라낟마蒙가잘룬쥐두수걸러우쿤倭후우ᄉᆞ이미루노히도

陰陽人 음양아ᄂᆞᆫ사ᄅᆞᆷ 漢陰인陽양人신清어아바하나라낟마蒙빌리알가두수걸러후쿤倭신요우시리히도

書吏 셔리 漢書슈吏리清슈더시蒙왜란倭져가기

披甲的 군ᄉᆞ 漢披피甲갸的디清욱신蒙쳐릭倭셰이시

兵丁 군뎡 漢兵빙丁징清죠오해낟마蒙쳐릭쿤쿤倭셰이뎨이

皂隷 관가ᄉᆞ령 漢皂잔隷리清운더시蒙알반ᄋᆞ여부시우倭구보우조예모지

牢子 군뢰 漢牢란子ᄌᆞ清알바시倭셰이로우

民家 빅셩 漢民민家가又百버姓싱清일건蒙일건倭햐쿠ᄉᆞᆈ우

館夫 관직이 漢館권夫부清쿠런이벌허시倭다뎨마부셰노ᄋᆞ모노

牌頭 동닉통슈 漢牌패頭투清쟌보오이다倭사도리가시라

庄頭 마름 漢庄좡頭투清장투리蒙죵툴倭노우사ᄂᆞᆫ사바기모노

園頭 원두한 漢園원頭투清야반이다倭사이사바기모노

車戶 수릭ᄉ군 漢車쳐戶후清셔쳐치蒙털거투쿤倭구루마오우모노

獸醫 즘싱고치ᄂᆞᆫ의원 漢獸식醫이清울해옥토시蒙말쟈사후엄치倭겐다모노노이샤

看墳的 묘직이 漢着간墳본的디清에부타캬시蒙붐바사키후쿤倭화가마부셰모노

打柴的 나모ᄒᆞᄂᆞᆫ이 漢打다柴채的디清모오사쳐러낟마蒙모도찹치후쿤倭기가리모노

跪報人 발군 漢跪포報반人신清울라치蒙울랑라후쿤倭바시수

루,세이

巡夜的 슌라ᄒᆞᄂᆞᆫ사ᄅᆞᆷ 漢巡슌夜여的디清캬리시蒙마나ᄒᆞᆫ倭고우뎬,마와리히도

打更的 경뎜치ᄂᆞᆫ사ᄅᆞᆷ 漢打다更깅的디清깅보리시蒙징쟌키ᄒᆞᆫ倭고우뎬,웃즈히도

馬牌子 역마ᄐᆞ지ᄒᆞᄂᆞᆫ사ᄅᆞᆷ 漢馬마牌패子즈清캬문이하하蒙모리자킬ᄒᆞᆫ倭우마사바기노히도

門子 문ᄌᆞ인 漢門믄子즈清열셔쿠倭고도모

安童 슈쳥 漢安안童퉁清다할지蒙다가ᄒᆞᆫ倭오도모,와람베

管家 ᄉᆞ지노ᄌᆞ 漢管권家갸清보외다蒙보끌문다루가倭고도,시리고모노

幫子 죵 漢幇방子즈又奴누材채清아하蒙보끌倭,고모노

小厮 아ᄒᆡ놈 漢小샾厮스清아지거아하蒙어러,쿠버군倭와람베모노

僱工 고공이 漢僱구工궁清투리허ᄒᆞᆫ순蒙우널럭션쿠치倭야도이,모노

剃頭的 마리삭ᄂᆞᆫ이 漢剃티頭투的디清우쥬ᄇᆞ시러날마蒙톨로개틸루ᄒᆞᆫ倭가미소리모노

裁縫的 바느질ᄒᆞᄂᆞᆫ이 漢裁채縫봉的디清우비시倭하리사시히도

掌櫃的 뎐ᄉᆞ방케직이 漢掌쟝櫃귀的디清타탄,이다蒙쿤누바굴치걸룬어젼倭센몬,오사무루,모노

木匠 목슈 漢木무匠쟝清모외박시蒙모돈,누우란倭모구,슈

泥水匠 미쟝이 漢泥니水쉬匠쟝清니쉬박시蒙니쉬우란倭즈지노,사잉고닌

皮匠 가족쟝인 漢皮피匠쟝清수쿠박시蒙아라슌누우란倭가와노사교닌

條匠 싀쟝이 漢條탼匠쟝清후러,박시蒙구루쿠,우란倭오비노,사잉고닌

搭綵匠 가요수미ᄂᆞᆫ쟝인 漢搭다綵채匠쟝清참시

打捲夫 가가지ᄉᆞᄂᆞᆫ놈 漢打다捲권夫부清우훈이ᄒᆞᆫ슌蒙펀키쿠ᄒᆞᆫ倭가리야즈구루모노쟈

挑脚的 삭짐지ᄂᆞᆫ이 漢挑탸脚교的

디又賣매担단兒숟的디清우누시倭징긴오우모노

弄戲法的 환숟ᄒᆞᄂᆞᆫ이 漢弄룽戲히法바的디又變변戲히法바的디清방가날마蒙우바지ᄒᆞ큰倭마부라시모노

戲子 챵시ᄒᆞᄂᆞᆫ사ᄅᆞᆷ 漢戲히子즈清쥬츌러시蒙나가둠치녀둔치倭사룽가구

樂工 풍류아치 漢樂요工궁清쿠무시蒙쿡집문쿤倭하야시고우

耍子 광대 漢耍솨子즈清쥬ᇰ倭子모마이

歌童 노리부ᄅᆞᄂᆞᆫ아희 漢歌거童퉁清우츌러쥬서蒙도올라ᄒᆞ거오건倭우다옴부와람베

丫頭 계집아희 漢丫야頭투清살간쥬서蒙어거널거오건倭오낭고

表子 갓나희 漢表뱌子즈清가링가蒙ᄒᆞ얄리倭게이세이

養漢的 화냥이 漢養양漢한的디清배쿠蒙양한倭오독구스기묘우부

叫化子 거ᇰ지 漢叫갸化화子즈清교호토蒙귀란치倭곤지기히도

屠戶 빅뎡 漢屠투戶후清울하와라날마蒙터지거부리알라ᄒᆞᄂᆞᆫ倭예다모노

端公 박수 漢端둰公궁清사망가날마蒙어러부커倭호산도노

白衣人 버이신 江南嘉定縣呼未進身者蓋士子入試皆着白衣故有白袍子何太紛紛之語

樓偷頭 루투 留髮童子也

囊家 낭가 釀酒也壓吏云斜卒蒲博者謂之囊家

家生兒 가숑숟 凡奴婢所生子

客作 커조 江南蘇州府呼傭工

時秧相公 스양샹궁 江南崇明縣呼栽秧者曰相公穀以養生故尊之也

稱呼類

大人 벼슬놉흔사름 漢大다人신 清암반家이거큰 倭닷도시히도 老大人 대인위흔논말 漢老로大다人신 清삭다암반 家샌 倭로우다이신

老爺 벼슬흔논사름 漢老로爺여 清삭다하반 家쿠신샌 倭판다도히도 令尊 남의아비위흔논말 漢令령尊준 清위시훈이아마 家열김문어치거 倭례이

닷도시 令堂 남의어미위흔논말 漢令령堂당 清위시훈이어녀 家열김문어기거 倭다이후신 大哥 형아흔논말 漢大다哥거 清아거 家아바개 倭오

오이아니 令正 남의쳐위흔논말 漢令령正징 清위시훈이샬간 家열김문결게 倭싯즈나이 令翠 남의첩위흔논말 漢令령翠취 清위시훈이결려

쿠家열김문걸[illegible]시스 令郎 남의즈식위흔논말 漢令령郞랑 又公궁子즈 清위시훈이쥐 家열김문거오건 倭례이무우 太太 마노라 漢太태太태

[illegible]마마家열김문어머거 姊姊 각시님 漢姊버姊버 清거거 倭소옌도노 姐姐 결븐계집사롬위흔논말 漢姐져姐져 清위시훈거거 貴

眷 남의가솔못논말 漢貴귀眷권 又寶보眷권 清위시훈이보외양갈라 家열김문쿠신 倭기견 拙婦 이녀안히겸흔논말 漢拙쥐婦부 又拙쥐荊깅

清모초살간 家찰랑대걸게 倭이예하도 家小 가솔쳐칭 漢家갸小샤 又家갸口쿠 清부시훈허허 家도갈라 家도오라두연걸룬아마 倭이예모노 奴家

계집이겸흔논말 漢奴누家갸 清부시훈허허 家도록시어켜녈 倭지사이데가기 祖貫 향셩 漢祖주貫권 清더수바 倭운지코도 貴姓 남의셩못논말

漢貴귀姓싱 又尊준姓싱 又高고姓싱 清위시훈할라 家열김문오복 倭오운지 賤姓 이녀셩 漢賤견姓싱 清부시훈할라 家도록시연오복 倭이야시기운지

名字 일홈 漢名밍字즈清거부家너러倭나 尊諱 남의일홈 못논말 漢尊준諱휘清위시훈거부家열김문너러倭오나 賤名 이녀 일홈

賤젼名밍清부시훈거부家도록시연너러倭이아시기노나 小名 명으 漢小샤名밍清후후리부倭와람베도기나 起名 일홈 짓다 漢起기名밍清

거부아람비家너러기위倭나즈구우마시셔 表字 漢表밭字즈又表밭德더清두켜허거부家열국선너러倭묘우지 賢表 남의즈 못논말 漢貴귀表

밧清위시훈이두켜허거부家열김문열국선너러倭오,묘우지 台號 남의별호 漢台태號한清위시훈홀로家열김문홀라倭묘노,히도노베지노나 貴

日 남의싱일 못논말 漢貴귀日시又貴귀誕단清위시훈이반지하이넝기家열김문,두룩선어둘倭오,우마례너지 賤日 이녀 싱일 漢賤젼日시清부시훈이

반지하이넝기家도록시연두룩선어둘倭이야시기,우마례너지 貴庚 남의년갑 못논말 漢貴귀庚궁又貴귀壽슈清위시훈이,서家열김문나수倭오,도시사이

貴造 남의스쥬 못논말 漢貴귀造잔清위시훈이자쿤혈견家열김문죠갈倭오,우마례즈기 賤造 이녀 스쥬 漢賤젼造잔清부시훈이자쿤혈견家투

룩선죠갈倭이야시기우마례즈기 尊府 남의집위 호논말 漢尊준府부又府부上샹又貴귀府부清위시훈보오家열김문결倭메즈라시기다구 這一

位 이분 漢這져一이位위清어러위시훈날마倭묘노히도

儂 농 江南嘉定縣呼我為吾儂呼人為伱儂對人呼他人為渠儂故嘉定號為三儂之鄉 咩 양 山西寧鄉縣謂吾

治頭公 치투 공 廣東高要縣僕婢稱其主父 曰治頭公稱主母曰治頭婆 先生 션 승 稱教讀曰先生 稱道流亦然 師傅

스 稱教官曰師傅 부 稱工商亦然 賤累 쟌 리 江南嘉定縣呼妻子 又子女多亦曰累重 阿廥廥 아휘 휘 江南蘇州府嘲 笑人亦爲招呼

語之 辭 来[illegible] 레 리 江南太倉州 應人呼也

祭祀類

祭祀 졔 스 漢祭지祀스清워쳔 蒙댤가倭마즈리 論祭 신하의게 ᄒᆞ는졔 漢論유祭지清허싀 워祀蒙잘릭근댤가 家堂 갸 탕 漢家 가堂

당清워쳐쿠보오 倭간누시이예 神主 신 쥬 漢神신主쥬清워쳐 쿠蒙옹곤倭간누시 影身 진 영 漢影잉身신清울궁거더 련두倭가다지예가기

供獻 졔물들 이다 漢供궁獻현清도봄비蒙다킥라 뮈倭마즈리못즈이례마시ᄯᅡ 供飯 뫼들 이다 漢供궁飯반清부다도봄 비蒙부다타킥라뮈倭며

시이례 마시ᄯᅡ 奠酒 잔들 이다 漢奠뎐酒작清훈타하강넘비蒙더 겨실러뮈倭사간즈기이례마시ᄯᅡ 灌酒 술붓 다 漢灌권酒작清부 려히살람비蒙토

사가뮈倭사계 그즈마시ᄯᅡ 奠幣 폐빅들 이다 漢奠뎐幣비清거문이수져ᄃᆞᆺ봄 비倭사상계모노이례마시ᄯᅡ 飲福 음복 ᄒᆞ다 漢飲인福 부清압순

일리졈비倭사이와 이사계노미마시ᄯᅡ 齋戒 지 계 漢齋재戒계清볼고미탈가 蒙아리굴라뮈倭이밋스리 長齋 긴지 계 漢長창齋재清 암바볼고뫼蒙

이거야리굴라위倭
샹가이이잇스리

短齋 텰은漢短된齋재淸아지거볼고미蒙바간
지괴아리굴라위倭미지사이이잇스리

開齋 과지漢
후다開

[illegible] ᄀ齋재淸볼고미나카하倭
이잇스리야부리마시사

謝歡喜 付乾
히

江南撫州府謂祀竈爲
謝歡喜忌惱燥字也

老言音釋

方言類釋卷二　　　　保晩齋秘笈三之四

嫁娶類

親事 혼인ᄒᆞ다 논일 漢親친事스 清나만이배타家우 룩바리우ᄀᆡ역倭엔뻰스루꼬도 做親 셩혼ᄒᆞ다 漢做주親친又結겨親친 清나만쟈밤비家우룩바

리무倭엔뻰나스마시다 說親 의혼ᄒᆞ다 漢說쉐親친 清렬쳐뷔倭연뻰당고우마시다 庚帖 ᄉᆞ듀단ᄌᆞ 漢庚끙帖텨 清버헌이북다리

合庚 궁합마쵸다 漢合허庚궁 清버헌아챠붐비 送禮 송채ᄒᆞ다 漢送숭禮리又下햐定딩禮리 清허졈비家복룰라뷔 納幣 납폐ᄒᆞ다

漢納나幣비 清자칸버넘비家바릴가뷔 娶娘子 안해엇다 漢娶츄娘냥子즈 清살간겨아보뷔倭즈마오옛떠마시다 招女婿

사회엇다 漢招잗女뉴婿시 清호지혼갬비家쿨먼아보뷔倭우고오옛떠마시다 出門 출가ᄒᆞ다 漢出츄門믄 清투스럼비家쿨아보뷔倭우셰루마시다 合

졸 합근ᄒᆞ다 漢合허졸긴 清아챠붐비家빌러쿨루뷔 割襟 옷자락버혀혼인뎡ᄒᆞ다 漢割거襟긴 清아다순배다머독룸비家한츄옥로쥬독토뷔 黃

花女 미가녀 漢黃황花화女뉴 清호쇠살간쥐家호쇠뷔킨倭우셰루맛딘묘우부 紅花女 이가녀 漢紅훙花화女뉴 清에건개하허허家ᄃᆞ

굴야복산어거닏倭은 媒人 듕비 漢媒미人신又媒믜婆포又氷빙人 티니우셰루요우부 인淸잘라家자ㅏ치倭ㅏ간다지 歸寧 본가에가다 漢歸 귀寧닝淸단찬더거너허家를가 喜錢 듕인 漢喜히錢쳔淸변려히바사家자 休書 리뮈倭모도이예니유기마시마 갑 구치우너倭ㅏ간다지도아다이 계집바 漢休辟書슈淸호고로 離異 리이 漢離리異이淸호곰비家하 後婚 이블 漢 노흔 빔허家하오라후비식 ᄒᆞ다 오라뮈倭사마당이마시마 리기 後 후婚훈又再재醮쟌淸아나부사 贅居 쳐가의 漢贅쥐居규淸후순이호지혼오호家쿠 허허倭후다담에우셰루요우마 리ᄒᆞ다 ᄒᆞ는놀긴倭즈마이예니이기마시마

家妻 새치 山西臨晉縣稱娶婦

生産類

懷身 아희비다 漢懷회身신又娠상身신淸버여졀수 蒙허오번록다니뮈倭하라무마시마 害口 입덧다 漢害해口쿠淸양가손 줌비蒙이더건숭구뮈 倭구지안지 臨月 림삭ᄒᆞ다 漢臨린月워又坐조月워子즈淸더두러바오 호蒙우격더쿠사라倭즈기아다루마시마 나이마시마 過了月 유월 호 漢過고了랴月워淸바벙쿠허蒙 月未成 달못ᄎᆞ다 漢月워未웨成칭淸바찰루 ㅋ나라악랍바倭즈기고시마시마 려윤허倭즈기미즈루맛센 胎 胞 틔 漢胎태胞포淸텁쿠蒙 이컷倭하라고무루 轉胎 아희못다 漢轉쥔胎태淸쥐죵코蒙거오건두 람바倭하라고무루우다다마시마 分

娩 아희낫다 漢分븐娩면清쥐반지하蒙거오견두루버倭장고、우마례、마시따 小産 아희디다 漢小샾産찬又丢무孩히子즈清쥐숨비倭하라고、무루오지、마시

따 未乳 싱산못ᄒᆞ다 漢未위乳슈清쥐반지하아쿠蒙거오건두루쿠우게倭인톄우마례、맛섿、마시따 兒枕痛 훗빈알타 漢兒슬枕진痛퉁清

올손너멈비蒙겁디시、어번두뮈倭우시롯、하라、이다미、마시따 盪紅 힝경ᄒᆞ다 漢盪탕紅훙清배할란、검비倭팟스이낭가루루마시따 蓐草 숨거젹

漢蓐우草찰清석지蒙석리倭하라、고무루、노、고모 尿褯子 샷깃 漢尿냐褯졔子즈清라비蒙쿤두倭무조기 褔子 아희밧기 漢褔우子즈清

오봉기、알리구倭조바기、우주루、모노 棚子 비부로기 漢棚븡子즈又囫위肚두子조清덜두倭하라、후다모노 摘奶子 젓떠다 漢摘쳐奶내子

조又擠지奶내子즈清후훈시림비倭지、오스마시따 咂奶子 젓샐다 漢咂자奶내子즈清후훈시밈비蒙쿠쿠시머뮈倭지、스우마시따 哭奶

젓먹다 漢哭치奶내清후훈、오밉비倭지、구라우、마시따 洋奶 젓넘기다 漢洋양奶내清후훈、졸홈비倭지、하기인다스、마시따 把尿 오좀뉘다 漢把

바尿냐清바걉비蒙토쇼뮈倭빔바리、오사무루、마시따 收生婆 아희나희ᄂᆞᆫ계집 漢收삭生승婆포清열서러、마倭우마례、미루노、요우부 養

活 길으다 漢養양活호清우검비蒙터지거뮈倭야시노우、마시따 潑養 막오길으다 漢潑포養양清막타샤머、우점비倭스믜루、야시노우、마시따 會

爬 거기ᄒᆞ다 漢會휘爬파清미좀머바하남비蒙물쿠쥬머더뮈倭하라、보우、시마시따 會挪步 걸음ᄒᆞ다 漢會휘挪노步부清옹조머바하남비倭아시、

2a

윤즈루 마시싸

爬走 기다 漢爬파走주 清미쿨비 蒙문구뤄 倭하라보우

會跑 ᄃᆞᆺ기ᄒᆞ다 漢會회跑팔 清수쥬머바하남비 蒙키오쥬머더뤄 倭하시리시마시싸

撒嬌 이리ᄒᆞ다 漢撒사嬌갼 清할라삼비 蒙열걸ᄃᆞ려뤄 倭샥까이요우시마시싸

懦兒 주을든아희 漢懦노兒ᄋᆞᆯ 清시탓훈 蒙쥐 倭요와시노와람베

長了 자라다 漢長장了랴 清무쿰비 蒙워수뤄 倭죠우쇼우마시싸

娅孖 야냐 江南嘉定縣謂兒啼聲

懁蠻 환만 呼小兒之頑者

蹁屑 편셔 小兒履行

曰蹁坐地行曰屑又蹁水卽步涉水也

喪葬類

孝家 상가 漢孝햪家가 清쇼보론두샤하보 蒙이루끼루노 倭이여

丁憂 재상ᄒᆞ다 漢丁딩憂우 清시나갈람비 蒙벌버수러뤄 倭이루끼루나야루마시싸

壽終 고종ᄒᆞ다 漢壽쇼終즁 清쟐간이두버허 蒙월졔벌어춋볼바 倭이노지오와루마시싸

命盡 명진ᄒᆞ다 漢命밍盡진 清열건야다하 蒙아민갈바 倭이노징가끼리마시싸

歿了 죽다 漢歿무了랴 清아쿠오호 蒙우게볼바 倭오시누루마시싸

死了 죽다 漢死스了랴 清부쳐허 蒙우쿠버 倭ᄉᆞ누루마시싸

尸身 죽엄 漢尸스身신 清기란 蒙야수 倭가와녀

叫魂 초혼ᄒᆞ다 漢叫쟌魂훈 清방양가훈 蒙람비수녀수다구다뤄

殯殮

념습 漢殯빈殮련淸기란이치야탐비家야 裝裹 신체仕 漢裝창裹고淸기란이치함비
ᄒᆞ다 수신거위倭기사무가子스마시仕 리다 家야수후미위倭가와녀즈즈
시仕 盛棺材 입관ᄒᆞ다 漢盛창棺권材채淸호보너너붐비家 停床 빙소ᄒᆞ다 漢停띵床촹淸덜칠럼비
家시러 압살라위倭히즈기나이례마시仕
걸러위 擧哀 발상ᄒᆞ다 漢擧규哀애淸죠볼론두 겹비家죠발랑열구위 啼哭 우다 漢啼티哭쿠淸송곰 비家월라위倭나ᄀᆞ 哀哭
슬허 漢哀애哭쿠淸죠로머송곰비家가 吊孝 됴문ᄒᆞ다 漢吊댠孝햪又慰위孝햪淸시나간
우다 살운월리위倭냥ᄀᆞ리ᄂᆞ구마시仕 더아차납비家죠발랑아사구위倭
도부라이 煩惱 됴상ᄒᆞ다 漢煩반惱나淸죠보 魂幡 명정 漢魂훈幡반淸야루간이
마시仕 논말 호家미시가식군 방소家우두린할쿤달바 穿
孝 거상납ᄂᆞ다 漢穿촨孝햪淸시나갈 람비家차간어무수위 掛孝 복닙다 漢掛꽈孝햪淸시나힐 람비家차간어무수위 靈轎 혼거 漢靈링轎갸淸
방양가교오家수녀수사오 거倭다마시이노리모도 出殯 발인ᄒᆞ다 漢出츄殯빈淸기란두 치붐비家야수갈가위 送殯 송장ᄒᆞ다 漢送숭殯빈淸기란
부덤비家야 수우더위 下葬 장ᄉᆞ지내다 漢下햐葬장淸불귄 비家오로시쿨루위 埋着 묻다 通稱 漢埋매着죠又藏창埋매 又下햐丁랸淸운붐비家
불라위倭우 스무마시仕 斬衰 아븨거상 漢斬잔衰취淸쓈거리어 두쿠家서머러케훕혀수 齊衰 어믜거상 漢齊즈衰취淸빙머허 어두쿠家커리독선
훔차 수 孝巾 두건 漢孝햪巾긴又孝햪帽맛淸 시나히유바리家차간깁 孝衣 거상옷 漢孝햪衣이淸시나힌 어두쿠家차간훕차수 孝

帶 거상 漢孝효帶대 清시나간 이우셔蒙운질가부서 孝杖 상장 漢孝효杖장 清시나간 이톄분蒙차간누타약 麻帶 삼대 漢麻마帶대 又麻마

絛탄清수버허 蒙키마부서 孝幃 소장 漢孝효幃위 清시나간 이멍스蒙차간자마 回靈 반혼 漢回회靈령 清바양가마 리분비蒙수너수바리워

接靈 반호 보다 漢接졉靈령 清바양가옥 동비蒙수너수욱투위 長命釘 명은소 漢長챵命명釘뎡 清후불 홀보쿠蒙압산누가다수 遺

囑 유언 ᄒ다 漢遺유囑쵹 清덜헌툼비蒙거렷 러위倭고도바노고리마시사 報喪 부고 ᄒ다 漢報보喪상 清조볼론머지거알 람비蒙조발랑머더거컬러위倭

주구루도우 루마시사 焚化 화장 ᄒ다 漢焚분化화 清기란자 번비蒙야수바리위 墳墓 분묘 漢墳분墓모 又墳분古구堆 뒤清에부蒙분바倭하가

祭墓 상묘 漢祭제墓묘 清 졔 외쳐러위허 享堂 향당 漢享향堂당 清위쳐 러보오蒙댈가후걸 碑 비 漢碑비 清열뎐거위허 蒙쿠서칠라군倭다데

이시 上墳 산소에 가다 漢上상墳분 清왈람비蒙거거 뒤倭하가니노보루마시사 虞祭 우졔 漢虞우祭제 清수춤가위쳔 蒙오로시굴룩선회나댈가

卒哭 졸곡 漢卒졸哭곡 清일라치배워 쳔蒙굴바두갈사랴댈가 小祥 소샹 漢小쇼祥샹 清어무바 룬이위쳔蒙외질댈가 大祥 대샹 漢大

다祥샹 清쥬위바룬이위 쳔蒙호야두갈외잘댈가 禫祭 담졔 漢禫담祭제 清와지마위 쳔蒙훈차수할라후댈가 孝滿 복다 漢孝효滿만 면 清시나히잘

카로 脫孝 거상 벗다 漢脫탈孝효 又免면孝효 又服복闋결 清시나히수허蒙차간훕차수댈루위 起復 긔복 ᄒ다 漢起긔復복 清다사 머배탈람비蒙쟈사

쥬거려 거미

過世 시고 江南蘇州府謂死丧

宴會類

筵席 잔치 通稱 漢筵연席시淸사린蒙우리倭후루마이 暖壽宴 잔치 싱일 漢暖원壽삭宴연淸반지하이넝기사린蒙투루선어둘후리倭우마려

이지후루마이 婚宴 혼인 잔치 漢婚흔宴연淸영시사린蒙뒤倭엔벤이화지 戱筵 희조호 논잔치 漢戱히筵연淸쥬츈러러사린蒙나깐후후립倭사룽가

구노후루마이 車輪會 되로 리 漢車처輪륜會회淸쥬츈더러다닐란 請客 손청 호다 漢請칭客커淸안타하쏠린비蒙쟈친우리뒤倭갸구오구셍

기마시싸 接客 접직 漢接져客커又迎잉客커淸안타하옥돔비蒙쟈친옥투뒤倭갸구오,엔다이마시싸 會齊 모다 다 漢會회齊치淸거무이신지하

蒙춘쥴츄이러버倭미나아즈마루,마시싸 陪客 뫼각 호다 漢陪픠客커淸안타하,쿤둘렵비蒙쟈친쿤둘러뒤倭갸구오대이마시싸 請坐 안셔 쳥호

다 漢請칭坐조淸터키蒙사구세倭인도라시오,구셍기마시싸 作東家 쥬인노 룻호다 漢作조東둥家갸淸뵈고질람비蒙결운어졀칠러뒤倭예이슈도우려

시마시싸 請茶 차청 호다 漢請칭茶차淸채투겨비蒙채열구뒤倭쟈구셍기마시싸 看茶 차장만 호다 漢看간茶차淸채뱔헙비蒙채벌러두뒤倭쟈

酉部 方言

고시라이
마시ᄯᅡ

請酒 술쳥ᄒᆞ다 漢請칭酒쥐清누러투겸비蒙다라 수열구뷔倭사계구셩기마시ᄯᅡ

讓酒 술ᄉᆞ양ᄒᆞ다 漢讓샹酒쥐 清누러다라 붑비蒙다라수탈비쥬워구 뷔倭사계신샤구마시ᄯᅡ

海量 너른쥬량 漢海해量량清머더리거서시신蒙 다라수치키굴이거倭가이료우

天戎酒 본디술못먹다 漢天텬戎계酒쥐消오미머타치하구蒙우 구쥬수루후우계倭모도사계노미맛센

沒醉 취치아니타 漢沒무醉쥐清쇽 토라구蒙속토우 계倭사계 요이마센

有酒氣 쥐호ᄒᆞ다 漢有우酒쥐氣기清누러더바하 부하倭지쑈사계요이마시ᄯᅡ

爛醉 미이취ᄒᆞ다 漢爛란 醉쥐清 허벍러거비蒙번러불지 倭단쑈사계요이마시ᄯᅡ

酒醒 술ᄭᆡ다 漢酒쥐醒싱清누러수붐비蒙 설구뷔倭사계사메마시ᄯᅡ

凹面盞 골혼잔 漢凹와面면盞잔清어견ᄒᆞ타하蒙 박타슨훈타가倭미즈란사간즈기

酒流沿 술잔에넘게붓다 漢酒쥐流류沿연清빈거셔머 터붐비倭사간즈기니야마루 모릭까 시ᄯᅡ

回酒 회비 漢回휘酒쥐清버드러부러ᄒᆞ타하蒙 리구바리후훈타가倭마와루사간즈기

順領盃 옷기ᄎᆞ례로머는술잔 漢順순領링盃비清다라부러ᄒᆞ타하 倭신다이아라다비노사간즈기

揣領盃 옷깃거스리머는술잔 漢揣쵀領링盃비清부다라부 러ᄒᆞ타하倭신다이샹고우노 사간즈기

添菜 안쥬더ᄒᆞ다 漢添텬菜채清새구농김비蒙죠오 시너머뷔倭사가나가데데마시ᄯᅡ

散席 잔치파ᄒᆞ다 漢散산席시清 사린밧참비蒙 후린탈하바倭후루 마이스메마시ᄯᅡ

留步 머믈라 漢留루步부清일러蒙틀 쥬소倭돈도마루마셰이

告辭 하직ᄒᆞ다 漢告갇辭ᄎᆞ清 밝차라도로야

란비蒙샤루후요수칠라 뮈倭이도망고이마시다

打攪 폐식이다 漢打다攪쟈清죠보부하蒙죠바 가뮈倭죠우사노고리마시다

接待類

禮行 네 通稱 漢禮리行힝清도로론 蒙요술란倭레잉기 慶賀 경하ᄒᆞ다 漢慶깅賀허清울군 이도로야람비蒙 바얄룬요수 키뮈倭게이오가례이마

시다 回敬 회샤ᄒᆞ다 漢回휘敬깅清카루바너하 붐비蒙하리 쥬탈라 워구뮈倭과이샤쓰루마시다 想念 그리다 漢想샹念년又想샹 慕무清키둠비蒙무

루거투뮈倭나즈 싸시우마시다 趂想 반갑다 漢趂친想샹清쿤라스 미아챠하蒙잡 홉키쥬쥴가 바倭우레시우마시다 迎接 맛다 漢迎잉接져清

옥돔비蒙우투뮈 倭무가이마시다 約會 처음보다 漢約主會휘清투탄야 참비蒙툭 탈쥴가뮈倭하지베키마시다 久違 오래못 볼다 漢久구 違위又

小샨會휘清괴다머아챠하 쿠蒙우 다쥴가후게倭히사시 쿠미맛센 光降 빗저오다 漢光광降강清열덤부머지허 倭이로인 티마이리마시다 引

導 인도ᄒᆞ다 漢引인導도清야룸비蒙우두 리두뮈倭미지히기마시다 咩嗖 브르다 漢咩갸嗖훤清훌람비蒙 다구다뮈倭옴부마시다 答應

되답ᄒᆞ다 漢答다應잉清자붐비蒙 워치뮈倭고다예마시다 哦 미이되 답ᄒᆞ다 漢哦오清어蒙어倭깃 조이고다예마시다 唱喏 읍ᄒᆞ며ᄒᆞᆫ 논소리 漢唱챵喏

여清찬쥬라라무단 倭오가와리맛센가 作揖 읍ᄒᆞ다 漢作조揖이清찬쥬람비蒙머 귓키뮈倭나가라화이마시다 打恭 허리굽혀 읍ᄒᆞ다 漢打 [illegible]恭

方言 [illegible]酉部

五

궁清버여머ᄒᆞᆫ비蒙쿤둘런머귀ᄉᆞ키 뮈倭구룸부나가라화이마시ᄯᅡ

請安 평안ᄒᆞᆫ 신가 漢請칭安안清얼허우蒙샌누 倭오헤이안나사려마쓰루까

子

麽 평안ᄒᆞ냐 漢好화麽마清사워蒙아무굴 랑이우倭혜시안녕고자루이ᄯᅡ

保重 보즁 漢保반重중清갈마머우짐비蒙하 갈라쥬터지거뮈倭오진죠우니이다

시

托庇 덕분 넙다 漢托토庇비又托토蔭인清거시알리하蒙얼덤거 식다가가간아보뮈倭오강게오고우부루마시ᄯᅡ

惶恐 젓ᄉᆞ와 이다 漢惶황恐

궁清올호미걸럼비 倭롱과이마쓰루

恭喜 깃게라 ᄒᆞᄒᆞᄂᆞᆫ말 清恭궁喜히清울군̣蒙바얀 비셔우倭요로고비마쓰루

上覆 말ᄉᆞᆷ엳ᄌᆞᆸ다 漢上

상覆부清기순알람비蒙우기볼려 뮈倭오모놓가다리모우시마시ᄯᅡ

回話 맏ᄉᆞᆷ회 답ᄒᆞ다 漢回회話화清기순버드러붐비蒙 우거어거굴루뮈倭혠도우마시ᄯᅡ

作謝 사례ᄒᆞ다 漢作조謝셔清바니하붐비蒙 탈라원구뮈倭샤례이마시ᄯᅡ

生受 안심치 아니타 漢生승受ᄉᆞ清바너하蒙 탈라倭안신이다시ᄆᆞᆺ센

失迎 맛지못ᄒᆞ다 漢失시迎잉清옥도로버우 바라하倭오무가이맛센

失陪 뫼시지못ᄒᆞ다 漢失시陪피清열셔러버우 바라하蒙터거더볼후게倭

오도모 맛센

服事 섬기다 漢服부事ᄉᆞ清웰럼비蒙윌 러두뮈倭즈다예루마시ᄯᅡ

面幣 인졍 漢面면幣비清더지蒙 더거지倭사상게모노

文學類

學堂 글비호ᄂᆞᆫ디 漢學햐堂탕清빋허타치쿠蒙술 가굴리倭후미마남부도고로

師傅 스승 漢師스傅부清스부 蒙박시倭시놈부

學

生 학싱 漢學효生싱清타침시蒙술가굴리연거오건倭가구쇼우

學業 학업 漢學효業여清타친蒙수룰가倭마갑부시와사

文章 글 漢文

쟝 장清빈허蒙ㅂ칙倭후미

工夫 공부 漢工궁夫부清키천蒙기쳐결倭게이고

教授 マ르치다 漢教갸授식清타가붐비蒙술가뷔倭오시예마시싸

傳授 젼슈ᄒᆞ다 漢傳현授식清울라붐비蒙울람라굴루뷔倭조다예안조비마시싸

教書 글マ르치다 漢教갸書슈清빈허타치붐비蒙비칙술가뷔

倭후미오시예마시싸

學書 글비호다 漢學효書슈又學효了랴清빈허타침비蒙비칙수루뷔倭후미마남븐마시싸

念書 글닑다 漢念년書슈又

讀두書슈清빈허훌람비蒙비칙다구다뷔倭후미요메마시싸

講論 강논란ᄒᆞ다 漢講강清걍남비蒙탈부릴라倭후밍기도우마시싸

討論 토론ᄒᆞ다 漢討탈論론清러올럼비蒙놈나뮈倭후미당고우마시싸

通曉 통효ᄒᆞ다 漢通퉁曉햪清울힘비蒙토골로뮈倭도우루사메마시싸

念過 닑어다 漢念년過고清훌라하비蒙다구다바倭요메시마시싸

背書 글외오다 漢背븨書슈又背븨念년清빈허셔질럼비蒙비칙쳐거질러뮈倭후미쇼라요메마시싸

句讀 글절구 漢句귀讀두清빈헤기슌倭후미셧구

作文 글짓다 漢作조文운清빈허반지붐비蒙비칙조캬뮈倭후미조구루마시싸

作詩 서짓다 漢作조詩스清일거붐비蒙실룩러뮈倭시몬조구루마시싸

對字 련구 漢對뒤字즈清쥬루기슌倭다이노후미

草藁 글초 漢草藁갚清지스蒙어거倭몬쇼우

打藁 글초잡다 漢打다藁갚又起키草찬清지슬럼비蒙어걸러뮈倭몬쇼우가기마시싸

潤色 글필삭ᄒᆞ다 漢潤

셔清이챵가오뭄비蒙조킷태볼
가뮈倭후미아라다메마시사

抹了 ᄒᆞ리 오다 漢抹모了랖又塗투抹모清마훌람 비蒙발랄루뮈倭나조루마시사

句

抹 에우치다 漢勾구抹모清콰람비蒙쿠렬 러뮈倭망가루나조루마시사

題目 뎨목 漢題티目무清조링가 蒙서둡倭뎨이모구

破題 해뎨 ᄒᆞ다

조題티清조링가이 박사분倭뎨이동베

起股 해뎨 목 漢起기股구清더 리부러변터허

出題 내고다 옴목 漢出추題티清조 링가이투치분

中股 즁데다 옴목 漢中중股구清 둘림베변터허

後股 후고다 옴목 漢後후股구清 아말기변터허

領題 회뎨 漢領링題티清조링가이

야 룬

小結 쇼결 漢小샾結겨清 아지거쇼쇼분

大結 대결 漢大다結겨清 암마쇼쇼분

編纂 편찬ᄒᆞ다 漢編변纂천 清반지붐비

蒙조가뮈倭후미 중기아무마시사

翻譯 번역ᄒᆞ다 漢翻환譯이清빌허우발람붐비 蒙올치굴루뮈倭반예기마시사

寫字 글쓰다 漢寫셔字즈清빌허

아람비蒙비치뮈倭 후미가기마시사

眞字 진ᄌᆞ 漢眞진字즈又楷개書슈清깅 굴러러헐건倭마고도노가기

草字 초셔 漢草챂字즈清 라시허러헐건

蒙킬건비칙 倭시당가기

篆字 뎐ᄌᆞ 漢篆뎐字즈清북징 가헐건倭고몬지

隸字 예ᄌᆞ 漢隸이字즈清시덩 거헐건倭화석분

字點 글ᄌᆞ

졈 漢字즈點뎐清통키蒙두 倭후미지노면가구

字撇 글ᄌᆞ비 빈낟획 漢字즈撇 피清샤카

字圈 글ᄌᆞ동고림 漢字즈圈 쥐清뷰非

字

尾 글ᄌᆞ 파임 漢字즈尾이清운취헌 蒙서굴倭후미지노오

行 줄 漢行항清쥴간 蒙칙倭군다리

抄寫 글벗기다 漢抄챂寫셔又謄등 寫셔清빌허살람비

6b

蒙비칙바굴가뮈倭후미우즈시가기마시ᄯᅡ 平行寫 평항ᄒᆞ여쓰다 漢平핑行항寫셔清악탈라머아람비倭헤이곤다리가기마시ᄯᅡ 擡頭

寫 ᄒᆞ려쓰다 漢擡태頭투寫셔清두켜머아람비蒙열구쥬비치뮈倭다가이나가기마시ᄯᅡ 扣寫 ᄒᆞ고쓰다 漢扣쿠寫셔清쇼빙아람비蒙후수쥬비치뮈倭가

구데가기마시ᄯᅡ 壓寫 눌러쓰다 漢壓야寫셔清기다머아람비蒙다루쥬비치뮈倭오사유가기마시ᄯᅡ 刮貼 ᄒᆞ고부치다 漢刮과貼텨清쇼빙라투

붐비蒙후수쥬나갈두뮈倭가구데즈게마시ᄯᅡ 圈子 동고림 漢圈쥐子즈清뭋카蒙빈두倭마루이 打圈 동고리ᄒᆞ다 漢打다圈쥐清캄림비蒙토고

리굴루뮈倭마와루마시ᄯᅡ 影隔兒 영ᄌᆞ 漢影잉隔겨兒얼清헐건이거문蒙우숫곤검져수倭후미지노이 打沿道 ᄀᆞᆺ줄긋다 漢打

다沿연道닾清열걸러머쥬숨비倭바다곤다리히구마시ᄯᅡ 裁紙 죠희ᄆᆞ르다 漢裁채紙즈清호오샨기림비蒙챠가수위걸러뮈倭가미닷즈마시ᄯᅡ 指

筆 붓솟다 漢指개筆비清빈탄치함비蒙빌알치뮈倭후데농고우마시ᄯᅡ 膏筆 붓에먹뭇치다 漢膏갚筆비又餂텬筆비清빙울러붐비蒙빌이더굴루뮈倭

후데나스미누리마시ᄯᅡ 戴筆帽 붓두겁씌오다 漢戴대筆비帽맢清홈홀롬비倭후데후다이지와마시ᄯᅡ 筆禿 붓무되다 漢筆비禿투清빙마

남비倭후뎽가황게마시ᄯᅡ 墨蔭了 먹슈지다 漢墨머蔭인了랖清버허서님비蒙버커옹고두뮈倭미즈스미시마시ᄯᅡ 墨透 먹스믜다 漢

머透투清버허하부가倭스미모루마시ᄯᅡ 磨墨 먹ᄀᆞ다 漢磨모墨머又研연墨머清버허쉼비蒙버거쥬구라뮈倭스미둥게마시ᄯᅡ 墨淡 먹ᄒᆞ리다

漢墨머淡단清버허걸번蒙버커,채불倭스미아사시마시샤
墨稠 먹되다 漢墨머稠착清버허투민倭스밍가깃즈이마시샤
書信 편지 漢書슈信…清…
자시간蒙자캬倭쇼간
畫 그림 漢畫화清너루간蒙지룩倭예
畫畫 그리다 漢畫화畫화清너룸비蒙지룩러뮈倭예가기마시샤
傳神 진영그리다 漢傳춴神신清기루너룸비倭가다지예가기마시샤

筆硯類

書 책 漢書슈本븐子즈清덥텔리蒙덥털倭모노노혼
書套 책갑 漢書슈套탈清빈헤돕토蒙비갑책뭐뒤倭노노혼사야
書簽子 책갑외 漢書슈簽쳔子즈清시발라구스도이倭모노노혼사야샷스모노
書面子 책의 漢書슈面면子즈清덥털리,이불건倭모노노혼가모노
書架 책거리 漢書슈架갸清빈헤하단蒙타싱가루倭모노노혼다나
硯石 벼로ㅅ돌 漢硯연石시清완蒙수루울倭스스리이시
硯臺 벼로집 漢硯연臺태清완이하스倭스스리바구
硯水城 벼로물집 漢硯연水쉬城칭清완이부퀴터부구倭스스리미즈야
筆 붓 漢筆비清비蒙빌倭후데
筆尖 붓끗 漢筆비尖젼清비이두비蒙빌룰우쥬굴倭후데스예
筆管 붓대 漢筆비管관清비이카달라蒙빌룬호술수倭후데다께
筆帽 붓두겁 漢筆비帽마오清비이홈호倭후데후다
筆架 필산 漢筆비架갸清비이영걸러구倭후데다나
筆筒 필통 漢筆비筒퉁清비이시한倭후데오

계

香墨 향믁 漢香향墨미清왕가버허家먹우군샌버거倭마고도스미

臭墨 순믁 漢臭취墨믜清어허배허家먹위머게버거倭마고란스미

水盛 성슈 漢水쉬盛칭又硯연水쉬瓶핑清무거러부쿠倭미즈이례

鎮紙 진지 漢鎮진紙스清호오샨가다쿠家다물다倭사산

筆洗 필셰 漢筆[illegible]비洗시清비오보쿠倭후데아라이오도

圖書 도셔 漢圖투書슈清슈이험거투倭임반

印色 인식 漢印인色싀清도쥬론이보쇼倭인쥬

鉛餅 연병 줄치漢鉛연餅빙清유논납수무家주랄다

墨海 먹가는둥근그릇 漢墨미海해清버허이난무倭스미동계우즈와모노

水牌 분판 漢水쉬牌[illegible]清[illegible]봉우시헌倭시로모노이다

科試類

科擧 과거 漢科코擧쥐清심년거家무처倭규운다이

考試 과거뵈다 漢考코試스清심넘비家무처뮈

揀選 간션 漢揀견選쉰清손좀비家숭교뮈倭예람비마시사

鄕試 향시 漢鄕향試스清끌로도머심넘비

會試 회시 漢會휘試스清아찰라머심넘비

殿試 뎐시 漢殿뎐試스清더연더심넘비

頭一場 초장 漢頭투一이場챵清수충가삼넌

考官 시관 漢考코官권清심너러하반家무처쿠두시멀倭시사이쎤

大主考 상시관 漢大다主쥬考코清알리비심너러하반倭가시라시사이쎤

副主考 부시관 漢副부主쥬考코清아다비심너고[illegible]

百部 方言

8a

倭님바며 시사이 倭 巡視官 관 음난 漢巡쇼視스官권清거더러며 배차라하반家 기나쥬배차가후도안倭민다리간세이倭 對讀官

글닑는 관원 漢對뒤讀두官권清아 차부며 훌라라하반 封彌官 관원 봉ᄒᆞᄂᆞᆫ 漢封봉彌미官권清生 후사며 범필러리하반 謄錄官

글벗기는 관원 漢謄텅錄루官권清빈허도올라 라하반家 바치비즐가후드시면 應擧 과거보다 漢應잉擧규又赴부擧규清 십년짐비家무쳐리이러뮈 試

卷 명지 漢試스卷권清 십너러 붑다룬 卷面 비봉 漢卷권面면清 붑다룬이펌민 黃榜 과거방 漢黃황榜방清 쇠안 두와붕가家등각 題

名錄 방목 漢題티名밍錄루 칙 清개아가부반허 中擧 급졔 漢中중擧규清 십년버 ᄒᆞ다바하家무쳐오로뮈 壯元 장원 漢壯좡元원清

봉고손죠시家 진ᄉᆞ연더리군 榜眼 둘ᄶᅢ 漢榜방眼연清다할리 손죠시家 진ᄉᆞ연덧 探花郎 셋ᄶᅢ 漢探탄花화郎랑清더 벌리 손죠시家 진ᄉᆞ연

굴바 두갈 會魁 회시 장원 漢會회魁퀴清 봉고도시가시 解元 향시 장원 漢解계元원清 봉고투겨시 進士 진ᄉᆞ 급졔 漢進진士ᄉᆞ清도시

가시家 진ᄉᆞ 擧人 향시에 ᄲᅢᆫ 인사룸 漢擧규人인 清 두겨시 貢生 향공 ᄒᆞᆫ 션비 漢貢궁生ᄉᆡᆼ 清 실가시 監生 교 싱 漢監견生ᄉᆡᆼ清

타일시家 가이시 廩生 거지 ᄒᆞᆫ 션비 漢廩린生ᄉᆡᆼ清 찰낭가슈새 茅一甲 과거 일등 漢茅ᄆᆞ一이甲가清 우쥐결기家무쳐나거기 십년이 견

附榜 息賜 급졔 漢附부榜방清머시이시부하 십년家거식벌골츄손무채 座主 은문 션싱 漢座조主쥬清 [illegible] 예십너러하반 [illegible]

호고변 漢報반흔히 清심너부허며지거 頭踏 젼배 漢頭투踏다 清손 下第 과거 漢下
젼ᄒ다 이시붐비 蒙바얄며더거걸러무 희즈 표시이쥬츨러 더더
ᄒ산 디 清심넌더개부하
蒙무처두송곡ᄀ우베

儀器類

儀器 의긔 漢儀이器긔 清두룽가터툰 蒙두림문 璿璣 션긔 漢璿션璣기 清너츄헤쉬터
사바 倭소라요우스노우즈와모노 헌 倭다바마와루노모노

玉衡 옥 漢玉유衡힝 清구이친칠 自鳴鍾 자명 漢自즈鳴밍鍾즁 清어릴러머권
형 란 倭이시다마하가리 종 더러즁권 蒙착부리도오갈후즁

倭도 계이 圭表 시 漢圭귀表뱌 清어린이겸너쿠 日晷 일 漢日시晷귀 清쇼 漏壺 루
척 蒙착기겸러치 倭도기샤구 이 겨문 倭짐바리 슈

통 漢滴루壺후 清거무이탐핀 蒙뷔 問鍾 문시 漢問운鍾중 清어린본지러즁권 蒙착아
천누후빙 倭모루미즈노오계 종 사구후즁 倭도기도우노가녀즈즈미

羅經 대쇼 漢羅로經깅 清박탕가불
도 러쿠 倭오오이짐바리

樂器類

樂 풍 漢樂요 清쿠문 蒙 奏樂 풍뉴 漢奏주樂요 又動둥樂요 清쿠문더미 舞 츔
뉴 쿡집 倭화야시 ᄒ다 붐비 蒙쿡짐러뷔 倭화야시마시싸 舞

막신蒙부직 倭마이모우

打舞 춤추다 漢打다舞우又作조舞우淸막심비蒙부직러뮈倭마이모우온도리마시싸

琴 거문고 漢琴킨淸키투 한蒙킨倭킨

胡琴 해금 漢胡후琴킨淸옹고 쵸蒙키길리倭와끈

琵琶 비파 漢琵피琶파淸연투 헌蒙비바倭미와

絃子 세줄거문고 漢絃 子즈

텅거리蒙쇼돌고 倭믯즈즈루고도

鍾 쇠북 漢鍾중淸중견蒙 중倭가네즈즈미

鼓 갓북 漢鼓구淸퉁컨蒙경 걸거倭가와즈즈미

管 피리 漢管권淸시 하쿠蒙관스

倭후기 모노

笙簧 싱황 漢笙싱簧황淸박상가비차쿠이 셩걸려蒙셩실버거倭힛지링기

笛 저 漢笛디淸허투비차쿠蒙 쿤덜런빗기굴倭후예

洞簫 퉁쇼 漢洞퉁簫샾淸비차쿠 쇼蒙빗기굴倭쇼우바지

箏 징 漢箏즁淸야투한 蒙야투가倭히끈

石磬 셕경 漢石시磬깅淸깅컨 蒙깅倭여기겨이

觱筒 쥬라 漢觱한筒퉁淸이한부런 라蒙몽골부려倭슈라이

鑼 증 漢鑼로淸창가蒙 하랑가倭노라

囉叭 라발 漢囉로叭바淸 불려리蒙젼부

려倭오유 슈라이

瑣哳 태평쇼 漢瑣소哳라淸빌러리 蒙빌렬倭고슈라이

歌曲兒 노래 漢歌거曲큐兒숼淸 우쥬蒙도오倭우다

唱 노래부르다 漢唱창淸우츌렴비蒙도올 라뮈倭우다욤부마시싸

吹 부다 漢吹취淸불겹비蒙울 려뮈倭후구마시싸

彈了 투다 漢彈탄了랴 淸빌험비蒙

휴굴다뮈 倭하시구

絃 줄 漢絃현淸실거蒙 침하다수倭즈루

絃馬 거믄고과 漢絃현馬마淸벌거蒙 텁겨倭고도즈루마

鼓槌 북채 漢鼓 槌

취注둥견이기쇼蒙도 키굴倭즈즈미노무지

打札板 장단치다 漢打다札자板반淸찰키둠비蒙찰 킬덜려두뮈倭죠우단웃즈마시싸

數目類

數 數 (수 혀다) 漢數수數수 清돌罕비 蒙토갈라뮈 倭간스하가로우마시다

量 量 (되다 又 자히다) 漢量량量량 清말림비 蒙검지뮈 倭하가로우마시다

一 (호나) 漢一이 清어무 蒙니거 倭히돗즈

二 (둘) 漢二을 清쥬워 蒙야잘 倭후닷즈

三 (셋) 漢三산 清일란 蒙구반 倭밋즈

四 (넷) 漢四스 清된 蒙둔번 倭욧즈

五 (다숫) 漢五우 清순자 蒙타분 倭이즈즈

六 (여숫) 漢六릭 清닝군 蒙질구간 倭뭇즈

七 (닐곱) 漢七치 清나단 蒙돌로간 倭나낫즈

八 (여덟) 漢八바 清자쿤 蒙내만 倭야즈

九 (아홉) 漢九구 清우윤 蒙이순 倭고고노즈

十 (열) 漢十시 清쥬한 蒙알반 倭도우

百 (일백) 漢百버 清탕구 蒙자군 倭햐구

千 (쳔) 漢千쳔 清밍가 蒙밍간 倭센

萬 (만) 漢萬완 清두먼 蒙투먼 倭만

億 (억) 漢億이 清부너 蒙알반투먼 倭오구

毫 (호) 漢毫할 清히나 蒙후우 倭후

釐 (리) 漢釐리 清열리 蒙리 倭리

分 (푼) 漢分븐 清뷘 蒙픈 倭분

錢 (돈) 漢錢쳔 清지하 蒙친 倭센몬

兩 (량) 漢兩량 清얀 蒙량 倭료우

斤 (근) 漢斤긴 清긴 蒙강긴 倭긴

寸 (치) 漢寸춘 清술훈 蒙후루구 倭순

尺 (자) 漢尺치 清쥬쥬루 蒙토회 倭사구

升 (되) 漢升싱 清모로하 蒙스영 倭고마드

斗 (말) 漢斗두 清하스 蒙더우 倭마스

斛 (휘) 漢斛후 清순토 蒙후 倭모모하가리마스

㪷 (섬) 漢㪷만 清훌러 蒙단 倭잇뵤우

一札 (호 뭄) 漢一이札자 又一이帋

一托 (호 발) 漢一이托토 清어무다 蒙니거알다 倭히도히라

一抄 (호 줌) 漢一이抄차 清어무박산 蒙니

후倭이 一摟 호아룸 漢一이摟루清어무터벌련蒙니거더버릴倭이지인다기 一辦 호뱍 漢一이辦반清어무쳔쳐 허蒙니거걸더게倭이

징고 一包 호쌈 漢一이包반清어무우훈蒙니거후미倭이지즈즈우 一對 호방 漢一이對뒤清어무쥬루蒙니거옷倭이지즈이 一條

가다 호오 漢一이條탸清어무쥿탄蒙니거쥴붓倭이지죠우 一把 호주 漢一이把바清어무버신蒙니거어시倭이저조가 一件 호벌 漢一이件견清

리 어무요하蒙니거 이지倭이지군다

中州鄕語

一隻 이지 湖廣長沙府凡一山一屋一園一牛馬皆曰一隻

教閱類

八旗 팔긔 漢八바旗기清쟈쿤 구사蒙내만호시구 正黃 정황긔 漢正징黃황清굴루 쇼얀蒙실루쿤시라 正紅 정홍긔 漢正징紅홍清

굴루불간蒙실루쿤울라간 正白 정빅긔 漢正징白버清굴루 샨야蒙실루쿤챠간 正藍 정남긔 漢正징藍라清굴루 라문蒙실루쿤쿠커 鑲

黃 양황긔 漢鑲샹黃황清쿠부허 쇼얀蒙쿠버거투시라 鑲紅 양홍긔 漢鑲샹紅홍清쿠부허불루 간蒙쿠버거투울라간 鑲白 양빅긔 漢鑲

샹白버清쿠부허샨 안蒙쿠버거투챠간 鑲藍 양남긔 漢鑲샹藍란清쿠부허 라문蒙쿠버거투쿠커 護內軍 호뉘군 漢護후內뉘軍균清바야라蒙

지란倭우예사마 綠營兵 한漢綠루營잉兵빙清오 군젼쟈오하蒙쿤두쳐리 前鋒 션漢前쳔鋒봉清갑시 봉하蒙갑시개倭마예시
즈즈우예이시
노ᅦ 이시 斷後軍 후漢斷뒤後후軍균清반지 균쟈오하倭우시로세이시 一起兵 호무리漢一이起키兵빙清 시군ᄉᆞ어무박산이쟈오하
蒙니거살라간두쳐리倭 이지도몽가라세이시 砲手 포漢砲관手식清묘오찬이쟈오하 介蒙보오연쳐리倭림시세이시 鎗手 창漢鎗창 介手식清
기대쟈오하蒙지다연 쳐리倭야리예이시 教場 습진ᄒᆞ漢教갸場챵清쟈오하우러부러쿼 노되란蒙탈라불倭진나로우도끄로 營盤 진漢 터營
잉艦피清쿼란倭 진도리노마기 調兵 군ᄉᆞ됴漢調탸兵빙又發방兵빙清쟈오하비덤비蒙 발ᄒᆞ다쳐리대칠라뮈倭쓰와모노밧스루마시다 操兵
습진漢操찬兵빙又操찬練련清쟈오하우러 ᄒᆞ다붐비蒙치굴갈라뮈倭진나로우마시다 排陣 진치漢排패陣진又下햐營잉清배 다단배담비蒙직사가뮈倭진나
라벼막 시샤 放砲 블노漢放방砲포清포오신담비蒙우걸포 라오탈비뮈倭히뎀샤보하나스마서다 擂鼓 북티漢擂뢰鼓구清 다통건둠비蒙경
볼거텰러두뮈倭즈 즈미다다구마시다 吶喊 납漢吶누喊한清개찬蒙함 함키루뮈倭이사메루고예 鼓噪 북티고소漢鼓구噪산 뮈ᄒᆞ다清통건두머
캐참비蒙경걸거덜런한키루뮈倭 즈즈미다다구가시마시마시다 作隊 대치漢作조隊뒤清쿠럴럼비蒙쿠럴 다러뮈倭도몽가라즈구루마시다 哨
馬 몰도漢跑괄馬마清모리런빙쿰붐비蒙모 리다리돔토루뮈倭우마하시리마시다 竪旗 긔세漢竪슈旗키清키루일리비 우다蒙키기러쪽소가뮈倭하다

테마시다

頭踊 츠漢頭투踊하清우乱 취불견蒙러리군울려

放鳥銃 됴춍漢放방鳥냐銃충清묘오찰람키 놋타蒙보오다뮈倭텀보하나스마시

다

裝藥 장약漢裝좡藥요清옥토러붐비蒙다리아 ᄒᆞ다 쿨루뮈倭텀보니구스리이레마시다

吹喇叭 라발漢吹취喇리 부다 바清라바불ㅁ

비蒙졋부려우려뮈

戳槍 창으로漢戳초槍창清기달람비蒙지 디르다 달라뮈倭야리삿스마시다

圍着 에우漢圍위着죠清쥰 다 텀비蒙하가뮈倭

도리마와루마시다

相戰 서로싸漢相샹戰젼清아반둠비蒙밸두 ᄒᆞ다 챠뮈倭아이이삭고우마시다

夾攻 쪄티漢夾갸攻궁清 다 히빙리머아밤

비蒙합칠란밸두뮈倭와사무웃즈마시다

刼營 겁칙漢刼겨營잉清기담비蒙다루 ᄒᆞ다 뮈倭예이가스무루마시다

跳城 셩넘漢跳턒 다 城칭清

호돈벼쿰비蒙호라하라뮈倭시로고시마시다

血戰 피나게漢血혀戰젼又鏖오戰젼清셩길러머아밤비蒙 싸오다 울라앗한밸두뮈倭지인테이삭고우마시다

逃走 도망漢逃탄走주清우감비蒙 ᄒᆞ다 올고뮈倭잉게마시다

赶上 ᄯᅡ라漢赶간上샹清암챠남비蒙귀처러 밋다 오도뮈倭시당고우오욤비마시다

捍後 뒤막漢捍한後후清아말라밧지람비蒙회 다 나북러뮈倭우시루후셩구마시다

擄掠 노략漢擄루掠랴清탐칠람 ᄒᆞ다 비蒙오올갈라뮈倭즈

가비도루마시다

招安 항복漢招좌安안清ᄒᆞᄒᆞ붐비蒙다가 밧다 쿨루뮈倭고우산우구루마시다

歸順 항복漢歸귀順쓘清다 ᄒᆞ다 함비蒙다가뮈倭

고우산즈마시다

剿滅 죠멸漢剿쟌滅며又掃산滅며清거리럼붐비 ᄒᆞ다 蒙아릴가뮈倭즈구셰호로두마시다

勝了 이긔漢勝싱了랸 다 清어컴비蒙

멸바倭갈다마시다

報捷 쳡셔올리다 漢報보捷쳡清셜기벼시붐비蒙선굴욤 틀로뭐倭갓다후미노보루시마시다

班師 반ㅅ후다 漢班반師ㅅ又田치兵빙清쇼오하버드러붐비蒙쳐력어거뭐倭셔이시가예루마시다

犒賞 군ㅅ상주다 漢犒칸賞샹清쇼오하더상남비蒙쳐릭두샹나뭐倭셔이시슈웅기구려마시다

叙功 공ㅅ다 漢叙슈功궁清궁거일감비蒙궁일가뭐倭끄우로우즈끄우마시다

軍器類

盔 투子 漢盔귀清사차蒙투쿨라가倭가부다

盔帽 투구감토 漢盔귀帽먀清사차이감투蒙두쿨라가연토비倭가부다계보시

腦包 투구뒷드림 漢腦난包반清이버러蒙기지겁치倭가부다노지니다루루모노

圍領鐵 목ㅅ三갑쇠 漢圍위領보鐵텨又護후項향清몽끈후시쿠蒙호끌룸치倭구비즈즈우가녀

護心鐵 호심경 漢護후心신鐵텨淸불러쿠蒙톨리倭무녀니즈계노강가미

耳鏡 투구두렵드림 漢耳ㅿ鏡깅清샵룬蒙치벅치倭가부다힝기망기다루루모노

戴盔 투구쓰다 漢戴대盔귀清사찰람비蒙투굴갈라뭐倭가부다오가부마시다

甲 갑옷 漢甲갸清욱신蒙후약倭요로이

甲身 갑옷웃동 漢甲갸身신清가하리욱신蒙더결려후약倭요로이하오리

甲裙 갑옷아릿동 漢甲갸裙큔清두시히蒙홀복치倭요로이하가마

甲葉 갑옷쇠조각 漢甲갸葉여清히ㅅ한蒙투샤머倭요로이가녀가다

穿甲 갑옷닙다 漢穿현甲갸又披피甲갸清。보림비蒙후약어무수뭐倭요로이

깃다마 시셔

襯帶 요대 漢襯츤帶대 清온쵸ᇰ여슌 蒙울컨부서 倭고시오비

護膝 슬갑 漢護후膝시 清고치쿠 蒙어부두치 倭시사마요로이

纛 둑 漢纛두 清투룬 蒙투 倭우마시로시

旗 긔 漢旗키 清키루 蒙기기리 倭하다

猸旗 표긔 漢猸퍄旗키 清텁거투ᇰ키 蒙텁덕키기리 倭시로시긔다

旗幅 깃발 漢旗키幅부 清와단 蒙달바가 倭하다노오

鎗 창 漢鎗창 清기다 蒙지다 倭야리

鋼叉 삼지창 漢鋼강叉차 清사카 蒙서려 倭밋즈마다야리

鈎槍 요구창 漢鈎구槍창 清와랑가기다 蒙설비거헤지다 倭요궁기야리

腰刀 환도 漢腰얀刀단 清코호 蒙일두 倭와기사시

順刀 단검 漢順슌刀단 清설러머 蒙설러머 倭미지사이와기사시

刀把 갈ᄌ루 漢刀단把바 清휘시버신 蒙후타간누어시 倭공가다즈가

刀鞘 갈집 漢刀단鞘샾 清휘시홈호 蒙후타간누휘 倭가다나사야

刀隔手 환도양마 漢刀단隔겨手식 又刀단護후手식 清가린 蒙발닥 倭와기사시노즈바

刀尖 갈끗 漢刀단尖젼 清휘시두버 蒙후타간누우쥬굴 倭공가다스예

刀刃 갈날 漢刀단刃인 清휘시져연 蒙일 倭공가다화

刀背 갈등 漢刀단背븨 清휘시건쳐현 蒙후타간누무리 倭공가다세나가

信子 칼수메 漢信신子즈 清휘시이술버젼 蒙후타간누술불지 倭공가다노모도

刀快 갈드다 漢刀단快쾌 清다츈 蒙훌차 倭공가다도이시마시따

刀鈍 갈무듸다 漢刀단鈍둔 清모요 蒙모호닥 倭공가다너부이마시따

弓 활 通稱 漢弓궁 清버리 蒙누무 倭유미

角弓 샐활 漢角교弓궁 清위어버리 蒙얼리거누무 倭즈노유미

木弓 나모활 漢木무弓궁 清탁치하벌란 蒙알랑길 倭기유미

弩弓 소너 활 漢弩누弓궁 清빈허쿠버리 蒙홀홈치누무 倭환지구유미
彈弓 탄즈 활 漢彈탄弓궁 清탕길라쿠 蒙봄부거누무 倭다마유미

弓面 활안 편 漢弓궁面면 清위허얼기 蒙누문누 얼리거어터것 倭유미우지가다
弓背 활 등 漢弓궁背븨 清수버얼기 蒙실부수어러것 倭유미세나

弓弝 활 가좀 漢弓궁弝바 清버리쟈바쿠 蒙누문누바리굴 倭유미닝기리
弓硝 활고 재 漢弓궁硝샾 清이건 蒙키칠 倭유미하즈
弓墊子 활도 고리 漢弓궁墊뎐子즈 清텁거 蒙텁기
弓拏子 도지 게 漢弓궁拏나子즈 清탕기쿠 蒙투벌리 倭유미바루기모노
弓絃 활 시위 漢弓궁絃현 清울리 蒙쿱치 倭유미즈루
弓靫 활던드 동개 漢弓궁靫차 清닷한 蒙호롬사가 倭유미예비
弓套子 활 집 漢弓궁套탄子즈 清버리돔돈 蒙누무쿠뒤 倭유미후구루
弓罩 활우 비 漢弓궁罩잔 清우치카 蒙우치가 倭유미아명구
箭 살 通稱 漢箭젼 清실단 蒙져버 倭야
令箭 령젼 (董)令링箭젼 清텀거투너루 蒙텀턱수무 倭례이즈다예노야
鈚子箭 셔부즈살 漢鈚피子즈箭젼 清너루
骨鈚箭 뗠고도리 漢骨구鈚피箭젼 清위허요로 蒙어벌고돌리 倭즈노히기미
樸頭 고도리 漢樸부頭투 清요로 蒙고돌리 倭히기메
快箭 마드대 漢快쾌箭젼 清갈비쿠
哨箭 솔살 漢哨샾箭젼 清잔 倭누노마기야
繫絲箭 줄살 漢繫기絲스箭젼 清시질라하실단 倭이도야
齊頭箭 헌살 漢齊치頭투箭젼 清더신너루 蒙옥롤부리수무 倭보도나이야
火箭 신귀젼 漢火호箭젼 又火호燎랴箭젼 清츄너루 蒙갈투수무 倭히야
箭

살ㅅ버 漢箭젼竿간淸실단이,칙런蒙어굿걸倭야다게

箭扣 살오늬 漢箭젼扣쿠淸실단이,윈蒙져번누오나倭야환조

箭鏃 살족 漢箭젼鏃추淸실단이,두버蒙져번누,더물倭야모도

箭翎 살ㅅ짓 漢箭젼翎링淸실단이,덕허蒙수문누,위두倭야노,화

箭梯 동오 漢箭젼梯티淸실단이,오롤로쿠

箭罩 살우비 漢箭젼罩잔淸야키蒙불쳐倭야아멍구

色指 당갑 漢色반指즈淸바부한蒙후루구,커벌레倭고뎨가게

搬指 각지 漢搬반指즈淸빌거룬蒙얼컴지倭유비즈노

走獸壺 살동개 漢走주獸식壺후淸져벌러蒙사가닥倭야,예비

箭垜子 살무겁무온대 漢箭젼垜도子즈淸갑타라,무후倭야오지마기

箭把子 관혁 漢箭젼把바子즈淸애간蒙불룬倭이다마기

布把子 솔관혁 漢布부把바子즈淸와단蒙와당倭누노,마기

紅心 관혁곡 漢紅훙心신淸두치너倭이다,마기혹소

西洋砲 대연포 漢西시洋양砲팦又紅훙衣이砲팦淸포오蒙우걸,포오倭오오이뎸보

號砲 방포 漢號핳砲팦淸텀거투,포오蒙텀더포오倭히뎸보

鳥鎗 됴춍 漢鳥됴鎗창淸됴오찬蒙보오倭뎸보

鉛子 철환 漢鉛연子즈又鉛연丸완淸무할란蒙수무倭뎸보노다마

鐵沙子 ᄌᆞᆫ철환 漢鐵텨沙사子즈淸설레몬간倭지사이뎸보다마

火藥 화약 漢火호藥요淸우왜,옥토蒙다리倭힝구스리

鐵尺 철편 漢鐵텨尺치淸설레칙던倭가녀무지

梢子棍 도리[illegible] 漢梢산子즈棍군淸라시히쿠蒙키불倭낭겨기웃즈,모노

遮箭牌 방패 漢遮져箭젼牌패又團퇀牌패又藤등牌패淸칼간蒙할하倭다뎨이다

鐵蒺

蔾 말음 쇠 漢鐵텨蒺지蔾리清넝갸설러蒙 장고오텨물倭하마비시가녀 鹿角 거머 적 漢鹿루角교清하한蒙슈거 倭진도리나메구루노기 刁

斗 료 두 漢刁댜斗두清힛한 아보리쿠倭호고 梆子 목 탁 漢梆방子즈清보리쿠蒙 와칠홍호倭모구다구 敲梆 목탁 치다 漢敲캎梆방清보리

쿠보 림비 褯衣 표 의 漢褯햐衣이清텸거투어투쿠蒙 텸덕흡차수倭시로시기모노

射藝類

騎射 긔 추 漢騎기射셔又馬마上샹箭젼清남 냔蒙남냘倭우마하시리유미이례마 較射 걸워 바다 漢較갸射셔清멀텨머감탐 비倭다구라부유미이례마

시 다 拉弓 활도 리다 漢拉라弓궁又扯처弓궁清버리타탐 비蒙누무다타뮈倭유미히기마시다 上弓 활지 다 漢上샹弓궁清버리 타붐비蒙누문큽칠

터뮈倭유미즈 루가며마시다 卸弓 활부리 오다 漢卸셔弓궁清버리칠검비蒙누 무퀴투뮈倭유미눙가세마시다 弓硬 활세 다 漢弓궁硬잉清버리

망가蒙누무하타우倭 유미고와시마시다 弓軟 활물 으다 漢弓궁軟현清버리우후컨蒙누무 쥬걸런倭유미야와라군마시다 弓隨手 활 힘

의맛 다 漢弓궁隨취手샤清버리이챵가倭 유밍가지가라나야와세마시다 弓翻身 활뒤 다 漢弓궁翻반身신清버리후발 라가蒙누무하러뮈倭유미하

룽가예루 미시다 弓半欺 활몰리 이다 漢弓궁半반欺치清어무얼기야담비蒙나겨어 터건오로뮈倭유미이지헨가다후구마시다 射箭

활쏘다 漢射付箭젼清감탐비蒙누무 **搭箭** 살메오다 漢搭다箭젼清솔빔비蒙오뎔 **滿拉**
다 할부뒤倭유미이려마시따 라뒤倭야도리히싱구마시따
그득드다 漢滿먼拉라清다람비蒙투구령다 **箭搖** 살근드다 漢箭젼搖요到댜又稟취
리다 타뒤倭유미매즈루히기마시따 겨가다 到댜清라시히어거넘비
蒙저버사지쥰어치뒤倭 **弓式好** 궁품죠다 漢弓궁式시好한清기루샌蒙두
야웅고쿠유구마시따 렴샌倭유미새상강요이마시따 **中了**
맛다 漢中중了랸清펌비蒙 **不着** 못맛다 漢不부着쟢清괴하쿠蒙 **高些** 놉다 져기 漢高갇些셔清더건
다노뒤倭아다루마시따 노후게倭아다루마센
蒙오둘건倭짓도 **低些** ᄂᆞᆽ다 져기 漢低디些셔清방갈라간蒙보 **失手放** 뒤씌지다 漢失시手쇼放
다가이마시따 고나한倭짓도히기시마시따
방淸쳘후머욱살라하倭 **歪了** 살기우로가다 漢歪왜了랸清어셔머거넘비蒙져버하 **撒**
우시로화나스마시따 쟈개어치뒤倭야잉가무유구마시따
過 살저어가다 漢撒사過고淸소머거넘비蒙사출란 **硼落** 퇴좃ᄒᆞ다 漢硼봉落로淸비밤비蒙
어치뒤倭야유산즈구유구마시따 외뒤倭야묘도시리쓰구
마시 **撞回** 무루오다 漢撞좡回휘淸버들 **挑遠** 멀리쏘다 漢挑댜遠원淸갈빔비蒙해무수
따 쳠비蒙어것기뒤 뒤倭도우이나유미이례마시따

衙署類

衙門 通稱 마올 漢衙야門믄淸야문蒙야문倭즈가사 **內閣** 각닉 漢內뉘閣거淸돌기야 믄蒙도토가두야믄 **六部** 뉵부 漢六릭部부淸

닝군,쥴간蒙질구간지룽

吏部 리부 漢吏리部부清하만이쥴간蒙투시멀룬야부달룬야문

戶部 호부 漢戶후部부清뵈곤이쥴간蒙어루거야부달룬야문

禮部 례부 漢禮리部부清도롤론이쥴간蒙료수달룬야부달룬야문

兵部 병부 漢兵빙部부清죠오해쥴간蒙쳐리군야부달룬야문

刑部 형부 漢刑힝部부清베더러쥴간蒙시구구야부달룬야문

工部 공부 漢工궁部부清월러러쥴간蒙월런구야부달룬야문

宗人府 종인부 漢宗중人신府부清우순버가달라야문蒙우사가기자길후야문

大理寺 대리시 漢大다理리寺스清베던버탄치하라야문蒙데리스

都察院 도찰원 漢都두察차院윈清우허리버배차라야문蒙부구더기배차가후야문

太常寺 태샹시 漢太태常샹寺스清위천이배

國子監 국ᄌᆞ감 漢國궈子즈監견清구룬이쥬서버화샤부러야문蒙운먀오

六科衙門 뉵과아문 漢六루科고衙야門믄清닝군타버알리하야문蒙탈가연거러기다가각산야문

通政司 통졍ᄉᆞ 漢通퉁政징司스清다산버하봄부리야문蒙퉁졍

詹事府 쳠ᄉᆞ부 漢詹전事스府부清텰기구룽니배타알리하야문蒙저군오롤두거러다가각산야문

翰林院 한림원 漢翰

光祿寺 광록시 漢光광祿루寺스清사린버다길라라야문蒙광루스야문

鴻臚寺 홍로시 漢鴻훙臚루寺스清도로죠리러야문蒙훙루스야문

欽天監 흠텬감 漢欽킨天텬監견清압가버걍굴러더야문蒙킨챤갼야문

한林린院윈清빈헤야문蒙비칙군야문

起居

注衙門 쥬거주 아문 漢起키居쥬注쥬衙야門믄淸일리러터러버, 鑾儀衛 의장ㅅ 옴아는
어져러야문蒙주소후사구후기어져후야문
마 漢鑾뢴儀이衛위淸돌기, 太僕寺 태복 시 漢太태僕부寺스淸아두버가달라
올 배다버가달라라야문 라, 야문蒙아두구기자길후야문 上
駟院 녀스 복 漢上샹駟스院원淸 太醫院 태의 원 漢太태醫이院원淸돌기독
덜기아두이, 쥴간 토시야문蒙태이싼야문, 理
藩院 외이ㅁ옴 아노마올 漢理리藩반院원淸둘렬기골로버다사 內務府 너무 부 漢內뉘務
라쥴간蒙가다나, 무지기자사후지룬 우府부淸
돌기배타내우허리가달라라야문蒙 侍衛府 시위 부 漢侍스衛위府부淸
도토가두거려기부구더자길후야문 햐이야문蒙가야문 武備
院 무비 원 漢武우備비院원淸박 皇史宬 스귀장 후노듸 漢皇황史스宬칭淸구룬이수두리
시쥴간蒙달한지룬 버야사라라야문蒙울루순누수둘
리하타갈 提督衙門 제독 아문 漢提티督두衙야門믄淸우허리 貢院
라후야문 다야문蒙부구더다루가야문 거뵈노듸 셔울션비과
漢貢궁院원淸심너러 學院 식골션비과 거뵈노듸 漢學亞院원淸타치퀴 河廳 하공ㅁ옴 아노마올 漢
쿼란蒙무쳐구후란 야문蒙술가굴리야문 河
허廳팅淸비라버가달라라, 衙 지휘ㅅ못 노마올 漢衙위淸갈망 道 외방형옥ㅊ 지후노마올 漢道다淸도
팅간蒙고올라자길후팅 가蒙웨야문 올리야문
堂 당샹잇 노듸 漢堂탕 淸탕긴 司 각ㅅ 빗 漢司스淸현더倭오 局廠 난혼 마을 漢局쥐廠챵淸 科房
노오노즈가사이로 쿼란蒙후란

문셔장(漢)科코房방(清)궁거리(倭)후는곳 몬쇼다시나메노도고로

寮院 ᄉᆞ긔드논집 (漢)寮차院원(清)쿠런(蒙)쿠러(倭)즈가이가구이레노이예

站裡 역참 (漢)站잔裏리(清)갸룬(蒙)울라가(倭)도마리

順天府 북경 (漢)順쇼天텬府부(清)버징(蒙)버징

應天府 남경 (漢)應잉天텬府부(清)난징(蒙)난징

奉天府 심양 (漢)奉봉天텬府부(清)무던(蒙)무던

正廳 좌긔청 (漢)正징廳팅(清)친이탕긴(蒙)둠분탕(倭)마사히로마

前廳 압청 (漢)前쳔廳팅(清)줄릴기탕긴(蒙)어무너탕(倭)마예히로마

後廳 뒷청 (漢)後후廳팅(清)아말기탕긴(蒙)회투탕(倭)우시로히로마

月臺 월대 (漢)月워臺태(清)쳘러헌(蒙)샬라(倭)즈기다이

倉庫類

倉 창 (漢)倉창(清)샬루(蒙)무우(倭)구라

廒 간막은고 (漢)廒안(清)챠리(蒙)하실라(倭)나가후셰구노구라

倸頂子 로젹즈 (漢)倸도頂딩子즈(清)빌란이북탄(蒙)바구리연오보(倭)니와니즌미노고구시기

開倉 개창ᄒᆞ다 (漢)開캐倉창(清)샬루넙비(蒙)구우너거뮈(倭)구라아게마시다

上糧 곡식밧치다 (漢)上상糧량(清)져구알리붐비(蒙)타라타(倭)가가뮈고구시기오사메마시다

放糧 곡식밧다 (漢)放샤糧량(清)져구알리붐비(蒙)타라타(倭)간야보뮈고구시기오사무루마시다

支米 곡식차하ᄒᆞ다 (漢)支즈米미(清)져구투치붐비(蒙)타라워구뮈(倭)고구시기구례마시다

關米 ᄡᆞᆯ트다 (漢)關권米미(清)벌러붐비(蒙)아무뷔주라(倭)...

뮈倭고메우 **對筭詩** 사술마 漢對뒤筭詩쓰清시바뒬렴비蒙시바가 **過筭詩** 사술 漢過고
구루마시다 조타 벌러굴루뮈倭구사리아와쉬마시다 주다 筭詩치清
시바붐비蒙시바가위ᄀ **量糧** 곡식 漢量량糧량清먀ᄂ리비蒙타랴겁지 **手量** 말로
뮈倭구사리ᄀ괴마시다 되다 뮈倭고구시기와가로우마시다 되다
漢斗두量량清하싀먈림비蒙더우 **斛起** 휘로 漢斛후起기清순토이먈림비蒙휘벌
벌겁지뮈倭마스와가로우마시다 되다 겁지뮈倭고구샤라하가로우마시다
尖量 수득이 漢尖쳔量량清乌쇼혼먈림 **平量** ᄡ서 漢平핑量량清너치먼먈림비
되다 비倭단도와가로우마시다 되다 倭다이라와가로우마시다
凹量 골게 漢凹와量량清ᄃ도머먈림비蒙바탈라 **管糧的** 냥식ᄆ오는 漢管권糧
되다 쥬겁지뮈倭나가구뮈와가로우마시다 아는이 량的디清
저구까달라시蒙타라사길후 **管料的** 마료ᄆ오는 漢管권料랴的디清찰란까달라시
쿤倭고구시가샤바기보노 아는이 蒙찰린갸길후쿤倭함마이사바기
모 **探筒** 곡식혜 漢探탄筒퉁清쳔더쿠시한倭
노 노는사슬 고구시기와가로우구사리

城郭類

城 큰 漢城칭又城칭ᄌ즈清허쳔 **堡** 져근 漢堡보清호톤蒙호 **京城** 도 漢京깅城칭
성 蒙발가슨倭오오이시로 성 타倭지사이시로 성 清커룬허쳔
蒙벗널倭 **山城** 산 漢山산城칭清샨친 **外羅城** 외 漢外왜羅로城칭清칠리호톤
도우시로 성 蒙재자倭야마시로 성 蒙가다난호타倭호가시로

甕城 문마리 온곡셩 漢甕읏城칭 淸부가 蒙츈츙 倭몬사영기루망가루시로 甎城 벽으로 벽셩 漢甎쥰城칭 淸회의호투 蒙토곳하호타 倭우스이아시

조구노시로 土城 흙으로 밧셩 漢土투城칭 淸뵈호호투 蒙시뢰호타 倭조지시로 紫禁城 대궐 셩 漢紫즈禁긴城칭 淸답구리돌기호투 蒙

올두호타 倭긴리노시로 城周圍 셩쥬위 漢城칭周작圍위 又城칭圈권 淸호투이울 쥰던 蒙호탄누토고리 倭시로마와루 城壕 셩호 漢城

칭壕한 又謂호城칭河허 淸호투이울 란 蒙호탄누고오 倭시로모도노호리 城垜子 셩각회 漢城칭垜도즈즈 淸머러 무 蒙해상 倭시로하조 砲

眼 셩각회 구무 漢砲관眼연 又垜도口쿠眼연 淸머러무이 상가 蒙해상운누거 倭시로하조노아나 門樓 문루 漢門믄樓루 又䴕잔樓 루 淸카랑가탁투 蒙하

갈간누탁투 倭몬어가이 關廂 셩문밧좌우관 漢關권廂샹 淸칼리 蒙터굴거 倭시로호가노항기망기판 隘口 관익 어귀 漢隘이口쿠 淸감니양가 倭세

바이구지 口外 구즈 밧 漢口쿠外왜 淸자서툴 러 蒙차간커럼가다나 邊牆 만리장셩 漢邊변牆창 淸두면배호 투 蒙두면가잘운발가순 冷

舖 군포 漢冷릉舖푸 淸카란이보오 蒙쳐럭군푸 倭시로이예 烟臺 연대 漢烟연臺태 淸홀톤이가란 蒙우타가투후둔 倭계무리다이 烟墩 봉화

人븨의 오는뎌 漢烟연墩둔 淸홀톤이샹가쿠 蒙텀덕우 타가 倭도우메계무리다구노도고로 烽火 봉화 漢烽한火호 淸홀톤투 와 蒙텀덕갈 倭도우메 烽

烔 랑연 漢烽한烔연 淸샹가쿠 蒙우타가투 倭히루노도우메 雲梯 구름드리 漢雲윤梯티 淸투기완 蒙사투 倭子모화시 交界 두사 디경 漢交

갸界계清카시하蒙기쟈갈倭묘우사가예

界牌 다경 漢界계牌패清허언이챰하리蒙기쟈갈텀덕倭사가예노훈다

街道類

街上 길거리 漢街계上샹清개蒙저걸리倭지마다

丁字街 세거리 漢丁딩字즈街계清일란살쟈蒙쿨반저걸리倭민즈지마다

十字街 네거리 漢十시字즈街계清퉌살쟈蒙둘번저걸리倭욘즈지마다

大路 큰길 漢大다路루又官권道도清암바쥬군蒙이커잠倭오오이미지

小路 저근길 漢小샾路루清아지거쥬군蒙바가잠倭지사이미지

御道 어로 漢御유道도清다사하쥬군蒙쟈악산잠倭우메사마미지

棧道 벼로人길 漢棧잔道도清비섬부러쥬군蒙울컨격선잠倭가메하시노미지

旱路 뉵로 漢旱한路루清올혼쥬군蒙하구래잠倭간지

抄路 즈름길 漢抄찬路루清도코쥬군蒙두터잠倭소바마지

岔路 거림길 漢岔차路루清살쟈蒙살부리倭와게미지

彎路 에온길 漢彎완路루清우만아쥬군蒙무뤄가잘倭마와루미지

衚衕 통칭 漢衚후衕둥清훌로蒙나런저걸리倭다니

衚衕 골

死衚衕 막다른골 漢死스衚후衕둥清부투개蒙비터구저걸리倭도우란다니

活衚衕 통호골 漢活호衚후衕둥清하부개蒙넙더러선잠倭도우루다니

轉彎 구븨도다 漢轉쥰彎완清무탐비蒙뭇기위倭망가루마와루마시다

角頭 모롱이 漢角교頭투清무리한蒙토고릴가倭간도

屯裡 싀골 漢屯둔裏리又鄕향村츈清가산蒙가챠

가倭후 루사도

柵欄 리문 漢柵치欄란又架가欄란子즈清하다리蒙하고올倭사도리몬

街坊 이웃 漢街계坊방清아다기蒙앨倭도나리

凹 우목 漢凹와子즈清누할란이바蒙호혼뒤도골오론倭나강구보도도고로

溝子 가쳔 漢溝구子즈清울란蒙고오소박倭미소

橋梁類

橋 (通稱) 다리 漢橋갸清도오간蒙쿠굴거倭하시

石橋 돌다리 漢石시橋갸清쉬헤도오간蒙칠라무쿠굴거倭이시하시

板橋 널다리 漢板반橋갸清운데헌도오간蒙합타개모도무쿠굴거倭이다하시

吊橋 드는다리 漢吊댜橋갸清투히부쿠도오간蒙멀러게하갈가쿠굴거倭다루루노하시

跳 過橋 건너다리 漢跳댜過고橋갸清다한蒙깃기쳐倭가다하시

獨木橋 외나모다리 漢獨두木무橋갸清투한蒙도괴倭히도쓰기노하시

橋柱 다리기동 漢橋갸柱쥬清도오간이투라蒙쿠굴거바가나倭하시노하시라

橋樑 다리보 漢橋갸樑량清도오간태부蒙쿠굴거태부倭하시노우

橋洞 다리구무 漢橋갸洞둥清도오간이굴둔蒙쿠굴거연훌둥倭하시노아나

橋廂 다리난간 漢橋갸廂상清도오간야야다하蒙즘바리쿠굴거연거렷거倭하시노란간

打橋 두리노타 漢打다橋갸清又搭타橋갸清도오간참비蒙쿠굴거탐나뮈倭하시즈구로마시사

修橋 두리티다 漢修식橋갸清도오간다삼비蒙쿠굴거쟈사뮈倭하시아라다메마시사

拆橋 두리허다 漢拆[illegible]橋갸清도오간여틀렴비蒙구[illegible]법미뮈倭하시곤즈레마시사

橋塌了 두리믄허지다 漢橋캳塌타了랖 清도오간어부져허 蒙쿠굴거엄더러뮈 倭하시야부레마시따

中州鄕語 一 吉기이 湖廣長沙府謂橋一同

屋宅類

房子 집 通稱 漢房방子즈 清보오 蒙걸 倭이여 瓦房 디새집 漢瓦와房방 清와싀보오 蒙와라연걸 倭가와라이여 草房 초개집 漢草찬房방 清열번이보오 蒙어비순누걸 倭구사이에 平房子 므르업시편히지은집 漢平핑房방子즈 清물루아쿠보오 蒙니로고우게걸 倭혜이야

中堂 즘당 漢中중堂탕又明밍間견 清탕굴리 蒙고올걸 倭쥬우도우 正房 몸채 漢正징房방 清친이보오 蒙틈분걸 倭오우호우 耳房 협방 漢耳會房방 清달배보오 蒙하쟈우연걸 倭소바헤야 照房 뒷방 漢照잪房방 清버레보오 蒙이루갈룬걸 倭우시로이예 客位 손청 漢客켜位위 清안타하투와라보오 蒙죠친우켜쿠걸 倭가구션다이노히로마 書房 글ㅅ방 漢書슈房방 清빈헤보오 蒙비칙군항쥬 倭후미요메노혜야 廂房 좌우의 漢廂샹房방 清허투보오 蒙쿤랑덜런걸 倭힝기밍기낭가야 倉房 곡식넛눈집 漢倉창房방 清하샤 蒙쟈하연위루거 倭고구시기이려노구라 庫房 잡은것넛눈집 漢庫쿠房방 清구반 蒙부루걸 倭조우못즈이려노구라 廚房 음식달오눈집 漢廚츄房방 清져멍거다걸라라보오 蒙부다가연걸 倭오구못즈

고시라이 / 노、이예 門面房 문산 / 방 漢門믄面면房방清기린이보오 / 家일거연걸倭믄소바노、혜야、 亭子 뎡 / 조 漢亭팅子즈清 / 올도家팅즈倭

데이 / 시 樓子 루 / 각 漢樓루子즈清타루 / 家아살倭나가이 團瓢 우산 / 각 漢團퉌瓢퍌清쟈오빙家부 / 거걸倭아멩가사노、이예 屋重

집漢屋우裡리清보외돌로家 / 안걸큰도로라倭이예노、우지 茅房 뫼 / 간 漢茅맛房방清툴러거너러、바 / 家가다나、어치쿠걸倭가와야 棚子 가 / 가 漢棚 / 풍子

조清럽쥔家 / 평倭가리야 柁 들 / 보 漢柁토清며부家 / 태부倭우즈바리 中樑 므로 / 보 漢中중樑량清물루家니 / 로고倭나가우즈바리 檁子 도 / 리

漢檁린子즈清여家하、 / 빌가너로고倭게다 柱 기 / 동 漢柱쥬又停팅柱쥬清투 / 라家바가나倭화시라 掛柱 동조 / 기동 漢掛괘柱쥬清마무 / 한투라家부거바가

나倭도우 / 시화시라 托樑 당혀 / 도리 漢托토樑량清악시관家 / 토샤가倭낭가이게다 椽子 혀 漢椽쳔子즈清손 / 家우니倭다루기 簷椽

부漢簷연椽쳔清시힝거、손家사 / 연랍친누、우니倭즈게다루기 翹椽 쵼 / 혀 漢翹꾜椽쳔清直동고、손家연 / 구컨、우니倭오웅기다루기 屋山 며 / 공 漢 / 屋

우山산清아방、투라 / 家자가倭고우료우 風面 박 / 공 漢風봉面면清어토、배라쿠 / 家살큰누、타술가倭후우멘 簷 첨 / 하 漢簷연清시힌家 / 사랍치倭노기 房

頂 집 / 지 漢房방頂딩清오 / 요家걸큰더거불 房脊 집모 / 루 漢房방脊지清보외、물 / 루倭이예노세나가 欄干 란 / 간 漢欄란干간 / 清결권家거

런거倭 / 란간 山柁 듭 / 방 漢山산柁토清허투런家자하、 / 연태부우倭나가、후겡구노、기 楔子 쇠야 / 기 漢楔셔子즈清 / 非倭구사비 笋子

당 漢竿순子ㅈ淸하대家 부옥를가倭나간다가 **連簷** 뎡고 漢連련簷연脩시헌이울훈家사람친 누겸倭다루기노ㅅ예너가계노기 **尾口** 녕 함

漢尾와口쿠淸와싀홀보쿠 倭가와라사사예루노기 **柱頂石** 쥬쥬 漢柱쥬頂뎡石시淸뎐이위허 ㅅ돌家쥴리연칠라군倭이시하시 **椽子** 말 독

漢椽쥬子ㅈ淸하다한 家가다수倭기궁기 **重門** 겹 문 漢重중門문淸답쿠리두가 家답홀하받가倭아만다몬 **板門** 널 문 漢板반門문淸 운더헌두가家

합다개모도하 갈가倭이다몬 **撑門** 문버티오다 漢撑증門문淸두가수잡비家하갈 가들루뷔倭몬사사예루마시다 **開門** 문여다 漢開개 門문淸

두가념비家하갈가너 거뷔倭몬아계마시다 **關門** 문닷다 漢關관門문淸약심비家부 더거뷔倭몬다데마시다 **門走扇** 문젼로 열리다 門漢

믄走주扇션淸두가구너럼비 倭몬오논즈가라아계마시다 **槅扇** 고모 장ㅈ 漢槅겨扇션淸얏항가우 쳐倭용고이야죠우지 **天總** 우리 리창 漢天 뎐總

창淸마무한방倭 아옹곡노만도 **吊總** 들창 漢吊댜總창淸두겨러방家 열구쿠홍호倭앙계만도 **亮總** 봉창 漢亮량總창淸 방家거거건충호倭

사사이 **花總** 삭인창 漢花화總창淸일항 만도 가방倭기사미만도 **替總** 가창 漢替티總창淸방이오 룰로쿠倭가리만도 **兜總** 붓박

이 漢兜ㅅ總창淸명더家 창로다倭아계란만도 **總扇** 창박 漢總창扇션淸바이갈간家쭝 혼우위루거순倭만도가다 **雙扇** 쌍박 漢雙쌍扇션淸슈위

갈간家호얄워루 거순倭즈이가다 **单扇** 빡외 漢单단扇션淸어무갈간家너 거위루거순倭히도리가다 **總骨子** 창살 通稱 漢總창骨구子ㅈ淸

밧이허루 倭만도야

窓竪櫺 창ㅅ션살 漢窓창竪슈櫺링淸방이 둔허倭만도나다녜노야

窓橫櫺 창ㄱ롯살 漢窓창橫홍櫺링淸방이시더 훈家총혼누일러우倭만도너용고이노야

窓臺 창ㅅ지방 漢窓창臺대淸방이치긴家총혼누일먹倭만도다라노기

窓眼 창구무 漢窓眼연又 窓창孔쿵淸방이상가家총혼누누거倭만도아나

支窓 창버티오다 漢支즈窓창淸방두겹비家총혼연구위倭만도앙게마시仆

放窓 창지우다 漢放窓창淸방산담비家총혼랍비위倭만도상가리마시仆

廊 뢰사랍치 漢廊랑淸낭긴家담훈倭엔노스예

房門 지게문 漢房방門淸우져家어누더 倭황가이몬

風門 방문가창 漢風붕門淸달리교우켜倭할가이몬가리만도

角門 협문 漢角교門淸호외두가家문삼깃순하갈가倭소바노몬

門框 문얼굴 漢門框광淸두개버런家하찹치倭몬가다지

門斗 문지도리 漢門斗두淸홀기쿠家올길가倭몬구루룽기

門限 문ㅅ지방 漢門限현淸복손家보소가倭몬다라노기

門簾 문ㅅ둔테 漢門簾…淸시하쿠家더거두올길가倭몬다계시노오계

轉軸 문장부 漢轉軸주淸쇼신家하갈간누옥롤가倭몬나간다가

門扇 문빡 漢門扇션淸두개갈간家하갈간누위루거순倭몬가다

綽邊框 광쇼찬 漢綽邊框광淸치긴이비두한家비치한사랍치倭몬노쇼우란

門墩 문돌 漢門墩둔淸두가니거부러워허家하갈간누칠라군倭몬이시

門縫 문틈 漢門縫봉淸두개벼런家하갈간누앙倭몬스기

門檂 문빗당 漢門檂녕淸시더훈家약시술倭몬만누기

檂門 문빗당지르다 漢檂녕門淸시더훈덤…

비蒙쿠시굴러뷔倭 脾杈子 방간마 漢脾패杈자子즈清휘견蒙달답 板壁 판 漢板
판누기삿스마시다 근차면치倭아인다후셰구노죠우지 장
반壁비清운더헌바 籬笆柵 바 漢籬리笆바柵치清헛한 釘鉐 걸 漢釘란鉐걸清
지란倭이다가기 조蒙술지면倭시바가기 서 담잔셜러蒙흠
칠로올러물 門鸛嘴 문빗 漢門믄鸛관嘴쥐清시힌셜러 合葉 쳡 漢合허葉여清
倭가경가녀 목 蒙침키굴더물倭몬스봉가녀 졉홀본이힛한倭
히로이구 鐵鉤搭 간조 漢鐵텨鉤구搭다清셜레뵈 鉋釘 함박 漢鉋괄釘딩清토
루룽기 비 보쿠倭가녀도리히싱구 쇠 노징거리蒙토보
로오두하나수 望板 널로다 漢望왕板반又天텬板반子 閣板子 셔 漢閣거板반
倭하경가녀 반조 조清야비倭이다고야마도 반子즈又脫안
樓루清열린蒙티 書札 끄 漢書슈札자清克오샨 炕子 구 漢炕강清나 土炕 흙구 漢
싱가倭가베다나 비라캬쿠倭끄운죠우 돌 한蒙한쥬 돌 土
투炕강清뵈혼나 死炕 불못때 漢死스炕강 煤火炕 숫위오 漢煤믜火훠炕캉清
한蒙서뢰한쥬 논구돌清부투나한 논구돌 야하다부러너한蒙
너구러수시 彎字炕 세면으로 漢彎완字즈炕캉 炕頭 구돌아 漢炕캉頭투清나
타우한쥬 들인구돌清무당가나한 랫목 한이우쥬蒙ᄒ
누돌 炕梢 구돌 漢炕캉梢샾清나한이운 炕沿 구돌 漢炕캉沿연清나한이 炕
로개 웃목 쳐헌蒙항쥬연셔굴 뎐 쿠컨蒙쿠버거모도
洞 구돌 漢炕캉洞둥清나한이 炕塌 구돌 漢炕캉塌타清나한슈 竈口 숫아 漢
골애 굴둔蒙항쥬연달랑 지더 쿠허蒙한쥬쿵굴바 귀 竈

잡ㅁ쿠清㓥家조 竈嗓 부넘漢竈잘嗓상清졷 竈臺 붓두漢竈잘臺태又鍋고臺태
오하倭히구지 기 이빌하家호글래 막 清붓후家골롬타倭다인
도ㄲ로 烟洞 굴漢烟연洞둥清훌란家 尾 지漢尾와清와스家 甋尾 수지漢甋둥
노다이 독 훌랑倭게무리인나시 새와라倭가와라 새 尾와清
후컨와스家쿠부굴 仰尾 압지漢仰앙尾와清훌로와스 尾攏溝 지새漢尾가
와라倭오나와라 새 家호빌와라倭메가와라 끌항룽溝쿠清
와시훌로家와라연 天攏 지새漢天텬攏룽清와시이룬 水筧 홈漢水쉬筧건清무
호빌倭가와라다니 ㅁ라家날랑倭가와라예나가 케어여부쿠倭나
고 院子 븨들漢院원子스清빈란 院圈子 티어漢院원圈쥐子스清카란 臺階
家바구리倭니와 엿家후란倭야시기마와루
섬漢臺태階계清달긴 層階 서드漢層층階계清타부쿠家 馬台石 노도漢馬마
家잔달倭이시사시 리 다바구리倭가계하시 ㅅ돌台태石
시清모릴라라위허 後院 집뒷漢後후院원清아빌기휘家회 墻 담漢墻쟝清부家거
倭우마노리노이시 터 두호로가倭이예노지노니와 럼倭이싱가기
山墻 박공밋漢山산墻쟝清밧하家하 簷墻 쳠하밋漢簷염墻쟝清방지란家토골
화방 야가倭가베노즈인지 화방 가倭노기만네즈구노즈인지
響墻 지새맛업漢響향墻쟝清아수길라부러부 墻水眼 슈채漢墻쟝水쉬眼연
허밧담 倭가와라야와셰즌데즈인지 구무清쿄상가家쥬박
倭미즈미 地脚 디漢地디脚교清던家바 磚 벽漢磚젼清베스家토
지노아나 뎡구리倭동계야시기 곳하倭우스이이시

蘇州鄕語

庫露格 쿠루거 江南蘇州府謂亢總古以玲瓏空虛謂之庫露今名總格

甌瓴 두쥐 甓也挑庖界傳獨居道側以甌瓴為障

弄 롱 江南嘉定縣呼屋下小巷

營作類

蓋房子 집짓다 漢蓋개房방子즈 清보오아랍비 蒙결기뮈 倭이예스구루마시다

修房子 집고치다 漢修식房방子즈 清보오아사랍비 蒙결새사뮈 倭이예 아라다메마시다

伐房子 집샐잡다 漢伐전房방子즈 清보오탄지합비 倭이예돈도노예마시다

上樑 마로얹다 漢上상樑량 清불루투겸비 蒙너로끄열구뮈 倭우스바리가계마시다

擺椽 혀거다 漢擺배椽촨 清쏜터뱅댭비 蒙우너직사가뮈 倭다루기가계마시다

蓋瓦 지새녜다 漢蓋개瓦와 清와슬랍비 蒙와랍라뮈 倭가와라후다예마시다

揭起瓦 지새것다 漢揭 겨起키瓦와 清와스클랍비 蒙와라하쥴루뮈 倭가와라마기마시다

打炕 구돌노타 漢打다炕강 清나한버뎜비 蒙항쥬터구뮈

打墻 담받다 漢打다墻챵 清부사함비 蒙거렴츅찰라뮈 倭조인지조구마ᄂ

墁墻 면흙받다 漢墁먼墻챵 清치밤비 蒙시바뮈 倭조인지니조지누리마시다

打地脚 디뎡으다 漢打다地디脚교 清턴칠겁비 蒙바구ᄅ

夯打 달고질ᄒᆞ다 漢夯향打다 清칠겁비 蒙닥달시굴루뮈 倭야시기조구마시다

燒甎 벽굽다 漢燒샤甎좐 清베스

데집비蒙츄휘둘러뮈倭우스이이시야가마시댜
砍磚 벽다듬다 漢砍간磚좐淸뻬스다삽비倭우스이이시도메바시댜
鋪磚 벽仅다 漢鋪무磚좐淸볘스셔텹비蒙토곳하더비수뮈倭우스이이시시가마시댜
尾滓 지약 漢尾와滓재淸웨허더倭가와라가스
石灰 회 漢石시灰휘淸도호蒙츄휘倭이시하이
煮灰 회굽다 漢煮쥬灰휘淸도호데집비蒙츄휘둘러뮈倭이시하이야기마시댜
和泥 흙ㅋ이다 漢和호泥니淸ㅣ워비倭즈지와스루마시댜
抹泥 흙매만지다 漢抹모泥니淸일밤비倭조지구라구마시댜
糊牕 창발ㄹ다 漢糊후牕촹淸방후발랍비蒙호호茸다위倭만도누리마시댜
夾木 울셥막다 漢夾갸木무棡쳐淸뱟할랍비倭시바가기후뎅구마시댜
劈柴 나모쓔리다 漢劈피柴채淸갸립비倭기와리마시댜
空井 우믈퀴다 漢空와井징淸후친벙텹비倭이호리마시댜
淘井 우믈츠다 漢淘닾井징淸후친쓴돔비倭이동계마시댜

服飾類

紗帽 사모 漢紗사帽맢淸얏항가마하툰蒙어벌투발라가倭사가모리
紗帽翅 사모쁠 漢紗사帽맢翅츠淸상카倭사가무리노하
帽子 갓 漢帽맢子즈淸보로蒙불커
草帽 초갓 漢草찬帽맢淸서켜쿠보로蒙치길순불커
氈帽 감토 漢氈젼帽맢淸감투蒙토비
煖帽 겨울모즈 漢煖冠帽맢淸투워리보로蒙어불투어무수쿠불커
涼帽 녀름모즈 漢涼량帽맢淸쥬와리보로蒙쥰두어무
戴帽 갓쓰

다 漢戴대帽맏子즈淸보로 어룸비蒙불퀴어무수뷔 脫帽 갓벗다 漢脫토帽맏淸보로 숨비蒙불퀴탈루무 帽頂 갓뒤우 漢帽맏頂딩 淸보로이오

요蒙불퀀 누오리 帽簷 갓드르 漢帽맏簷연淸보로이 덜빈蒙불퀴연서구굴 頂子 딩즈 漢頂딩子조淸 딩스蒙오칠 頭巾 두건 漢頭

투ㅂ긴淸슈 바쿠倭조긴 紹子 방건 漢紹왕子즈淸 슈바루蒙왕스 圈子 관즈 漢圈퀀子즈淸슈바루 이무허런蒙가라하 團領 단령 漢團

뒨領링又圓원領링淸얼구머 蒙자하투더보倭죠유죠구 朝衣 죠복 漢朝챠衣이淸도리어 투쿠蒙요수투훌차수 補子 흉비 漢補부子즈 淸사질투蒙

푸스倭끄고 우바이 後襦 후슈 漢後후繡슈 淸사빌기 珮玉 패옥 漢珮박玉유淸앗하 하구蒙쥐쿠연핫 手板 홀 漢手식 板반又

笏후淸후반蒙 후반倭콧즈 朝帶 품디 漢朝챠帶디淸도리우 며순蒙요수투부셔 帶版子 띄ㅅ돈 漢帶디版반子즈淸 토오紲蒙토오해

折舌 혀쇠 漢折저舌셔淸 굴기蒙골기 帶圍 띄어연ㅅ 漢帶대圍위淸 우며순이얼권 衣裳 通稱 옷 漢衣이裳상淸어 투쿠蒙더걸倭기

모노 帖裡 텰릭 漢帖텨裡리淸 슈방가얼구머 搭護 더그레 漢搭다護후淸어투쿠 도고蒙훕차수도롤 袍子 웃옷 漢袍판子즈 淸ㄱ

간蒙더걸 倭우왕기 開岐袍 뒤트기옷 漢開개岐기袍퐈淸설빙거 어투쿠蒙우누구연훕차수 褂子 자근옷 漢褂과子즈淸쿠 루머倭지사이ᄋ

왕 馬褂子 마상에닙는자른옷 漢馬마褂과子즈 淸보홀론쿠루머 齊肩褂 등지게 漢齊치肩견 褂과淸올보 披肩

피 漢披피肩견 清일런 襖子 돈돌지 漢襖오子즈 清쥬연 胖襖 두러온핫옷 漢胖팡襖오子즈 又綿면襖오 清팜쿠 倭아즈이기모노 衲襖 누비옷 漢衲나襖오 清삽싱가어투쿠 蒙시리머러선 쿠들 倭누이다기모노 皮襖 갓옷 漢皮피襖오 清집차 蒙쥽차가 倭가와기모노 褲子 바지 漢褲쿠子즈 清할루 蒙쿠투 單褲 홋바지 漢單단褲쿠 清바쿠리 蒙워무두 綿褲 소옴바지 漢綿면褲쿠 清라쿠 蒙쿠투 套褲 다리에끼오는것 漢套토褲쿠 清룹가달리 쿠 蒙실훕차수 倭가반 背心 비조 漢背비心신 又比비甲갸 清보훕론더헌러 蒙바가쳐거져버치 衫子 속옷 漢衫산子즈 清가하리 蒙차차 單衣 홋옷 漢單단衣이 清어몰수어투쿠 蒙담훕차수 倭히도에기모노 袷衣 겹옷 漢袷가衣이 清쥴수어투쿠 蒙담훕차수 倭아맛다기모노 襯衣 살에다여닙는옷 漢襯츤衣이 清쟝치 蒙참차 倭시당가사너기모노 圍脖 불세마 漢圍위脖보 清후 蒙부치트 風領 털두른옷깃 漢風봉領링 清후리 蒙호골롭치 帽襻子 갓끈 漢帽마襻판子즈 清졀견 蒙사갈둘가 倭가사노오 油帽 갓모 漢油약帽마 清보로이얼버쿠 雨衣 유삼 漢雨유衣이 又油의衣이 清너멀쿠 蒙여오단 倭갑바 斗篷 녀쿠 漢斗두篷풍 清너러쿠 蒙장치 簑衣 누역 漢簑소衣이 清너멀헌 蒙누물거 倭미노기모노 圍裙 물탈제두르는치마 漢圍위裙쿤 又男裙쿤 清두시히 裙子 계집의치마 漢裙쿤子즈 清후시한 蒙쿤훕맵치 倭마엔다리 布裙 힌조치마 漢布부裙쿤 清보훕론후시한 蒙훕기쿠훕맵치 條兒 쉬쵸띠 漢條탸兒얼 清연투 蒙나린쿠

루멸

匾條 너븐다회 漢匾변條됴清션두蒙쿠루멸

帶穗子 띄수울 漢帶대穗쉬子즈清수버허蒙산질가

褲帶子 허리띄 漢褲쿠帶대子즈清털긴蒙달래倭고시오비

腿帶子 다님신 漢腿퉈帶대子즈清하타蒙여격

荷包 주머니 漢荷허包반清바두蒙랍타가倭긴자구

汗巾 슈건 漢汗한巾긴又手식巾긴清봉쿠蒙항기수倭뎨놈고이

紐子 수단쵸 漢紐부子즈清토혼倭오희모

紐扣 암단쵸 漢紐누扣쿠清토혼이선치쿠倭메히모

方勝兒 ᄉ변미즘 漢方바勝싱兒올清둘버뎐얏하

襪子 보션 漢襪와子즈清와ᄉ蒙구툴,울라倭다비

皮襪 가죡쳔 漢皮피襪와清보지蒙아라수,외무수

氈襪 담쳥 漢氈젼襪와清보모치蒙이거게,외무수

靴子 훠 漢靴훠子즈清굳하蒙구툴

朝靴 됴복에신는훠 漢朝챠靴훠清도뢰굳하蒙요수,투불귀

旱靴 ᄆᆞ른훠 漢旱한靴훠清올혼,굳하

油靴 졀온훠 漢油악靴훠清시멍길러허굳하

尖靴 슈여조 漢尖젼靴훠清순리혼,굳하

兀剌 들오기 漢兀우剌라清靴라미굳하蒙수쿠게,구툴

靴扇 훠울 漢靴훠扇션清굳하이두러蒙구툴,룬두레

靴底子 훠ᄉ창 漢靴훠底디子즈清굳하이바탄蒙구툴,룬울라

鞋子、 漢鞋혀子즈清사부蒙사불倭하기모노

繡鞋 슈신 漢繡식鞋혜清왕나하사부蒙한후말,투샤불

麻鞋 삼신 漢麻마鞋혜清올로시부蒙올로수,샤불倭우리

鞋雲頭 신뉵분 漢鞋혜雲윤頭투清사부,쿤후리

鞋封帛子 신바탕 漢鞋혜封帛받子즈清사부이할하倭하기모노,모도

鞋

跟子 신근 피 漢鞋혜跟근子 ᄌ清망가녀쳔

襯布 비김 漢襯츤布 부清갸반

木屐 격지 漢木무屐기清타한家 투룸치倭아시이다

腿套 힝젼 漢腿퇴套탈清고 치쿠家신、흡챠수

裹脚 발ᄊᆞ게 漢裹고脚교清후 시룬家우라다구

搭包 젼대 漢搭다包반清 물후순家오대 倭오비 후구루

穿衣 옷닙다 漢穿쳔衣이清어투쿠、어룬비家흡챠 수어무수뷔倭기모노、깃다、마시다

脫衣 옷벗다 漢脫토衣ㅣ 어투쿠、흡차수、탤루뷔倭기 모노눌기、마시다

層穿 ᄭᅧ닙다 漢層층穿쳔清집시머、어룬비家답 후챨라뷔倭아와세기깃、다、마시다

反穿 뒤집어닙다 漢反반穿쳔清투러시、어룸비家가다시 어무수뷔倭가예리깃、라마시다

開袴 바지츰ᄲᅡ히다 漢開개袴쿠清테순고 침비家쟈하타타뷔

兜袴 바지츰ᄭᅵᆺ다 漢兜두袴쿠清데순허 텀비家쟈하、후라뷔

撩衣 옷거두치다 漢撩랴衣이清어투쿠허텀비家흡챠 수서쿠뷔倭기모노、가강구루마시다

抖衣 옷ᄠᅥ다 漢抖두衣이清어투쿠아시힘비家흡챠 수실거거뷔倭기모노、아즈무마시다

疊衣 옷가혀다 漢疊뎨衣이清어투쿠북달비 家흡챠수、누굴루뷔倭기모노、ᄯᅡ단、뎌 마시다

衣寬 옷널으다 漢衣이寬퀀清어투쿠더릴번家덜번 벌倭기모노、오우히라나마시다

衣窄 옷좁다 漢衣이窄졔清어 투쿠캬키家희탄 倭기모노셰 바이마시다

衣縐 옷구긔다 漢衣이縐주清어투쿠소움비家흡챠 수언두러지倭기모노、셰마루마시다

黷污 옷더러이다 漢黷뎐污우清 어루쿠、힛하나하비家할당두지 倭기모노、기다나이시마시다

袜 모 江南太倉州稱婦人圍裙

褲、襪 래사 江南嘉定縣呼衣服破碎猶言襤褸也

一塊 이괘

湖廣長沙府謂衣一領

裁縫類

裁衣裳 옷ᄆᆞᄅᆞ다 漢裁채衣이裳샹 清어투쿠배랍비 蒙ᄅᆞ다홈차수 엇시뷔 倭기모노다ᄍᆞ마시仕 衣料 옷ᄀᆞ옴 漢衣이料랖 清어투쿠번허리 倭기모노사이료우

大襟 옷섭 漢大다襟긴 清아다순 蒙홈차수영겁 倭기모노호가예리 前襟 앏자락 漢前쳔襟긴 清순러리 두시히 蒙어무너홋복치 倭마

後襟 뒤ㅅ자락 漢後후襟긴 清아얀라두시히 蒙회투홋목치 倭노지보구 領子 깃 漢領링子즈 清울훈 蒙자하 倭예리 上身 옷동 옷

漢上샹身신 清어투쿠이덜기 蒙홈차순누더거러 倭기모노하오리 下身 옷아래 漢下햐身신 清어투쿠이버럴 릿동기 蒙홈차순누도오라 倭기모노하가마

衣面 옷거죽 漢衣이面면 清어투쿠투쿠 蒙홈차순누가달 倭기모노호가 衣裏 옷안 漢衣이裏리 清어투 蒙홈차순누도톨 倭기우지

衣邊 옷기슭 漢衣이邊변 清어투쿠부런 蒙홈차수홀매 倭기모노바다 袖子 ᄉᆞ미 漢袖식子즈 清울히 蒙한츄 倭손데 袖口 ᄉᆞ맷부리 漢袖식口쿠 清와한 蒙

袖根 ᄉᆞ미밋동 漢袖식根근 清오호다 蒙수군두이자굴 倭손데모도 杈兒 무 漢杈차兒 清시바 리투구래 倭손데구지

蒙식식 倭와기보구

護肩 깃바디 漢護후肩견 又托토肩견 清울훈이얄리갼 倭예리바다

護領 동경 漢護후領링 清울훈이집시쿠 倭예리즈즈우

衣襻 골홈 漢衣이襻판 清구란 蒙구루운 倭히보

釘帶子 골홈두다 漢釘딩帶대子즈 清구란하담비 蒙투루울하타뮈 倭히보가계마시다

拏襵子 주름잡다 漢[illegible]더 슈반비 蒙후나수뮈 倭누메도루마시다

顛倒裁 엇모루다 漢顛뎐倒닾裁채 清얼라다미배랍비 蒙걸터벨런엇거뮈 倭용고이닷즈마시다

板襵兒 너분주름 漢板반襵뎌兒ᅀᆞᆯ 清온초슈반 蒙부됸후나수 倭히로이누메

細襵兒 ᄌᆞᆫ주름 漢細시襵뎌兒ᅀᆞᆯ 清잇헌련슈반 蒙나린후나수 倭호소이누메

順風襵兒 ᄡᅳ레주름 漢順쓘風봉襵뎌兒ᅀᆞᆯ 清일후이슈반 倭용꼬이누메

縫起 어우르다 漢縫봉起기 又縫봉連련 清아차붐비 蒙합수루뮈 倭누이다아와셰마시다

對縫 솔부치다 漢對뒤縫봉 清벙먼아차붐비 蒙오요달넬러굴루뮈 倭누이다즈계마시다

紉針 바ᄂᆞᆯ귀세다 漢紉닌針진 清서밉비 蒙수벌러뮈 倭하리미미즈라능기마시다

水線 스츠실 漢水쉬線션 清시서러통고 蒙시다후우타수 倭누이다이도

倒扣針 박음질 漢倒닾扣쿠針진 清넘김비 蒙쿠부리두뮈

壓縫 셔호다 漢壓야縫봉 清죠만아차붐비 蒙토호구숫녤러굴루뮈 倭와사뭇누이마시다

草縫 숫다 漢草찬縫봉 清시셤비 蒙시다뮈 倭누이다마시다

疙縫 막호다 漢疙스縫봉 清우바붐비 蒙오요굴루뮈 倭맛다구누이다마시다

納的 ᄌᆞᆫ누비 漢納나的디 清납싱가 蒙시리머러뮈 倭호소이누이다

行的 드믄누비 漢行항的디 清고칭가 蒙하바

뷔倭마례 針脚兒 바노漢針진脚ᄶᅣ오 질倭清우빙러어선 ─ 背邉兒 듣ᄀ주漢脊치邉변兒술清
이누이다 이ᄒᆞᆫ더실럼비倭기모노
단도도노예 鑲邉兒 든두漢鑲샹邉변兒술清비ᄅᆞᆫ비家쿠부결
시마시다 르다려위倭기모노단몡구루시마시다 吊面 옷깃올漢
됴面면又上샹表뱌清어투쿠부림비家흠 補綻 터진듸漢補부綻잔清녀졉비家누
챠수부리뮈倭기모노호가깃다마시다 깁다 쿠뮈倭옹기노우마사다
補丁 방조漢補부丁딩清녀졉家 針子 바늘漢針진子즈清올머 綉針 介ᄉᆞᆫ눈漢
각 누쿠거倭지사이가다 눈家셔구우倭하리 바눌 綉
수針진清셔올려러올버 頂針子 골漢頂딩針진子즈清 針扎子 바늘漢針진
倭누이모노오리스하리 모ᄎᆞᆫ파倭유비계보시 결이 扎자子
즈清집치倭하 烙板 인도받漢烙로板반清휘셔러찰 鋪凉花 소옴漢鋪무凉량
리샷스모노 침셔반지倭미지히구가라이다 둡다 花화清쿠븐
셔덥비家쿠붕더비위 熨衣裳 옷다漢熨욘衣이裳샹清어투쿠휘셔비家흠챠 漿
倭와다시기마시다 리다 수일려굴더위倭기모노노히히기마시다
洗了 셰답漢洗장洗시了랴又洗시衣이裳샹清오 打糨子 풀먹漢打다
ᄒᆞ다봄비家우가뷔倭기모노아라이마시다 이다 즈清난챠
찰다뷔倭누리 弸䍦 벗티여漢弸붕䍦새清방링갑비家더 退垢 쳐지漢退퇴垢큰
노미마시다 볏ᄲᅴ다 날거뷔倭시기호사이마시다 우다清번던거ㄱ
러붐비倭아가 糨子 풀漢糨강子즈清난챤 粉子 물漢粉분子즈清붕스家덥터
아라이마시다 家어거덩倭누리 이거리굴릴倭묘몌스리모노

鱇 옷세뻐다 漢鱇견 清수연 蒙시오는진물 라우수 倭하이미즈

布帛類

緞子 通稱 漢緞뒨子즈 清수쳐 대단 蒙토르가 倭단모노 龍緞 룡문대단 漢龍룽緞뒨 清운두 타쿠 蒙보수가 망누 蟒緞 망룡대단

뒨 清거츄쳐 리 蒙망누 雲緞 운문대단 漢雲윈緞뒨 清투기노호 수쳐 蒙어굴러 투런 토르가 閃緞 션단 漢閃션緞뒨 清살하 蒙타지 倭슌스 羽

緞 짓비단 漢羽유緞뒨 清가챠수쳐 蒙위가 덩 倭화단모노 粧緞 장단 漢粧장緞뒨 清달단 蒙중둔 彭緞 핑단 漢彭풍緞뒨 清코보수쳐 蒙펑

뒨 帽緞 모단 漢帽맢緞뒨 清캄쿠 蒙야실 織金緞 금션단 漢織지金긴緞뒨 清길다시쿠 蒙눌룸 倭쇼쿠긴단모노 倭緞 왜단

漢倭오緞뒨 清쳐거무 蒙후지 결워거덩 倭니혼단모노 八絲緞 팔사단 漢八바絲스緞뒨 清쟈쿠리수쳐 五絲緞 오사단 漢五우絲

스緞뒨 清수쟈리수쳐 綾子 릉 通稱 漢綾링子즈 清수버리 蒙링스 倭린스 中綾 중룽 漢中중綾링 清경거수버리 蒙님건링스 倭쥬우린스

羅 라 漢羅로 清쳐리 蒙로 倭로 帽羅 모라 漢帽맢羅로 清사할란 쳐리 蒙하라로 湖縐 호주 漢湖후縐주 清둘운사 蒙둘둥 倭지지면 紬

子 비단 通稱 漢紬착子즈 清수리 蒙츄스 倭나시기 紡絲紬 漢紡방絲스紬착 清실거리 蒙팡스 倭몬나시 宮紬 궁효 漢宮궁紬

칙清뇨혼쳐쳐 리蒙궁쳐우 潞州紬 로쥬 漢潞…紬…

化絲紬 화사쥬 漢花화絲스紬추 清일항가수리

繭紬 아견사 漢繭견紬취 清보오 한수리 蒙간쳐우

絹子 김 漢絹견子즈 清쳐쳐리 蒙견스 倭사

屯絹 통견 漢屯툰絹견 清망가쳐쳐리

八雲 팔운문 漢八바雲윤 清쟈쿠리투기 노호알하 蒙내만어굴러알

六花 륙화문 漢六릭花화 清닝구리일하 노호알하 蒙질구간쳐쳐알

八寶 팔보문 漢八바寶봐 清쟈큰보오 배알하 蒙내만연더니알

膝欄 슬란문 漢膝시欄란 清무두 리알아 蒙루우알락

暗花 암화문 漢暗안花화 清두 훈알하

花的 문잇는것 漢花화的디 清일항가 蒙알태 倭모 아루모노

素的 믄업순것 漢素수的디 清쿨루 蒙선루군 倭므나이모노

顔色 通稱 빗 漢顔연色서 清보 在蒙울거 倭이로

雪白 흰빗 漢雪쉐白버 清쉬인 蒙쳐컨 倭시로이이로

眞紅 진홍 漢眞진紅훙 清… 蒙… 라간 倭깃드운 아라가아이로

大紅 다홍 漢大다紅훙 清불가 간 倭아가이이로

桃紅 도홍 漢桃토紅훙 清쟈무 蒙옵울라간 倭모모이로

淡紅 연도홍 漢淡단紅훙 清불라후간 蒙울랍둘 倭아사시모모이로

粉紅 분홍 漢粉븐紅훙 清뵤변불라훈 蒙올랍둘한 倭시로모노아가이이로

木紅 목홍 漢木무紅훙 清불라후리 蒙울라빌 倭모구단이로

茜紅 꼭도숑을 漢茜천紅훙 清불라훈 蒙부두후어버순우수

月白 남 漢月斜白 … 버 清라믄 蒙쿠커 倭아이

魚白 옥식 漢魚유白버 清쿼치허리 蒙차가한 倭다마이로

金黃 유황 漢金긴黃황 清하산보쇼 蒙울라빌시라 倭아가이기나

鵝黃 류황 漢鵝오黃황清소호후리蒙시라빌倭야낭기이로 秋香 츄향 漢秋츄香향清소보로蒙노곱틀시라倭웅구이스이로 南

松花 연숑화쇡 漢南난松숑清견번쇼보로蒙채불노곱틀시라倭아사시웅구이스이로 北松 짓흔숑화쇡 漢北버松숑清투민쇼보로蒙군노곱틀시라倭후

가숫웅구이스이로 草綠 초록 漢草찬綠루清올회보쇼蒙어버수웅거倭모용기 官綠 연초록 漢官권綠루清잉거히채불노고불倭아사

기 油綠 유록 漢油익綠루清노보로蒙하랍틀노고간倭아부라이로 寶藍 천청 漢寶보藍란又天텬青칭清텬관蒙쿠거슈쿠거倭깃즈이아이이로

鴉青 아청 漢鴉야青칭清야친蒙바라간倭곤이로 真紫 진자 漢真진紫즈清슈슈蒙하랍틀바라간倭무라사기 醬色 장식 漢醬장色서清

미수루蒙샹웅귀倭미소이로 沉香色 침향식 漢沉친香향色서清뇨훈쇼보로蒙쿠컵틀倭고우이로 灰色 회식 漢灰휘色서清불렁기보쇼蒙

우너순웅귀倭하이이로 猩猩氈 셩셩젼 漢猩싱猩싱氈젼清불간웅가순倭쇼우쇼우모우뎐 大布 대포 漢大다布부清보소蒙봇倭누노

漂白布 누은뵈 漢漂퍞白버布부清산얀보쇼蒙챠간죠둥倭아라이누노 毛青布 청삼승 漢毛맏青칭布부清모친삼수蒙울라불

하라 三梭布 삼승 漢三산梭소布부清일라리보쇼蒙나린쿠커 印花布 화포 漢印인花화布부清호비보조蒙다루말봇倭하나누노

斑布 반뵈 漢斑반布부又碁기子즈布부清반쟐후蒙어련죠둥倭만다라노 ㅂ布 뵈 漢夏햐布부清하반蒙햐반倭누노 春綢 춘 漢春

酉部 方言 二十七

춘布부清뫄뉴리하반 苧布모시 漢苧布布부清 蒙리 倭데림구 葛布갈포 漢葛布거布부清죠돈蒙 죠둥倭간즈라누노 褐子

무 漢褐허子즈清 조부녀순蒙탈마 綿子플소옴 漢綿면子즈清 요한蒙민다수倭마와다 湖綿소옴 죠흔풀 漢湖후綿면清후이 요한蒙샌민다수倭

예이마와다 棉花소옴 漢棉면花화 又凉량花화 清쿠분蒙쿠붕倭와다 彈花튼소옴 漢彈탄花화清빈허쿠분蒙 쿱치덕선쿠붕倭한지쿠와다

線麻삼 漢線션麻마清올로蒙온묘슈倭아자 苧麻태모시 漢苧麻마清지사리蒙볼륜 산왈보수倭나마이데림부 染造믈들

이 漢染연造잔清이쳡비蒙부다 두뮈倭소메이러마시다 靛青반물 漢靛단靑칭清부허 무거倭아오이미즈

紡織類

絲외실 漢絲스清실거蒙실살 퍽倭히도예이도 絨융소 漢絨슝清수번련蒙 홀산퍽倭우무이도 線합실 漢線션清둥 蒙우 타수倭아와세이토

絲料실ㅅ감 漢絲스料랴清둥피벌 허리倭이도사이료우 繰絲실혀 漢繰소絲스 又扯처絲스 又抽 清실거고 침비蒙실퍽타 타위倭

눙기마시대 紡線실잣다 漢紡방線션清실거보룬비蒙 어거리위倭이도구루마시다 線軸실ㅅ 리 漢線션軸주清 蒙업커수倭이도구지

絲團子실바디 漢絲스團툰子즈清무헐련 람하蒙 倭이도사스 旋線실보리다 漢旋선線션清둥고 김비蒙 술러 紉

線 실어우로다 漢紉근線션 清실거감님비 蒙실걱ㄱ 협수우뮈 倭이도아와쉬마시다 捻線 실븨다 漢捻년線션 清시버럼비 蒙 이머루위 倭이도히녀루마

시다 絡絲 실느르다 漢絡로絲스 清실거닯랍비 蒙실걱 알다라지 倭이도마와다마시다 練絲 실닉이다 漢練련絲스 清실러우 러붇비 蒙실걱볼바수

라골루뮈 倭이 도녜리마시다 線板 실감기 漢線션板반 清밤하 蒙소더 倭이도이다 上線板 실감기 漢上샹線션 위감나 清혈친비

니멍구루시마시다 繞絲 실감다 漢繞요絲스 清실거혈님비 蒙거루 디술러뮈 倭이도셍구루시마시다 線一縷 실혼가닥

건러뮈 倭이도이다 線縷 실테 漢線션縷류 清혈니투 蒙기루더수 倭이도와 整縷 실뢴데 漢整 縷

漢線션一이縷류 清동고어무지간 蒙실걱나거못갸 倭이도이시스지

황清굴훈벋기투 蒙부굴리 撚線 실비트다 漢撚년線션又次撚년 清통 고무럼비 蒙우타수못기뮈 絲亂 실얼킈다 漢絲

쳐루더수 倭이도맛다구와

스亂뤈 清실거바참비 蒙실걱사 理理絲 실골희다 漢理리理리絲스 清덥털러머다삼비 蒙쟌갈론자사뮈 倭이도동겨마시다

모차뮈 倭이도민다려마시다 打經 씨녀다 漢打다經깅 清이집비 蒙어 연러뮈 倭요기이려마시다

紕縫 실민다 漢紕그縫다 清통괴발 린蒙우타수연샹가수 打緯

날녀다 漢打다緯위 清워집비 蒙엽 러뮈 倭다려이려마시다 織密 새ᄀ 숭느다 漢織지密미 清빙신 蒙닉타 倭호소이오리스마시다 粗疎 숭새

다 漢粗추疎수 清어머문 蒙새머 계 倭우도이오리스마시다 胃 구립 漢胃구立리 清가찰숨비 蒙할치 며 倭누리갑계아루마시다 刷布

뵈다 비 漢刷솨布부清 보소하샵비

牵布 뵈ᄂ르다 漢牵[illegible] 清보소댜[illegible] 비倭누노이오다마시다

績麻 삼合다 漢績지麻마清 올로시버렴비

家올로수이머루뷔倭 아자히녀루마시다

糨布 뵈ᄆ이다 漢糨강布부清보소더性챵비家좀돌 家샹다뷔倭누나누리이려마시다

打染 믈드리다 漢打다染연清이쳔비家부 두뮈倭소메이려마시다

倒青 반믈ᄒ 염ᄒ다 漢倒도青칭清탕기머뫼부할관비家박숟 갈라뮈倭아오미조가사네이려마시다

染記 믈드리는보람 漢染연記기清니샨家던 뎌倭소메이례노시로시

碾一碾 다듬이ᄒ다 漢碾년一이碾년清녈렵 비家불루다뮈倭가라우 스마시써

繅邊子 바단식기 漢繅[illegible]邊변子즈清버더 家[illegible]倭니시기노바다

機頭 화두ᄭ 漢機기頭두清야투家 머연倭도로멘스예

機身 뵈틀 漢機기身신清더러家 사오리倭누노하다

線繒子 잉아 漢線션繒증子즈又綜중 線션清탈불家열구쳐

掙線 비단 [illegible]ᄂ 잉아 漢掙정線션[illegible]清수쳐죠도로 탈부家돌가너머무열구쳐

梭 북 漢梭소清홈소家 올기샤倭오사

軸頭 물속 漢軸주頭투又捲권 布부棍군清치[illegible]

[illegible]家사오리연돌 로개倭하다가미

三脚 베거리 漢三산脚[illegible] 亚清탓후

機軸頭 들에실감기 漢機기軸주頭투 더허이밤하家술젼[illegible]

보디 漢筬칭又竹주筬쿠清 바탄家살감지倭나스

筬筐 보디집 漢筬칭筐광又筬쿠匣햐清바탄이 살후家살감지합칙倭나스이예

攪棍 사숌새 漢攪꺅棍군又杓인杖 장清위쳐家엽러군

撑棍 실계오는나모 漢撑창棍군清일 마후家덜러군

壓車 씨아이 漢壓야車쳐清우 스왈라쿠倭사너

二十八

도루 定桿 가락 漢定뎡桿간 淸삽키얼러 蒙부터추 倭와구가게가녀 砣落 탈대 漢砣토落로 淸토오스 蒙익 籰子 어리 漢籰요子즈 淸

갈라무 蒙 갈모도 紡車 물레 漢紡방車처 淸불근코 蒙어거러올 倭와구

食餌類

膳 유라 漢膳션 淸얌수 蒙울룻 순부다가 倭오텝부 飯 밥 通稱 漢飯반 淸부다 蒙부다가 倭메시 早飯 아참밥 漢早잪飯반 淸열더부다 蒙엳루거

부나가 倭아사메시 晩飯 져녁밥 漢晩완飯반 淸얌지부다 蒙우더시부다가 倭유운베메시 乾飯 된밥 漢乾간飯반 淸[illegible] 蒙하구래부다가 倭

가다메시 爛飯 무른밥 漢爛란飯반 淸랄란지부다 蒙올보수부다가 倭우미숑기메시 胡飯 누른밥 漢胡후飯반 又焦쟈飯반 淸학사하부다 蒙학

사지부다가 倭공고라메시 湿飯 물묘밥 漢湿시飯반 又水쉬飯반 淸바라하부다 蒙우수홀럭산부다가 倭스이메시 饅飯 쉰밥 漢饅수飯반 淸녀더

거부다 蒙니실지부다가 倭나맛다메시 空飯 민밥 漢空쿵飯반 又淡단飯반 淸운투훈부다 蒙호고순부다가 倭사이나이메시 飯粒兒 밥낟 漢飯

반粒리兒알 又飯반藥여兒알 淸부대벌거 蒙부다가부굴릭 倭메시고 鍋巴水 숭늉 漢鍋고巴바水쉬 淸부머거 蒙부다간누우수 倭유 [illegible] 漢粥

주 淸우얀부다 蒙싱건부다가 倭가유 稠粥 된죽 漢稠착粥주 淸민랄라 蒙운권심머누[illegible]가다가우 稀粥 물근죽 漢稀히粥주 淸우쏜랄라

蒙싱견부다가 倭야와라가유

米湯 미음 漢米미湯탕清수구ㅈ蒙 수무슈倭가유고스미즈

麵 슈 漢麵면清항스蒙호로 해부다가倭소우면

飴

餄 굴근 국슈 漢餄허餄로清사스蒙부두군호 로해부다가倭후도이소우변

掛麵 모른 국슈 漢掛과麵면清라강가항스蒙열 국션호로해부다가倭호시소우

멘

切麵 싸은 국슈 漢切쳐麵면清부룽가항스蒙키루 슨호로해부다가倭기리소우면

條麵 진국 슈 漢條툐麵면清쟌탕가 항스蒙쥴부투호로해

부다가倭즈 구루쇼우멘

炒麵 미시 漢炒찬麵면清무시蒙무 시倭이루모징고메노고

饅頭 상화 漢饅면頭투清 면투蒙번트우

餛飩 자근

변 시 漢餛훈飩둔 清닝갸어번

匾食 변시 漢匾변食시清타후라어 번蒙합시가수보골숙

麵飥[illegible] 슈쳐 비 漢麵면飥노[illegible] 다清무와사스

空湯 고기 믈 漢空궁湯탕清실러 蒙쇼루倭시시미즈

粉湯 슈 면 漢粉븐湯탕清할루샤 시한蒙쟐칭倭스이멘

餑餑 떡 漢餑 보餑

보清우바어번蒙굴린보 골숙倭고메고노갓진

印子餑餑 살박 은떡 漢印인子즈餑보餑보清두 른이어번蒙컴투보골숙

菓子

餑餑 송편 漢葉여子즈餑보餑보清압 다하어번蒙납친보골숙

餻 通稱 떡 漢餻갚清어번蒙 보골숙倭갓진

粘餻 查 떡 漢粘 갚ㅈ

餻갚清여여어번蒙실루겐 보골숙倭보징고메갓진

打餻 친 떡 漢打다餻갚清두머어번蒙 투수멀보골숙倭웃즈갓진

蒸餻 증편 漢蒸증餻 갚清털려

허어번蒙징너선보 골숙倭무스갓진

雪餻 설고 漢雪쉬餻갚清산얀 어번蒙차간보골숙

撒餻 시루떡 漢撒사餻갚清벗헌거 번蒙불걸보골숙倭고

스기갓진 鷄蛋餻 듥의알떡 漢鷄기蛋단餻갈清욷간두룬 蒙운더건깁倭다망고갓진 糖餻 셔당떡 漢糖당餻갈清샤탄 어번蒙시길보골숙

倭사도우갓진 饊子 산조 漢饊산子즈清채스蒙삼 餃子 죠악 漢餃갸子즈清교스어번 餅餡 빙쟈 漢餅빙餡쳐清리두어번蒙노고간불챡

보골숙 元宵餅 원쇼병 漢元원宵샾餅빙清하친이닝기어번蒙월캐투어둘보골숙 粽子 단오에먹노떡 漢粽중子즈 장가여번蒙

보골숙 月餅 츄셕날먹노둥근떡 漢月웨餅빙清뱡가어번蒙부물척보골숙 肉包 고기소너흔상화 漢肉수包반清얄리도이번투蒙비하이더거

먼트우 糖包 사당소너흔상화 漢糖탕包반清샤탄도이번투蒙시길이더거연먼트우 蜜果子 과줄 漢蜜미果고子즈清솔호빙蒙솔고빙倭

과시 麻花 끄와지진떡 漢麻마花화清무리하어번蒙뭇기는보골숙 肉餡 고기소 漢肉수餡현清얄리도蒙미하이더거 菜餡 치소

漢菜채餡현清소기도蒙노고가이더거倭사이무사호루 豆餡 포소 漢豆두餡현清시사도蒙열서불착이더뮈倭안즈기무사호루 素餡 민소 漢素

수餡현清언지도蒙이더거 白糖 연당 漢白버糖탕又麻마糖탕清마탄蒙마탕倭아메 砂糖 사당 漢砂사糖탕清샤탄蒙시길倭사도우 糯

粉 분 漢粉운粉분清유빈倭하스노시로모노 飯菜 반찬 漢飯반菜채又下하飯반清보오하蒙쟈구시倭메시사이 酒菜 안쥬 漢酒작菜채清

새구蒙죠오시倭사가나 肉 고기 漢肉수清얄리蒙미하倭시시 臘肉 납일에절인고기 漢臘라肉수清라이얄리 乾肉 므른고기 漢乾간肉

슈清올혼얄리蒙하구 래미하倭호시시시 **硬肉** 질긘 고기 漢硬인肉수清실거ㄴ얄리 蒙투질미하倭겐고우시시 **軟肉** 연혼 고기 漢軟원肉 수清우후

건얄리蒙쥬걸런미 하倭야와라구시시 **肉塊** 고기ㅅ 덩이 漢肉수塊쾌清얄리달간 蒙미하걸침倭시싱구례 **肉片** 고기 조각 漢肉수片편 清얄리발시

蒙미하꺼석 倭시시가다 **凝血** 선지 漢凝잉血혀清박쟈하열먼 蒙찰쟈후치수倭고무루지 **野味** 들즘성 의고기 漢野여味위清비간 이얄리蒙허거러연

미하倭노겐다 모노노시시 **魚** 믈고기 漢魚유清녀마하 蒙지가수倭우오 **魚鮓** 믌고기젓 漢魚유鮓자清녀마하사가 蒙기마倭시오히기우오 **豆**

腐 두漢豆두腐부清두리며 부후蒙너우푸倭도우부 **菉豆腐** 묵 漢菉루豆두腐 부清리두며후 **豆腐粄** 비지 漢豆두腐 부粄판清

며후이약산蒙더우무 학사지倭도우부가스 **海帶** 다ㅅ마 漢海해帶대清베허蒙달 래연챠간노고가倭곰부 **海菜** 머욕 漢海해菜채清 가넌蒙하넌倭

와가 메 **清醬** 간장 漢清칭醬장清경련미슌 蒙퉁갈락쟝倭쇼우유우 **盤醬** 된장 漢盤판醬장清투민미 순蒙운견쟝倭미소 **乾醬** ㅁ른

장漢乾간醬장清올혼미슌蒙 하구락산장倭호시미소 **醬麴** 메조 漢醬장麴쥐清한두蒙하타 구쿠룽거倭마메고우시 **醬瓜子** 장

漢醬장瓜파子즈清장관蒙장 파ㅊ倭미소나신즈무모노 **香油** 춤기름 漢香향油우清말랑구ㄴ너멍기蒙챠간 마갈링구연토수倭마고도아부라 **蘓**

油 들기름 漢蘓수油우清사할란말랑구너멍기蒙 하라마갈링구연토수倭예고마아부라 **油粄** 배ㅅ묵 漢油유粄자清마 산倭고마노가스 **海**

凍 우무 漢海해氷빙 淸불라뷔부리 倭이도　蜂蜜 뮐 漢蜂봉蜜미 淸힘수 蒙발 倭밋즈　泔水 뜨믈 漢泔간水쉬 淸수란 蒙우가다수 倭고메아라

滷水 고유 漢滷루水쉬 淸담순이시이미 面 倭시오기유루미즈　鹵鰕 권장 漢鹵루鰕하 淸호니가이사가 倭고예비　塩 소곰 漢塩연 淸

醋 초 漢醋추 淸쥬순무커답순 蒙다부수 倭시오　芥末 겨ᄌᆞ 漢芥계末모 淸할기우스이 蒙잇쿨령우수 倭스마르　蒙개무노고간누우러연굴리 倭

料物 고명 漢料랴物우 淸쌀랴순계이시노고 倭안지인떼시모노　醃菜 침치 漢醃연菜채 又醎현菜채 淸나산 蒙나부수투노고가 倭신즈부사이

中飯 중반 江南太倉州凡午餐以上謂之中飯　點心 뎜신 江南嘉定縣以早飯前及午前午後小食爲點心

頓食 둔시 약飯次曰一頓

割烹類

淘米 쌀다 漢淘타米미 淸벌러워럼비 蒙아부다가기 뮈倭메무실리뮈 倭고메이로마시샤　做飯 밥짓다 漢做주飯반 又煮쥬飯반 又弄롱飯반 淸부다아람비 蒙시다계마시샤

悶飯 밥오다 漢悶믄飯반 淸부다후탐붐비 蒙부다가붕닉더굴루뮈 倭메시우메다마시샤　撈飯 밥건지다 漢撈

라飯반 淸부다허럼비 蒙부가가슈구뮈 倭메시스구우마시샤　㿥飯 밥타다 漢㿥야飯반 又歪왜飯반 淸부다타맘비 蒙부다어더뮈 倭메시모루마시샤

肴飯 밥술오다 漢肴간飯반消부다다길람비蒙부다 做法 깅민드다 漢做주湯탕清샤시한야
가쟈사뒤倭메시고시라예마시샤 챠붐비蒙흘리막기뒤倭
시루쓰구 舀湯 탕쓰다 漢舀약湯탕又歪왜湯탕清샤시한왜담 熬粥 죽쑤다 漢熬안粥
루마시샤 비蒙흘리막운후뒤倭시루군데마시샤 주清우안
부다아람비蒙성건부다가 起粥皮 죽에이불지다 漢起기粥주皮피清오롬비蒙우루 熬
키뒤倭가유너루마시샤 머두뒤倭가유니가와나스마시샤
饊子 드람고으다 漢饊산饊내子즈清순채 美飯菜 반찬민드다 漢美름飯반菜채清보오
뒤붐비蒙수부찰가뒤 허다길람비蒙자구시쟈
자뒤倭메시사이 炸菜 노믈티다 漢炸자菜채清천험비蒙부룰라굴 擀麵 국슈밀다 漢
고시라이마시샤 치다 루뒤倭사이나가라나루마시샤 드다 擀
모麵면清우밤비蒙탄한라 和麵 반죽ᄒᆞ다 漢和호麵면清우바쉽비蒙ᄀᆞᆷ子 趕麵 국슈미다
뒤倭스리조구루마시샤 라뒤倭고미조아와셰마시샤
漢趕간麵면清항스비렴 壓麵 국슈눌으다 漢壓야麵면清항스고짐비蒙호로해부 割
비倭소우면오스마시샤 다가타다뒤倭소우면오사유마시샤
肉 고기버히다 漢割거肉수清얄리배탐비蒙미 切肉絲 고기게쓰다 漢切쳐肉수絲스清부룸
하옥톨루뒤倭시시기리마시샤 흐다 비蒙카루뒤倭호소시
기리마시샤 刮鱗 비늘긁다 漢刮과鱗린又打다鱗린清어셤비 打生 회티다 漢打다生승清사
蒙탤술라뒤倭이록구가구마시샤 칼람비蒙키말라
뒤倭나마스 炒肉 고기복다 漢炒차肉수清얄리촐람비蒙미 煮肉 고기숢다 漢煮쥬肉수清
기리마시샤 하하구루뒤倭시시야기마시샤 얄리부쥼비蒙

미하、치나뮈倭시 시나루마시싸

燒肉 고기 굽다 漢燒샤肉수清얄리쓸름비蒙미 하시라뮈倭시시아부루마시싸

榨油 기름 ᄧᆞ다 漢榨자油우清니멍 기고짐비蒙토수、타타뮈 倭아부라오사유마시싸

炒蛋 알 봇다 漢炒챠蛋단又攤탄蛋단清탈람비蒙 일가라뮈倭다망고뎐시뎨마시싸

肥的 기름진고기 漢肥뵈的디清탈훈얄리蒙 탈군미하倭고예루시시

瘦的 기름업슨고기 漢瘦수的디清튼가얄리蒙 투라한미하倭야셰루시시

生的 ᄂᆞᆯ것 漢生승的디清엇훈 蒙루구卅倭나마이

熟的 닉은것 漢熟수的디清우러형거蒙 불록산ᄂᆞᆫ기倭우무모ᄂᆞ

新鮮 처음으로난것 漢新신鮮션清 날훈倭하시 메인데모ᄂᆞ

爛煮 물으게 ᄉᆞᆱ다 漢爛란煮쥬清랄란지부嗇비蒙올보라 탈라치나뮈倭우미슴기나루마시싸

悶蒸 새오다 漢悶믄蒸 종清후탐붐비蒙붕닉더 굴루뮈倭우며다마시싸

攪混 저어 섞다 漢攪갸混훈清우嗇비蒙홀리 뮈倭오시만지와루마시싸

走氣 김나다 漢走두氣 기清숙둔투치거蒙알줄가 루뮈倭깅계인데마시싸

起奮 긔쥬ᄒᆞ다 漢起기奮반又菝바糆 면清어번더두붐비

用盐 절이다 漢用융盐연又加가 盐연清기당비蒙다루 뮈倭시오누라마시싸

稠 되다 漢稠착清두민蒙운 켠倭가다무마시싸

稀 묽다 漢稀히清우안蒙싱 건倭유루이마시싸

温着 데이다 漢温운着죠又熅운一이熅운清원 졉비蒙할라구뮈倭누구메마시싸

烤着 불에 쬐다 漢烤간着죠清뱌쿰비 倭히나호사이마시싸

熬了 달히다 漢熬안了랴清뷔붐비蒙부 찰가뮈倭뎐시뎨마시싸

燎了 그슬이다 漢燎랴了랴清부치할람비蒙 위할라뮈倭ᄆᆞ기리비마시싸

凝了 얼의다 漢凝

三十二

잉了랸 又凝잉定띵 清박잠비 蒙찰차마 倭고무루마시사

拌了 버므리다 漢拌번了랴 又拌번上샹 清부머럼비 蒙쥬구랄두뮈 倭스즈루마시사

湃了 치오다 漢湃패了랴 清위렴비 蒙쉬뮈 倭미즈오도마시사

拔水 어름에치오다 漢拔바氷빙 清쥬허더위렴비 蒙무수두쉬뮈 倭고오리니오도마시사

打水 물깃다 漢打다水쉬 清무커다담비 蒙우수운후뮈 倭미즈구모마시사

舀水 물뜨다 漢舀얀水쉬 清무커왜담비 蒙우수운후뮈 倭미즈굼비마시사

湯滾 물끌타 漢湯탕滾군 又滾군了랴 清부열비 蒙울길후뮈 倭와구마시사

滾過水 끌힌물 漢滾군過고水쉬 清뷔부하무커 蒙부찰각산우수 倭와구노미즈

保晩齋剩簡

二十五

茶酒類

茶 차 通稱 漢茶차 清채 蒙채 倭자 燒茶 차달히다 漢燒샾茶차 又滋탕茶차 清채뮈붐비 蒙채부찰가뮈 倭자텐시레마시서 奶子茶 타 漢奶내子즈茶차 又酥수茶차 清순채 蒙수 芝麻茶 깨차 漢芝즈麻마茶차 清말랑구채 蒙마갈링구채 酒 술 通稱 漢酒작 清누러 蒙다라수 倭사계

酒米飯 지에밥 漢酒작米미飯반 清무수부다 蒙라부다 倭사게즈구루노메시 麴子 누룩 漢麯큐子즈 清후루 蒙하타구 倭구루 고우시

酒醇 술김다 漢酒작醇쥰 清마 ... 倭사게모도 釀酒 술빗다 漢釀양酒작 清누러러붐비 蒙다라라 ... 倭사게즈구루마시다

酒發 술괴다 漢酒작發바 清누러마담비 倭사게우이승기마시사 上槽 술고조 漢上샹槽잘 清에런다 후뉴더서겸비 閣酒 술거르다

漢閣거酒작 又釃스酒작 清누러혈겸비 蒙다라수통가뮈 倭사게고스마시사 榨酒 술뜨다 漢榨자酒작 清누러고침비 蒙다라수다타뮈 倭사게오스마시사

黃酒 술모로은 漢黃황酒작 清경견누러 蒙갈락다라수 倭기요시사게 渾酒 탁주 漢渾훈酒작 又濁조酒작 清하랄 ... 蒙 ... 倭 ...

燒酒 쇼쥬 漢燒샾酒쟉清알키蒙아라키倭야기사계 乾燒酒 간쇼쥬 漢乾샨燒샾酒쟉清하란알키蒙아라키하란倭에이야기사계

鋼頭酒 고조 목술 漢鋼강頭투酒쟉清촐호이누러 水酒 무술 漢水쉬酒쟉清니란누러蒙우솝기다려倭미즈사계 釅酒

미온술 漢釅연酒쟉清하란누러蒙하란다라수倭가라시사계 酒龍多 술물人리만타 漢酒쟉龍룽多도清누러니란蒙다라수우솝기倭사게나미즈노깅가

단도마시사 酒淡 술닙지아니호다 漢酒쟉淡단清누러하탄야쿠蒙다라수하란우게倭사겡가가리시마센 酒糟 지강 漢酒쟉糟잪清역슌蒙샤

룩倭사게가스누가 酒梢子 만믈 漢酒쟉梢샾子즈清시샤倭노지사계

飮啜類

用膳 슈라시다 漢用융膳션清암술람비蒙아무술라뮈倭오템부상가러마시사 用飯 밥먹다 漢用융飯반又喫치飯반清부다졈비蒙부다이더

위倭메시댜베마시사 哈湯 국먹다 漢哈허湯탕清샤시한오임비蒙홀리막우구뮈倭시루다베마시사 嘗嘗 맛보다 漢嘗챵嘗챵清암탈람비

蒙암탈라뮈倭안지미루마시사 食量 식냥 漢食시量량清시신蒙치기쿠倭쇼구료우 餓了 주리다 漢餓오了랸清오미홀롬비蒙쉳버루뮈倭가

스이마시사 飽了 비부르다 漢飽밮了랸清어비허蒙차두바倭하라후도이마시사 愛喫 즐겨먹다 漢愛애喫치清치항가졈비蒙이더귀둘두라태倭

스기다베 마시다
中喫 먹엄즉ᄒ다 漢中중喫치又可거ᄆ쿠清져치야참비家 이더버수조깃대倭다베스룸베기마시다
胡喫 간대로먹다 漢胡

후喫치清발래져비家더메이 더위倭민다리다베마시다
難喫 먹기어렵다 漢難난喫치清져치야챠라쿠家이 더쿠커져구우倭다베마쎄모노
懶

待喫 슬허먹다 漢懶란待대喫치清침기샤머져비家침 家할바갈라위倭사 길란이더위倭오구다루다베마시다
用匙餡 숟가락으로뜨다 漢用융匙츠餡 얀清새빌람비

시샤라云테마시다
用筋夾 저로집다 漢用융筋쥬夾갸清삽갈람비家삽 할라위倭하시샤라와사무마시다
扒喫 쥐어먹다

漢扒파喫치清읍코쏘머져비家살 란이더위倭즈가무다베마시다
餂喫 핥아먹다 漢餂텬喫치清일려머져비家돌로 ㄲ쥬이더위倭너부루다베마시다
吃

喫 아라먹다 漢吃쳐喫치清시미머져비家시 먼이더위倭스우다비마시다
醮喫 찍어먹다 漢醮잔喫치又點뎐喫치清라두 부머져비倭히사스다비마시다

搶喫 아사먹다 漢搶창喫치清두리머져비家불라쥬 이더위倭우바이도루다비마시다
呑下 삼키다 漢呑튼下햐清농겁비 家잘기위倭노미이려

마시다
囫圇呑 왼이로삼키다 漢囫후圇룬呑툰清불람비家 굴구위倭마쏭구노미마시다
含 머금다 漢含한清아숌비家옴 쿠위倭후구무마시다

嚼 씹다 漢嚼쟈清냥굼비家자 길루위倭가무마시다
齦 너흘다 漢齦큰清냐놈비家거멸 리위倭구잉가무마시다
吐 토ᄒ다 漢吐투清부담 비家굴기위倭

하기인다 스마시다
噎住 목메다 漢噎여住쥬清칠검비家거걱 러위倭논도즈미나다
卡住 막히다 漢卡캬住쥬清시부 허비倭노도후셍구

마시仐

嗆着 사리드다 漢嗆창着죠清셩서렴비家챠 챠위倭논도가례고시仐

消化 먹은것스기다 漢消산化화清셩겹비 家십구위倭비모농

가기유류 마시仐

膩住 늬흐다 漢膩이住쥬清올롬비 倭아부라즈구마시仐

喫過 먹엇다 漢喫치過고清져거家이 더버倭다비시마시仐

偏過 몬져먹엇다 흐는겁스 漢偏편過고清져거허비家이 더버倭사기나다비시마시仐

口饞 입다 漢口쿠饞찬清앙가가 불라家아마잘키다倭

구지아마 이마시仐

嘴廉 입결으다 漢嘴쥐廉렴清앙가비쇼家아 마쳐벌倭구지세이렌마시仐

牙醋 니싀여곱다 漢牙야醋추清나 날삼비家하바뮈

倭향가스 이마시仐

嗓子閣刺 가싀결리다 漢嗓상子즈閣거刺츠清하감비家하 하위倭우오호녕가가가루마시仐

香 고소나 漢香 향清

왕가家우눈샌倭 고움바시마시仐

甘 드다 漢甘감清잔츄훈家암 래한倭아마이마시仐

辣 맵다 漢辣라清불면家고소 곤倭가라시마시仐

鹹 딱다 漢鹹 현清

하두훈家올倭시 옹가라시마시仐

淡 슴겁다 漢淡단清니한家우흡키 倭시옹가나이마시仐

酸 싀다 漢酸쇤清쥬슈훈家코 치데倭스이마시仐

苦 쓰다 漢苦구清고시훈家가 시군倭닝가무마시仐

葷 누린다 漢葷훈清쿵숀家경시군倭 나락구나오이인데마시仐

腥 비린다 漢腥싱清니츄훈家 닐로곤倭나망구사

러마 시仐

臭 더럽다 漢臭추清와훈家위머 게倭기다나이마시仐

澀 떫다 漢澀시清벼츄훈家어 거군倭시부루마시仐

氣到 쉬다 漢氣키到 닾清녁더

거비家니실지倭 나맛다마시仐

墋氣 악거 漢墋츤氣키清어허숙둔 家위머게倭아시시경계

臊氣 노린내 漢臊산氣키清붕산 家십룰倭나망구사

리어 오이

燎胡氣 누른내 漢燎랴胡후氣키清학사하와 蒙학시지우눌倭야기니오이

疾病類

病 병 漢病빙清니머쿠蒙 어벌치倭야마이

病了 병드다 漢病빙了랴又有우病빙清니멈비蒙 어벌친쿨더뮈倭야마이이례마시싸

證候 증후 漢證징候후清니머쿠 이서견倭야마이깅데

害病 병알타 漢害해病빙清니머쿨럼비蒙 어벋두뮈倭이다미마시싸

身子不快 몸셩치 못ᄒᆞ다 漢身신子즈不부快괘又身신上샹久건安안清버여 치하쿠蒙버여거너븓커뮈倭밍가요우나이마시싸

慣病 병ᄌᆞ로드다 漢慣관病빙又肯근病빙清니머쿠더다루부하비倭 야마이사이사이이마시싸

病重 병즁ᄒᆞ다 漢病빙重중清니머쿠우절러허蒙어 벌친쿤툰치倭야마이싱고꾸마시싸

病少問 병머ᄒᆞ다 漢病빙少샨間견清니머쿠자가라하蒙어벌 친잡살라바倭야마잉가지쏘여이마시싸

病好了 병낫다 漢病빙好한了랴清니머 구여버오호蒙어벌친일라리 불바倭야마이나오루마시싸

感冒 감긔드다 漢感깐冒맏清샤후라카비蒙토 모고라지倭가이계이례마시싸

頭疼 마리알타 漢頭투疼틍清우쥬니멈비蒙돌로 개여벋두뮈倭가미이다미마시싸

頭眩 마리어즐ᄒᆞ다 漢頭투眩횬又頭투暈윤清우쥬 렬럼비蒙돌로개열기뮈倭가미 마이만 시싸

心疼 가슴알타 漢心신疼틍清뱌上샹카니멈비蒙아요 올러해어벋두뮈倭무더이미마시싸

肚子疼 빈알프다 漢肚두子즈疼

등清허벌리나멈비蒙거별리어
번두뒤倭화라이다미마시싸

眼疼 눈알프다
漢眼연疼등清야사나멈비蒙나
둔어번두뒤倭예이다미마시싸

中風 중풍
漢中중風봉清어둘러허비
蒙서구덛두지倭쥬우호우

瘟病 염병
漢瘟운病빙清거리나머쿠
蒙키직倭하야리야마이

傷寒 상한
漢傷상寒한清

할카시蒙할라군
카직倭쇼우간

癨亂 곽란
漢癨호亂뤈清홀롱소
나머쿠倭즈루미마루

泄瀉 설사흐다
漢泄셔瀉셔清소솜비
蒙퀼거뒤倭하랑가군

다리마
시싸

癎疾 질알
漢癎현疾지又羊양먀갸風봉清반차쿠나머
구蒙우굳쿠거치어벌친倭구루이야마이

瘧疾 고곰
漢瘧요疾지
又半반日이

病빙清인더헌나머쿠蒙
슬쿠거어번친倭오고리

痢疾 니질
漢痢리疾지清일힌나머쿠蒙
몰호다수어번친倭리치보우

痰火 담화
漢痰탄火
호清어둡

러허나머쿠蒙서구텬투
어번치倭가스바기히

痨喘 천만
漢痨랖喘촨清하후
蒙킬키러倭셔기

咳嗽 기춤
漢咳커嗽수清부치
한蒙하나뒤倭시와

부
기

乾嗽 보른기춤
漢乾간嗽수清경신蒙겅
시뒤倭가와슉시와부기

嘔氣 구역
漢嘔우氣키又噁어心신清어열
셔蒙두라불리뒤倭하구강계

嘔吐 구토
漢嘔우吐투清옥심비
蒙부닐지뒤倭하구

疝氣 산증
漢疝산氣키清날훈나머쿠
蒙나린어번친倭산죠우

麻病 자라노병

漢麻마病빙清부러나머쿠蒙운
타라후어번친倭나예루야마이

咽喉吊了 목젓지다
漢咽연喉후吊댜了랴清거쿠투
허거蒙호골라연어뎐우나뒤倭

논도지낭가
이마시싸

嗓子啞了 목쉬다
漢嗓상子즈啞야了랴清벌하시븟훈
蒙호골라수겅기倭고예가례마시싸

耳聾 귀먹다

漢耳垈聾룽淸ᄯᅳ두투蒙우달릭倭미미즈부마시ᄯᅡ

肉戰 살썰리다 漢肉우戰젼淸카시샤비蒙타다위倭하다예후루루마시ᄯᅡ

瘋了 밋치다 漢瘋

봉ᄀ랑淸부다시홀라하비蒙갈자귀라위倭깃징가이마시ᄯᅡ

發暈 어즐ᄒᆞ다 漢發바暈윤淸덜럼비蒙얼기위倭깅가마이마시ᄯᅡ

發熱 발열ᄒᆞ다 漢發바熱셔又潮챠熱셔淸원졈비蒙할라구차위倭아즈이밧스루마시ᄯᅡ

黃瘦 병드러여외다 漢黃황瘦수淸니머머ᄐᆞᆯ가오호蒙투라한倭야마잉가이레뎨야세루마시ᄯᅡ

瘦乾 척골ᄒᆞ다 漢瘦수乾간淸얍삼비蒙시구위倭호뎌가와구마시ᄯᅡ

酸疼 싀근싀근ᄒᆞ다 漢酸쉬疼등淸싱감비倭스이스이이다미마시ᄯᅡ

癤子 부우름 漢癤져子ᄌ淸니샬간蒙하다키倭녀부도

出瘡 죵긔나다 漢出츄瘡장淸요오남비蒙야라투위倭가사인데마시ᄯᅡ

發背 등창 漢發바背븨又背븨疽쥬淸할다요오蒙아룬누야라倭세나가가사

水盅病 노올병 漢水쉬盅구病빙淸바당가니머구倭마요와스야마이

楊梅瘡 당옴 漢楊양梅믜瘡장又天텬疱반瘡장淸니간요오蒙쟝야라倭가라가사

瘰癧 년쥬창 漢瘰로癧리淸칠친蒙불칠해倭든즈비다마노가사

痔瘡 치질 漢痔지瘡장淸더루요오蒙훌티야라倭시리사기녀부도

馬爵瘡 엽아귀허다 漢馬마爵조瘡장淸하달라요오蒙아마개야라倭구지가우가사네마시ᄯᅡ

疥瘡 옴 漢疥계瘡장淸허두蒙뇌탄하마구倭히뎅가사

遍瘡 두로허다 漢遍변瘡장淸비러머요오남비倭마와루가사인티마시ᄯᅡ

瘡出頭 창부리짓다 漢瘡장ᄒᆞ는頭투淸앙가투치커蒙아마가루위倭가사구지바싱가나스마시ᄯᅡ

跳膿疼 곪무

려알타 漢跳坒膿눙疼등清루심비倭우미시루나스다이이다미마시따

腫、了 붓다 漢腫중了랴清에빔비蒙하부두뮈倭후움기

濃水 고롬 漢濃농水쉬清나키蒙이더거倭우미시루

黃水 물진 漢黃황水쉬清술라蒙시라우수倭가사、미즈

破腫 파종ᄒᆞ다 漢破포、腫중清부텀범비蒙라발루뮈倭너부도、야부려、마시따

瘡破了 부으름터지다 漢瘡창破포了랴清부서져허蒙라바라바倭너부도、홍게다、마시따

擠腫 부으름ᄧᅡ다 漢擠지腫중清요오、시림비蒙하다기시하위倭너부도오스、마시따

瘡坐痂 더뎅이지다 漢瘡창坐조痂갸清훌허너허비蒙하가지투지倭가사、후다、나스、마시따

瘡口、平 창암그다 漢瘡창口쿠平핑又瘡창收삭口쿠清죠힘비蒙아나뮈倭가사이유루、마시따

瘡痂 더뎅이 漢瘡창痂갸清훌허蒙하가지倭가사、후다

瘡疤 허믈 漢瘡창疤바清발툰蒙솔비倭가사노、기스

成疤 허믈지다 漢成칭疤바清발투나하비蒙솔비투뮈倭가사노、기스、나스、마시따

鷄眼 발의티눈 漢鷄기眼연清너마하야사蒙어뵨倭아시노우오메

寒粟子 소을옴 漢寒한粟수子즈清죠코、얄리

血蔭 피지다 漢血혀蔭인清성기우람비蒙치수누지러뮈倭지나스、마시따

鬼飯疙疸 두더러기 漢鬼귀飯반疙그疸단清에분倭오로까

花兒 역질삭 漢花화兒술清소갸蒙부투倭호우소우노호

水痘 ᄯᅳ러 漢水쉬痘두清모요蒙홈호로오、혹지라뮈倭지사이호우소우

出花兒 역질삭뵈다 漢出츄花화兒술又見현苗먀清카룬、사붐비倭호우소우노홍가미마시따

灌漿 관롬ᄒᆞ다 漢灌권漿쟝清아얄람비倭우미시룽가이레마시

ᄉᆞ다

落痂 락가ᄒᆞ다 漢落로痂갸清슈후리사함 비倭가사후다,오지,마시ᄯᅡ

痘回了 역질도녀다 漢痘두回휘了랴清마마,마림비蒙이거절거히키,위倭호우소우,마와리마시ᄯᅡ

送痘 ᄉᆞᆼ신ᄒᆞ다 漢送숭痘두清마마,부덤비蒙이거절거우더위倭호우소우,오고리,마시ᄯᅡ

癬 버좀 漢癬션清볕련蒙일리투倭가레,야마이

起疿子 ᄯᆞᆷ도야기나다 漢起키疿뵈子즈清네,요오,덕더허蒙부수록,야라,덕더버倭아세호안테마시,ᄯᅡ

起糨子 덕다 漢起키糨걍子즈清소넘비蒙셜버구투위倭가다후,마시ᄯᅡ

鬼䰢 덕회 漢鬼귀䰢훈清부철리,너버쿠倭오니,다마시이이레노,야마이

馬牙子 ᄯᆞᆷ니 漢馬마牙,야子즈清모린웨허蒙무텔수투자

惡指 생손 漢惡어指즈清숩훈철휘너허비蒙후루구,쿠케두위倭유비,너부도

閃腰 허리마ᄆᆞᆺ다 漢閃션腰요清다라,골로호蒙요쿠덜버倭고시,히라베구,마시ᄯᅡ

齣唇 입시울불웃다 漢齣견唇쥰清열퍼너허비蒙돌로불두위倭구잠비루,야와마시ᄯᅡ

生耳底 귀엿나다 漢生승耳술底디清샨술훈비蒙치키불하투위倭미미,지인테마시ᄯᅡ

蛔虫 회충 漢蛔회虫충又饒찬虫충清우서미다간倭미미스

狐臊氣 암내 漢狐후臊샆氣키清골롱소와蒙호롱수倭기즈네노너오이

紅點瘡 솔 漢紅훙點뎐瘡찯清뉴허요오蒙치누,야라

鞭根痕 매ᄉᆞ자곡 漢鞭볜根근痕흔清쿠별헌蒙쿠버러倭즈예기스

胎裡病 비안예병 漢胎태裡리病빙清헙쿠이너머쿠蒙이것,산,어번치倭하라,우지노,야마이

戳刺 가싀박히다 漢戳조刺ᄎᆞ三ᄎᆞ,누캄비蒙한후위倭넘바라,삿스,마시ᄯᅡ

傷青 프ᄅᆞ다 처르다 漢傷샹青칭又青칭腫중清또

룸비蒙쿠거루뮈倭야부루뤼아오이마시싸 擦破油皮 피즈버서지다 漢擦차破포油우皮피清옹가잠비蒙실부라뮈倭가왕가늉기마시싸 燎

泡 데여부프다 漢燎랴泡포清부허너허비蒙츄부리구뒤뮈 紅爛眼 눈즈믈으다 漢紅홍爛란眼연清불라타蒙칠벙 生眼丹

두라치 漢生숭眼연丹단又針진眼연清징갸蒙어보독倭메녀부도 搔癢 마려온되다 漢搔산癢양清와삼비蒙마가지뮈倭가유이도고로오가구마시싸

雀目眼 밤눈몯보는병 漢雀초目무眼연清츄쿨루倭요루미맛옌야마이 黑子 사마귀 漢黑허子즈又黶연子즈清삼하蒙멍거倭임보

黃子 무사마귀 漢黃황子즈清와얀삼하蒙시라멍거倭미즈임보 米口伬 쥐젖 漢米미口쿠伬대清싱거리후훈 白癜風

박낙 漢白버癜뎐風봉清차라나하비蒙알락머려倭나마스 雀瘢 주근깨 漢雀초瘢뫈清멸선蒙섭거

殘疾類

癭袋 혹 漢癭잉袋대又癭잉疸단清넝단蒙아식倭곰부 癭頷子 목에혹도든놈 漢癭잉頷보子즈清칠치나하날마蒙아식갈라후쿤倭구비

니곰부인데모노 歪頷子 목기온놈 漢歪왜頷보子즈清인투후蒙킬질倭구비가다후구모노 矮子 난장이 漢矮애子즈又天텬不부高갇

清마쟌蒙작쟈갈倭짐바리 瘋漢子 미친놈 漢瘋봉漢한子즈清멀라하날마蒙갈자구라지倭깃징가이모노 聾子 귀먹은놈 漢聾룽子즈清

산두두家둘레倭
미미즈부모노

糟鼻子 코쥬부漢糟잔鼻비子즈又齇자鼻비子즈
淸입뤼너허오보로倭아가이하나

鷹嘴鼻 매부
리漢鷹잉嘴쥐鼻비淸가훈엉게
코오보로倭다가구집바시하나

齆鼻子 코먹은놈漢齆웅鼻비子즈淸오보로
시부훈倭하나즈부모노

豁唇子 저
언청漢豁호唇츈子즈淸옴쵸
이코蒙서터러케倭잉구지

疤子 곱댱漢疤토子즈又鷄기胸흉淸
이북두蒙학투굴倭세무시

踮子 저
는놈漢踮뎜子즈又地디不부平핑淸
도홀로蒙도끌랑倭짐바모노

龜腰子 등구漢龜귀腰야子즈淸훈두蒙커
븐놈두굴倭세나가망가루모노

啞子 벙어漢啞야子즈又啞야吧바淸
리헐러蒙헐러게倭구지오시

嘴僵子 반벙漢嘴쥐僵강子즈淸부부
어리연倭나가라구지오시

結吧子 더듬어漢結지吧바子즈淸험퍼蒙어
리ᄂᆞᆫ놈거러머倭구지도모루모노

瞎子 눈먼漢瞎햐子즈淸도고蒙
놈쏘홀倭메구리모노

矇子 청漢矇뭉子즈淸경련츄쿨루蒙
맹하랄간倭히도메나이모노

瘸肐膊 팔펴지못漢瘸궤肐그膊보淸다둔蒙
ᄒᆞᄂᆞᆫ이타길倭운데노베란모노

瘸手 손펴지못漢瘸궤手싞淸가방蒙
ᄒᆞᄂᆞᆫ이토길倭데노베란모노

羅圈腿 무릅펴지漢羅로圈권腿퉤淸퉁
못ᄒᆞᄂᆞᆫ이기蒙태다갈倭히산노
베란
모노

斜眼的 눈흘漢斜셔付眼연的디淸캐카다
빈이蒙달리킬倭메용고이모노

鴨脚 안쨩쬬漢鴨야脚쟈淸도시
발이캐치蒙태다갈倭가
모스텨고
도수아시

鱉脚 밧쨩쬬漢鱉비脚쟈淸캐치蒙태바갈
발이倭마가메스텨고도수아시

望天子 텬상보漢望왕天텬子즈淸
라기

온죠혼하리倭소
리,아옹굿모노

醫藥類

醫治 병고치다 漢醫이治치淸니머쿠다삼비蒙엄 칠러뒤倭야마이오사마루,마시다 診脉 믹보다 漢診진脉머又着칸脉머 淸수달라자밤비蒙수다

수바리뒤倭지
손지미마시다 救療 구료ᄒᆞ다 漢救구療료淸애투붐비蒙텅쿠러 굴루뒤倭다스계나오루마사다 將息 됴리ᄒᆞ다 漢將장息 시淸니머

쿠우짐비蒙어버친더지
거뒤倭요우죠우,마시다 藥方 약방문 漢藥요方방淸다살간蒙엄 팡스倭구스리가기노후미 用藥 약쓰다 漢用융 藥요淸

옥토배탈람비蒙엄기려러
뒤倭구스리즈끄우마시다 藥材 약지 漢藥요材채淸옥토 蒙엄倭구스리사이 配藥 약짓다 漢配픠藥요淸 옥토아차붐비

蒙엄키뒤倭구스
려즈구루마시다 喫藥 약먹다 漢喫커藥요淸옥토오밈비蒙엄 우구뒤倭구스리노미마시다 搽藥 약브ᄅᆞ다 漢搽차藥 요淸옥토

이죱비蒙엄틀키뒤倭
구수리누리마시다 剉藥 약싸ᄒᆞ다 漢剉초藥요淸옥토죱비蒙엄 걸치뒤倭구스리기리마시다 碾藥 약ᄀᆞ다 漢碾넌 藥요又

磨모藥요淸옥토녈럼비蒙엄붇
루다뒤倭구스리동게마시다 熬藥 약달히다 漢熬와藥요淸옥토뷔봄비蒙엄부 찰가뒤倭구스리뎐시예마시다 湯

藥 탕약 漢湯탕藥요淸뷔부러옥토蒙 부찰가후,엄倭와구노구스리 膏藥 고약 漢膏간藥요淸옥퇴아봐 하蒙가오,요倭고우야구 丸藥 환약 漢丸

원藥요 淸무할란옥 土蒙완스엄 倭다마구스리

錠子藥 뎡ᄌᆞ약 漢錠뎡子ᄌᆞ藥요 淸발실라하옥 土蒙거럭런엄 倭즈가구스리

引子 인ᄌᆞ 漢引인子ᄌᆞ 淸옥퇴야루간 蒙엄우두린후니키 倭구스리미지히기모노

一服 ᄒᆞᆫ복 漢一이服부 淸어무우훈이옥토 蒙니거오보달엄 倭구스리이지보구

一丸 ᄒᆞᆫ환 漢一이丸원 淸어무부할란 蒙니거부룰차 倭구스리이지다마

下針 침주다 漢下하針진 淸나말람비 蒙하나뮈 倭하리다 떼마시다

灸 ᄯᅳᆷ질ᄒᆞ다 漢艾애灸구 又灸구了랸 淸쉬하신담비 蒙투거너탈비뮈 倭야읻도마시다

艾焙 ᄡᅳᆨ짐ᄒᆞ다 漢艾애焙픠 淸쉬할랍비 倭요몽기아부루마시다

拔火鑵 ᄯᅳᆷ단지ᄒᆞ다 漢拔바火호鑵권 淸슈간고침비

得了汗 ᄯᆞᆷ내다 漢得더了랸汗한 又出츄汗한 淸네갬비 蒙석볼바 倭아셰인데시마시다

盪汗 ᄯᆞᆷ흐르다 漢盪탕汗한 淸네어염비 蒙쿨루수우수루뮈 倭아셰낭가루루마시다

甦醒 되ᄭᆡ다 漢甦수醒싱 淸애투하비 蒙뎡주러지 倭사메가예루마시다

卜筮類

着命 팔ᄌᆞ보다 漢着잔命밍 淸허스분투왐비 蒙후비조갈우저뮈 倭우마려즈기미마시다

卦鋪 팔ᄌᆞ보논져ᄌᆞ 漢卦과鋪푸 淸허스분투와라바 蒙우졀내치쿤누푸스 倭우마려즈기미루노이지

賣卜 졈ᄒᆞ다 漢賣매卜부 又賣매卦과 淸보요돈운참비 倭우라나후우리마시다

抽簽 사슬ᄲᅢ히다

漢拙착簽쳔清시바타탈비蒙시바가타타뮈倭구사리눙기마시다

命定 팔ᄌᆞ 졍ᄒᆞᆫ 漢命밍定딩清투토호허스분蒙투토산、쟈야간倭사다메보우마례즈기

命金 팔ᄌᆞ보는갑 漢命밍金긴又命밍錢쳔清비턴투와하、바사蒙후비죠갈、우

卦錢 졈치는갑 漢卦과錢쳔清보요돈이、바사倭우라나후노、아다이

索日 퇴일ᄒᆞ다 漢索새日이清이넝기손좀비蒙어둘숑고뮈倭너지、예람비마시다져쿠우너倭우마례즈기미루노아다이

梳篩類

梳頭 마리빗다 漢梳수頭투又挖괴頭투清우쥬이짐비蒙톨로개삼나뮈倭구시、히기마시다

散頭髮 마리프다 漢散산頭투髮바清부녀허신비蒙우수탈비뮈倭가밍계동계마시다

綰頭髮 마리땋다 漢綰완頭투髮바又約요髮바清부녀허쇼옴비蒙톨로개재두뮈倭가밍계무숌부、마시다

編頭髮 마리닷다 漢編변頭투髮바清부녀허이삼비蒙톨로개、구루뮈

辮子 다흔것 漢辮변子즈清숀쵸호

纘子 샹토 漢纘

抿頭 마리ᄀᆞ다 漢抿좌頭투清우쥬、우삼비蒙톨로개마가지뮈倭가미、가구마시다

掐頭 마리직이다 漢掐캬頭투清우쥬、

刮風屑 비듬ᄀᆞᆰ다 漢刮과風봉屑셔清호소리、우삼비倭후계가구마시다히타후삼비倭가미、즈메삿스마시다

百齒霜 빗에셔 漢百

剃頭 마리싹다 漢剃티頭투清우쥬부심비蒙톨로개쥬루뮈倭가미、소리마시다버齒ᄎᆞ霜솽清열허더개부하、벌런倭구시노、아가

洗臉 ᄂᆞᆺ싯다 漢洗

시臉련清더러오봄비蒙니 굴우가뮈倭죠우즈마시다 **洗澡** 모욕ᄒᆞ다 漢洗시澡잔清어비셤 비倭미아라이마시다 **漱口** 양치질 漢漱수口쿠清앙가

실갼비蒙아마쟐루뮈 倭요우지미즈마시다 **刷牙齒** 니닥다 漢刷쇄牙야齒츠清웨허다삼비蒙 시두자사뮈倭하밍가기마시다 **打扮** 비

다漢打다扮반清마밈비蒙 치머뮈倭간사리마시다 **包網子** 망긴쓰다 漢包반網왕子즈清수바투 어툼비蒙왕스어무수뮈 **梳粧** 단장 漢梳

수粧좡清야미간蒙 치머거倭단소우 **戴花冠** 화관쓰다 漢戴대花화冠관清일항가마하툰 어툼비蒙村척말라가어무수뮈 **戴髮髻**

적계漢戴대髮디髻기 쓰다清쇼쇼쿠어툼비 **花翠** 마리에 ᄭᅩᆫ곳 漢花화翠취清쥐일하 倭가미나이지와하나 **首帕** 마리덥 노슈건 漢首쇼帕파清슈반

蒙캡倭가미후가 세노뎨농ㄲ이 **臉罩** 면사지리 漢臉련罩잔清인 蒙킵려굴 **笓了** ᄎᆞᆷ빗질ᄒᆞ다 漢笓비了랴清멸혐비倭 마고도노구시히기마시

다 **照鏡** 거울보다 漢照쟈鏡깅清불러쿠셤비蒙툴 릴라뮈倭강가미미루마시다 **搽粉** 분바르다 漢搽차粉분清변이좁비 倭시로모노누리마시다

抹胭脂 연지ᄇᆞ르다 漢抹모胭연脂 즈清뱐아좁비 **描眉** 눈ㅅ섭짓다 漢描먀眉믜清배탄녀룸 비倭마유즈구루마시다 **插簪**

빈혀漢插차簪잔清시빔비蒙한훌 ᄭᅩᆺ다라뮈倭간사시이지와마시다 **扣牙** 니ᄡᅡ시다 漢扣쿠牙야清웨허토코 옴비倭하삿스마시다 **空耳朶**

귀여지漢空와耳숼朶도又取ᄎᆔ耳술矢스清후 내다 수리갭비倭미미소구노아가예마시다 **修指甲** 손돕다 漢修식指즈甲갸清 똡다 히타훈다삼비倭뎨

즈메기리 마시사

修脚 발뚬다 돔다 漢修식脚교清번허히타훈다 삼비倭아시즈메기리마시사

絟脚 발동이다 漢絟솬脚교清번허보힘비

上頭 상투 江南嘉定縣謂男女冠笄

𨗊幅 변부 修整容貌也

鏡奩類

鏡臺 경대 漢鏡깅臺태清불러쿠하스倭가가미다이

頭面 슈식 漢頭투面면清유쥐먀미간蒙치머倭가미유우

簪子 잠 漢簪咎子즈

簪子 丕清시빙쿠倭간사시

釵子 빈혀 漢釵차子즈清채스蒙한훈倭공가녀간사시

串子 동곳 漢串천子즈清보호로시빙쿠

額綹 계집 마에두 漢額여綹子清르노데허허이가다쿠

鬢釵 계집의귀밋헤쯧는빈혀 漢鬢빈釵차清솔루이채스

耳環 귀에거는골의 漢耳쉳環환清산이우허

釧子 팔쇠 漢釧쳔子즈又手식鐲조清섬런 권蒙갈룬바고치倭운뎨가녀

戒指 가락지 漢戒계指즈清귀분蒙불러적倭유빙가녀

耳

空子 귀우개 漢耳쉳空콩子즈又耳쉳匙츠清산버터쿠蒙치긴우우후굴倭미미가구오노

耳墜子 귀여골 漢耳쉳墜쥐子즈清안촌蒙쉬

鏡子 거울 漢鏡깅子즈清불러쿠蒙툴니倭강가미거倭미미가녀

梳子 어레빗 漢梳슈子즈清이지분蒙삼倭우도기구시

篦子 츰빗 漢篦비子즈清멸허倭김비시구시

鑷子 족집개 漢鑷녀子즈清하비라쿠蒙침키굴倭네눙기

刷牙 니닥는사즈 漢刷솨牙야清웨허실갸쿠

三8b

즈메기리 마시사

修脚 발돕다 漢修슈脚교 清번혜히타훈다 삼비 倭아시즈메기리마시사

絟脚 발동이다 漢絟쏸脚교 清번허보힘비

上頭 상투 江南嘉定縣謂男女冠笄

逼幅 변복 修整容貌也

鏡奩類

鏡臺 경대 漢鏡깅臺태 清불러쿠하스 倭강가미다이

頭面 슈식 漢頭투面면 清유쥐야미 간 蒙치먹 倭가미유우

簪子 잠 漢簪즌子즈 蒙시빙쿠 倭간사시

釵子 빈혀 漢釵차子즈 清채스 蒙한훈 倭공가녀간사시

串子 동곳 漢串쳔子즈 清보홀로 蒙시빙쿠

額子 계집의 너마에두ᄂᆞᆫ것 漢額여箍구 清허허이가다쿠 르ᄂᆞᆫ데

鬢釵 계집의 귀밋 漢鬢빈釵차 清헤쌋ᄂᆞᆫ비허 쇼루이채스

耳環 귀에거ᄂᆞᆫ골의 漢耳얼環환 清샨이우허

釧子 쏠 漢釧쳔子즈 又手식鐲조 清섬런 蒙갈룬바쿱치 倭운뎨가녀

戒指 가락지 漢戒계指즈 清귀분 蒙불러젹 倭유빙가녀

耳 [illegible]

空子 귀우개 漢耳얼空콩子즈 又耳얼匙츠 清샨비터 蒙치긴누우후굴 倭미미가구모노

耳墜子 귀엿골 漢耳얼墜쥐子즈 清안쥰 蒙쉬

鏡子 거울 漢鏡깅子즈 清불러 蒙톨니 倭강가미 倭미가녀

梳子 어레빗 漢梳슈子즈 清이지분 蒙삼 倭우도기구시

篦子 춤빗 漢篦비子즈 清멸허 倭김비시구시

鑷子 족집개 漢鑷녀子즈 清하비라 蒙침키굴 倭게능기

刷牙 니닥ᄂᆞᆫ사ᄌᆞ 漢刷쇄牙야 清위허실가쿠

牙叉兒 니쑤시개 漢牙야叉차兒슬淸웨허토코쇼쿠倭하스기산스보노 牙籤筒 니쑤시개집 漢牙야籤쳔筒퉁淸캐치리倭하스기산스보노야

胰壺 비노통 漢胰이壺후又膩이子즈盒허淸시사우방이호스倭안조기노고오게 肥皂 비노 漢肥뵈皂잪淸시사우방倭안조기노고

香膩子 향비노 漢香향膩이子즈淸할만倭고우안조기노고

手記 수기 江南徽州府謂指環

床帳類

椅子 교의 漢椅이子즈淸너커쿠물란蒙산달러倭고싱가계 卓子 상 漢卓조子즈淸더러蒙시러거倭즈구베 板凳 반등 漢板반凳등淸반단蒙반당倭

杌子 등상 漢杌우子즈淸물란蒙이서리倭가계유가 杌墩 안식 漢杌과墩둔淸너거러칠쿠蒙두시쥬더러倭요리가가낭가이유가

床 평상 漢床좡又涼량床좡淸버슨건蒙이커시러거倭혜이유가 帳房 장막 漢帳장房방淸매칸蒙부털倭죠우마구 圓壇 ……루노마구라

房 담장 漢圍원牆쟝房방淸몽고보오倭오우다죠우마구 木圈頂 장막곡지 漢木무圈권頂딩淸매칸이토노 帳子 장 漢帳장子즈淸멍스蒙끌쿠倭노렌

蚊帳 모기장 漢蚊운帳장淸장판倭가노렌 圍屏 병풍 漢圍위屏핑淸휘천혀蒙달담치倭뵤우부 障子 족자

漢幛장子ᄌ清바단리쿠蒙
쟝혼누할합치倭가비예

簾子 발 漢簾련子ᄌ清히다蒙어 구녀할합치倭슨다려

煖簾 겨올의치 넌문쟝 漢煖넌簾

련清명서쿠蒙할라 군쟈마倭몬도련

鋪盖 부자리 通稱니 漢鋪푸盖개清지버훈석터분蒙 쿤질러올복倭후스마또후돈

褥子 요 漢褥우子ᄌ清

시허蒙올 복倭후돈

坐褥 방석 漢坐조褥우清석터 분蒙더벗걸倭연자

被兒 니불 漢被븨兒얼清지버훈 蒙쿤질러倭후스마

枕頭 벼개 漢枕진頭투清칠쿠 蒙더러倭마구라

枕頭頂 벼개모 漢枕진頭투頂딩清칠쿠 이오요倭마구라간도

氈子 담 漢氈젼子ᄌ清쟈부蒙이 서게倭모우련

毯子 총담 漢毯탄子ᄌ清시자이계비누 蒙길가수아서게倭메무시루

涼席 돗 漢涼량席시清지리蒙 나린치길수倭무시로

席子 삿 漢席시子ᄌ又蘆盧루席시清덛 히蒙치길수倭다메무시로

罽子 털로 전담 漢罽기子ᄌ清계비수蒙이 서게倭메오리스무시로

衣架 옷거리 漢衣이架갸清굴본蒙 탈비줄倭기모노가나

帽架 갓거리 漢帽맢架갸清마할라 투커쿠蒙말라가열줄

脚踏 답뎡 漢脚꺄踏다 踏다清

버후헌倭아시 후무노이다

[illegible]

頂幔 딩먼 分州亭鄉縣 稱氷座者

蘊頭 수투 江南蘊州府謂絲帨之崇爲 蘊頭流蘊者緝爲尾垂之若 流以其崇下 垂故曰蘊

蘆發 루바 葦席也

柀鑑 우란 江南嘉定縣呼小兒臥具 卽竹器以息小兒者也

器用類

鍋 가마 漢鍋고 清무헌 蒙도고 倭가마

小鍋 솟 漢小샤鍋고 清하츄 한 蒙툴보고 倭나베

鑼鍋 노고 漢鑼로鍋고 清룽고 蒙연구쿠 툴보고 倭간나베

甁子 독 漢甁강子즈 清양가라 蒙강 倭가메

㙮子 항 漢㙮탄子즈 清부둔 蒙부둥 倭호솟즈보

盤子 반 漢盤펀子즈 清알리쿠 蒙텁시 倭마루반

盔子 소라 漢盔픈子즈 清펑스 蒙펑스 倭가나오기

磁椀 사발 漢磁츠椀완 清모로 蒙아야가 倭자완

鑵子 단지 漢鑵권子즈 清탐스 蒙룽호 倭약관

楪子 접시 漢楪뎌子즈 清빌라 蒙필라 倭사라

鍾子 죵ᄌᆞ 漢鍾중子즈 清훈타하 蒙초모 倭고뎬모구

澡盆 목욕호노소라 漢澡잔盆픈 清어비셔러오톤 蒙우캬후텁시 倭미아라이가나오기

洗臉盆 셰슈소라 漢洗시臉련盆픈 清더러오보쿠 蒙너굴가투라 倭조우즈가나오기

酒壺 호병 漢酒작壺후 又 酒작甁핑 清말루 蒙후빙 倭도구리

背壺 쥬합 漢背뵈壺후 清쿠쿠리 蒙쿠쿠울 倭사게쥬우하고

執壺 귀도병 漢執지壺후 清갈랑가탐핀 蒙바리굴두후빙 倭미미아루도구리

噴壺 화조에믈주노병 漢噴픈壺후 清부수쿠 蒙우수루후후빙 倭스이후

夜壺 요강 漢夜여壺후 清시더러탐킨 蒙시거후후빙

銅銚子 쥬젼ᄌᆞ 漢銅퉁銚댜 清누러뢰보쿠 蒙다라수부찰가후사바 倭됴우시

茶鑵 차관 漢茶차鑵권 清채쌀하 蒙채부찰가후사바 倭자관

茶銚子 차젼ᄌᆞ 漢茶차銚댜子즈 清채뢰부쿠 蒙채부찰가후사바

小口甁 소용 漢小

器用類

鍋 가마 漢鍋고 蒙도고 清무쳔 倭가마 小鍋 소 漢小쇼鍋고 清하츄 蒙툰보고 倭나뻬 鑼鍋 노고 漢鑼로鍋고 清룽고 蒙연구쿠툴보고 倭간나

뻬 甁子 독 漢甁강子즈 清앙가라 蒙강 倭가뻬 罎子 항 漢罎탄子즈 清부둔 蒙부퉁 倭호숏즈보 盤子 반 漢盤펀子즈 清알러쿠 蒙

텁시 倭마루반 盆子 분 漢盆픈子즈 清벙스 蒙펑스 倭가나오기 磁椀 사발 漢磁츠椀완 清모로 蒙아야가 倭자완 罐子 관 漢罐권子 지

즈 清탐스 蒙롱호 倭약간 楪子 접시 漢楪뎌子즈 清빌라 蒙필라 倭사라 鍾子 죵 漢鍾쭝子즈 清훈타하 蒙툐모 倭고뎬모구 澡盆 목욕

흐뜨소라 漢澡잪盆픈 清어비셔러오톤 蒙우갸후텁시 倭미아라이가나오기 洗臉盆 세슈소라 漢洗시臉련盆픈 清더러오보쿠 蒙너굴가투라 倭조우즈가

나오기 酒壺 호병 漢酒작壺후 又酒작甁핑 清말루 蒙후빙 倭도구리 背壺 쥬합 漢背븨壺후 清쿠쿠리 蒙쿠쿠울 倭사비쥬우하고 執壺

귀도병 漢執지壺후 清갈랑가담핀 蒙바러쿠흐후빙 倭미미아루도구리 噴壺 화조에믈 漢噴픈壺후 清부수쿠 蒙우수루후후빙 倭스이후 夜

壺 요강 漢夜여壺후 清시더러탐핀 蒙시거후후빙 銅銚 쥬젼자 漢銅통銚탸 清두러뵈보쿠 蒙다라수부찰가후사바 倭도우시 茶罐 차관

漢茶차罐권 清채쓸하 蒙채부찰가후사바 倭자관 茶銚子 차젼자 漢茶차銚탸子즈 清채뵈부쿠 蒙채부찰가후사바 小口甁 소용 漢小

샤口쿠瓶핑清호빈ㅣ蒙툿
부리倭지사이도구리

長頸瓶 목긴 병
漢長창頸깅瓶핑清몽고
쵸蒙울투치倭즈루구비

擦床 갈치
漢擦차
床창清

부루두쿠倭사
이웅가다

明流子 북조
漢明밍流릭
子즈清마야

椀包 사발 집
漢椀원包바清모리
돕톤倭쟈완노사야

搭連 너블
집 漢搭다連련又披피套
탄清악탈란蒙부츄

口袋 자루
漢口쿠袋대清수말
라蒙수멀倭후구루

包袱 보
漢包반袱부清보분
蒙보고달倭히라즈

조미

傘 우산
漢傘산清사라蒙
시쿨倭아멩가사

簸箕 키
漢簸보箕기清보
오蒙더비쿨倭미

破落 고리
漢破포落로清폴로
리蒙폴로사倭야낭

기고리

開披 힝담
漢開캐披피清
개피蒙박불

櫃子 궤
漢櫃귀子즈清귀스
蒙압다라倭히즈

豎櫃 장
漢豎슈櫃귀
清훌호蒙훌

고倭도다나

箱子 샹즈
漢箱샹子즈清피쟌
蒙랍삭倭다겨고리

櫃隅子 간막이
漢櫃키隅겨子즈清햐단蒙타
싱가투倭아인다후셍쿠모노

千眼廚 각기소리
漢千천眼연廚츄清타
라하쿠이햐단倭단스

抽替 설합
漢抽차替티清타타쿠
蒙숄고올倭시다하고

簍子 큰망
조 漢簍루子즈清삭수蒙
리 삭수倭다겨가다미

筐子 광조리
漢筐광子즈清쇼료
蒙서벅倭가다미

盒子 합
漢盒허子즈清호
스리蒙호스倭쥬

우하고

匣子 갑
漢匣햐子즈清하
스蒙햅챠倭사야

匙子 술
漢匙츠子즈清새빙
蒙할바가倭사시

快子 져
漢快쾌子
즈清삽가

蒙삽하
倭화시

湯匙子 국머 논술
漢湯탕匙츠子즈清사시한
이새비蒙훌러막할바가

鍾托 잔ㅅ대
漢鍾중托토清탤리
蒙툿호쿨倭사간즈

기다 이 茶托 차ᄉ 종서 漢茶차托토清채、탈러蒙채、吴호굴倭쟈고뎐모구다이 鍋撑子 아러 쇠 漢鍋고撑층子즈清너 러蒙흘가倭오도구

野竈 통노고 자리 漢野여竈잪清카한蒙죠 오하倭간나베가게마기 唾沫盒 ㅁ타 구 漢唾토沫모盒허清치현 러구倭즈바기화구모도 廚

刀 식 갈 漢廚츄刀닫清재ㄷ蒙 킹가라倭호우됴우 椀架 사 랑 漢椀원架가清살후蒙연기녀 倭우즈와모노오기노다나 蒸籠 ᄲ 노데 漢蒸

정、籠룽清뎐려쿠蒙징너 쿠、쟈가릭倭모지됴시 烘籠 비 롱 漢烘훙籠룽清뱌쿵가、투비蒙어 거퀴다루울倭히니호사이고모 甑箅兒 시로 밋

漢甑증箅비兒솔清번、헌이、히 ᄃ蒙불결、룬、칙倭고시기모도 榪杓 나모 쥬게 漢榪마杓샤清마샤蒙모돈、시나가倭메시모루모노 銅杓 놋쥬 게 漢銅

퉁杓샤清시런무시 히蒙시런、시나가 漏杓 섯 쟈 漢漏루杓샤清허 러쿠마샤蒙쇼올 笊籬 죠 러 漢笊잪籬리清허러 쿠蒙쇼올倭이가기 抹

布 항 조 漢抹마布부清마부蒙 알치쿨倭동고우누노 羅兒 깁 체 漢羅로兒솔清처리、시서 쿠蒙열겨倭로후루이 馬尾羅 모총 체 漢馬

마尾이羅로清시개사서쿠蒙 길가수、열겨倭우마오、후루이 脚籮 드되여 촌 체 漢脚고籮로清번헤、시서쿠蒙쿨룬、열거 火筋 화 져 漢火호筋

삽가蒙터물룬、삽하倭히화시 火盆 화 로 漢火호盆픈清빌러 쿠蒙호봉倭히바지 火床 바탕잇 노화로 漢火호床창清빌러쿠、이 더러蒙호봉、시러거倭다

하아루노、히바지 炙床 고기굽 노쇠 漢炙지床창清얄리、솔 로로설러倭가녀꼬모 手爐 손뙤 노화로 漢手쇼爐루清갈러、빌 러쿠蒙갈룬、호봉倭뎨

노히 바지

刷子 사 조 漢刷솨子즈 清휫하쿠 蒙시두쟈사후야구마

笤箒 넛 비 漢笤턒箒직 清어리 쿠 蒙시쿤 倭호웅기

糊箒 귀 야 漢糊후箒 추箒

직 清후발라쿠 倭누리호웅기

撣箒 몬지 떠는것 漢撣단箒직 清다시하쿠 蒙쿠비쿤 倭화호웅기

酒漏子 병에다히 고븟는것 漢酒작漏루子

즈 清누란 蒙주부러 울 倭사거모루모노

肉叉子 고기굽는 곳창이 漢肉수叉차子즈 清숄론 蒙쇼로 倭구시

按板 도마 漢按안板반 清바너한 蒙

결치쿤모도 倭기리반

榔頭 메 漢榔랑頭투 清두쿠 蒙잔치쿤

水桶 물통 漢水쉬桶퉁 清후뉴 蒙사쿤라가 倭미즈오게

水斗 드레 漢水

쉬쿠두 清왜두쿠 蒙운훌 倭즈룸베

轆轤 조애 漢轆루轤루 清타타쿠이 숄거쿠 倭민즈구무기

柳罐 버들로 드레 漢柳랴罐관 清타타쿠 蒙호보

고 倭야낭 기즈룸베

燈籠 등롱 漢燈등籠룽 清아얀투투 쿠 蒙둥룽 倭죠우진고오

海燈 양각등 漢海해燈등 清나무둥쟝

燈臺 등지 漢燈등臺 燈

등臺태 清등잔투토 쿠 倭죠우진다이

蠟臺 쵸ㅅ대 漢蠟라臺태 清아얀대부 쿠 蒙라대 倭랏소쿠다이

燈竪子 광명등 漢燈등竪슈子즈 清

등쟝이 신다쿠

燈心 등ㅅ심지 漢燈등心신 清시범헌 蒙란누고올 倭죠우진노신

挑竿 도도개 漢挑턒竿간 清시볼헌이 버쿠 倭히인도모가녀

匾擔 집메는 나모 漢匾변擔단 清담잔 蒙담지쿤 倭너나우노기

背架子 지게 漢背븨架갸子즈 清바나 蒙두룹치 倭시게

拐杖

집팡이 漢拐괘杖장又拐괘棍군 清테붐 蒙타악 倭가가리즈에

明杖 쇼경의 막대 漢明밍杖장 清도고이 테쿤 倭메구라노즈에

棍子 자 漢棍군子

ᄌᆞ又尺치清쥬슈루蒙토회倭샤구 剪子가이 漢剪젼子ᄌᆞ又剪젼刀닾清하사하蒙해치倭화사미 烙鐵인도 漢烙로鐵텨清휘텨쿠蒙하리올倭미지

히구 運斗다리오리 漢運운斗두清방나라쿠蒙알려올倭노시 捧槌방마치 漢捧방槌츄清샨차쿠蒙불루모도倭사시ᄌᆞ지 捧槌

石방츄ᄉᆞ돌 漢捧방槌츄石시清냥러쿠위허蒙불루칠라균倭가라우스이시 赶麪棍홍둣개 漢赶간麪면棍군清비러쿠蒙쿠불모도倭오스노기

米盪子고미레 漢米미盪탕子ᄌᆞ清벌러이비러쿠倭고구시기옷스모노 支竿벗뒤오ᄂᆞᆫ대 漢支ᄌᆞ竿간清수자쿠蒙투수후모도倭사사

예노다계 痒挠등긁이 漢痒양挠ᄂᆞᆫ又孝햪癢양子ᄌᆞ清비사와샤쿠蒙아룬두마가지굴倭서나가가구모노 夾剪쇠버히ᄂᆞᆫ협도 漢夾갸剪젼清하살

라쿠蒙가잔倭가녀기리노모노 天平텬평저울 漢天텬平핑清터허러부쿠蒙킹스倭다이라하가리 法馬텬평츄 漢法밤馬마又對뒤法밤子ᄌᆞ

清톤이커문蒙쫘스倭다이라오모리 戥子져근저울 漢戥등子ᄌᆞ清덩너쿠蒙켱러굴倭지사이화가리 秤子큰저울 漢秤칭子ᄌᆞ清긴蒙징러굴倭

오오이화가리 秤竿저울ㅅ대 漢秤칭竿간清달한蒙덩윤모도倭화가리다계 秤錘저울츄 漢秤칭錘츄清덩너쿠토혼蒙타오해倭오모리

秤鈎저울갈고리 漢秤칭鈎구清덩너쿠고혼蒙청러굴룬더거倭화가리요공기 毫星저울눈 漢毫호星싱清덩너쿠얼하蒙청러굴룬오돈倭화

가리메 杠秤메ᄂᆞᆫ큰저울 漢杠강秤칭清쇼방가긴倭가다메하가리 鎖子ᄌᆞ물쇠 漢鎖소子ᄌᆞ清요오스蒙오니수倭됴우 鎖穿

條 丕믄쇠 압다리 漢鎖쇼穿쥰條탸清심커셜러倭됴우노마예스녀 鎖簧 쇠살 丕문 漢鎖쇼簧황清셩걸러蒙셜버거倭됴우야 鑰匙 쇠 열 漢鑰

묘匙츠清아너쿠蒙투키굴倭강게모노 烟袋 다비 人대 漢烟연袋대清담바구고치쿠蒙다마가머倭지셰리 火鐮 쇠부 漢火호鐮련清야타라쿠蒙키

디倭힝가녀 火石 부싀 人돌 漢火호石시清힐하蒙차키굴倭힝가녀이시 火絨 부싀 人깃 漢火호絨숭清버너허蒙올라倭힝가녀가미 稍

馬子 쌍결 랑 漢稍산馬마子즈清다발간 提籃 드리 人기 漢提티籃란清바붕가쇼로 錢比子 돈혀 논판 漢錢쳔比비子즈清

지하이겹녀쿠倭하가라반 斗子 말 漢斗두子즈清하스蒙더우倭마스 板斗 큰말 漢板반斗두清암바하스倭오오아마스 斛子 휘

漢斛후子즈清순토蒙후倭모모화가라마스 扇子 부채 漢扇션子즈清봇허쿠蒙더비굴倭오웅기 扇骨子 부채 人살 漢扇션骨구子즈清봇허

쿠허루蒙더비굴거거수倭오웅기야 扇墜 션츄 漢扇션墜쥐清봇허쿠투허부쿠 扇面子 부채 죠희 漢扇션面면子즈清봇허쿠탈가리蒙더

비굴룬차가수倭오웅기가미 扇軸 부채 사북 漢扇션軸주清봇허쿠터문蒙더비굴더걸릭倭오웅기구루룽기 蠅拂子 프리 치 漢蠅잉拂보子

즈清덜휘바샤쿠蒙일라간누울더굴倭화이무지 曬繩 쎼답 줄 漢曬새繩싱清어두쿠알갸라부타蒙품차수어거쿠더거수倭호사이즈나 井繩 드레

人 漢井징繩싱清타타쿠이부타蒙쥴운홀연디거수倭즈룸베즈나 項圈子 애쓰 漢項당圈권子즈清마타라쿠蒙탈비굴 鏇刀 작 刀 漢鏇자刀

닷清조丑蒙결치 골倭구사기리

鏩床 작도 박탕 漢鏩자床촹清버피蒙어러우倭구사기리노반

鐵鉋子 글게 漢鐵텨鉋받子조清쇼쿠蒙삼

나골倭가구모노

木猫 쥐덧 漢木무猫맢清싱거러야루쿠倭녀즈미노시

搖車 아히담아흔드노것 漢搖얖車처清두리蒙월루게

褓子

사도리 漢撈티子조清완蒙사투倭가계화시

撥火棍 부짓대 漢撥보火호棍근清태민蒙실러거불倭히사시

盖子 두에 漢盖개子조清

옥친倭후다

底子 밋 漢底디子조清버러倭모도

邊兒 ᄀᆞ시 漢邊변兒슬清텨린倭바다

把子 ᄌᆞᄅᆞ 漢把바子조清버신倭조

가

手把子 조지 漢手수把바子조清자바쿠蒙바리굴

提子 드레 漢提티子조清바봉가설러蒙시나가倭앙계가녀

四稜 네모 漢四스稜릉清둘버친倭시가구

急須 슈기 江南蘇州府謂飮器又煖酒器亦曰急須

罵辱類

罵話 욕ᄒᆞ다 漢罵마話화又辱수罵마清토온비蒙하라위倭지요구마시다

墋話 더러온말 漢墋츤話화清랑스기순蒙불탁우거倭미너구시노고

도마

罵他 ᄭᅮ짓다 漢罵마他타清어수켬비蒙장다위倭시가루마시다

喫罵 ᄭᅮ지람듯다 漢喫치罵마清버처부허蒙장다국다위倭시가루고우

무루,마 시叶 **胡罵** 간대로 삭짓다 漢胡후罵마清발래어수겸비蒙더 메장다뮈倭무리니시가루마시叶 **記恨** 별오 中 漢記ㅣ恨흔清 서염비蒙요노

뮈倭우라무오, 기로구,마시叶 **毁落** 수죄 ᄒᆞ다 漢毁수落로清당심비蒙동고 두뮈倭동가오간스,마시叶 **起誓** 밍셔 ᄒᆞ다 漢起기誓시又 蒙방誓시清갓

훗비蒙아말다뮈 倭징기리마시叶 **可惡** 파심 ᄒᆞ다 漢可거惡어清이븐蒙지 쟈릭倭오우곰베나,마시叶 **不肖** 의젓지 아니타 漢不부肖샾清둘 수키아쿠蒙둘수

우게倭 요시란 **破落户** 패가 ᄌᆞ졔 漢破포落로户후清야다라, 봉산倭이예야부례모노 **渾帳** 후무 ᄒᆞᆫ놈 漢渾훈帳장清훌 히투倭시란,모노

光棍 거집업고 무뢰ᄒᆞᆫ놈 漢光광棍군清래흔蒙 캉군倭스이산,모노 **酒鬼** 쥬 망 漢酒직鬼귀清속호구 蒙속토우倭사계오나 **没良**

心 심술부 정ᄒᆞ다 漢没무良량心신清왜후 倭고고로아시시마시叶 **賴皮子** 뮈운 놈 漢賴래皮피子즈清대후蒙 슈군하거倭니구이,모노 **賊**

頭 도적 놈 漢賊즤頭투又賊즤漢한清훌하 투蒙훌라개치倭누스비,모노 **雜種** 잡 삐 漢雜자種중清러헐러蒙초 초구리倭반지와루노,모노 **業**

障 원슈스 러온놈 漢業여障장清에머 부루倭가다기,모노 **狗養的** 개희 삐 漢狗구養양的디清인다훈,이더버련 蒙노해연쿨루거倭이누노,고모노

狗奴才 개ᄀᆞ튼 종놈 漢狗구奴누才채清가샨이, 아하倭이누교독구,고모노 **王八淬子** 계집파는 놈의삐 漢王왕八 바淬재子

즈清애후마, 이더버련

中朝語

撫遮 부쳐 江南蘇州府數人罪過之稱

邀喝 야허 江南太倉州叱咤也

大頭蝦 다투허 廣東廣州府罵子弟之汰而不曉事者

獠 랴오 斥男女之賤者

夫娘 부냥 江南嘉定縣罵婦女之淫賤者蓋元宋苗窩平江松江以婦人之豔美者畜為婦曰夫娘故今遂成北語作罵辭也

傖 챵 呉人謂北人為傖又罵楚人曰傖

姏婆 간포 罵老婦之稱以婆姏婆之老者甘言悅人故也

賴子 래즈 呼撥奔無恥者

癡種 치중 罵人語

小鬼頭 샤귀투 罵人語

小家子 샤갸즈 呼庸賤鄙薄之人

甚家底 무가디 呼輕薄人

老物 랖우 斥年老者

蕩户 당후 江南太平府呼破家者

稗子 배즈 呼子弟不道

僃賴 배래 江南江寧縣謂人之無賴

夯物 향우 江南崇明縣謂人粗厲

争訟類

合口 입힐홈 漢合허口쿠又辨반嘴쥐清자만뭀츄우길倭구지사라、아라소우

攘臂 폴뽑내다 漢攘샹臂비又揎쇤拳컨清갈라시다함비뭀갈사밀라위倭운데도비시마시싸

撞頭 마리부듸잇다 漢撞좡頭투清우쥬충구삼비뭀돌로개블구쳐위倭가미고낭가게마시싸

嚷鬧 지져괴다 漢嚷샹鬧랖清자마람비뭀잔자키뤼倭가시마시마시싸

厮打 서로치다 漢厮스打다清탄타눔비뭀잔칠두뤼倭아이웃즈마시싸

喫打 맛다 漢喫치打다又被비

打다清탄타붐비蒙잔치굴루뮈倭웃즈오고우무루마시싸

拳打 주머귀로치다 漢拳권打다清누잘람비蒙니둘가라뮈倭뎨곰부시싸라웃즈마시싸

拳 搗 주머귀로쥐어지르다 漢拳권搗도清슈길람비蒙노두치뮈倭뎨곰부시싸라샷스마시싸

踢着 차다 漢踢티着죠清뷘헐렴비蒙잇쿨루뮈倭게루마시싸

被踢 치이다 漢被비踢티清뷘헐러붐비倭게루오고우무루마시싸

搯脖子 멱잡다 漢搯갸脖보子즈清하후람비蒙부굴쥬울두뮈倭구비도루마시싸

採頭髮 마리털풀쳐잡다 漢採채頭투髮바清찰림비蒙찰마뮈倭가밍게동게도루마시싸

偷去 도적ᄒᆞ여가다 漢偷투去큐清훌하머가맘비蒙훌라개쥬어치뮈倭누스비뎨유구마시싸

搶去 아사가다 漢搶창去큐清두리머가맘비蒙불라쥬어치뮈倭우바이도루유구마시싸

被搶 아이다 漢被비搶창清두리부하蒙불락다뮈倭우바이도루오고우무루마시싸

打官司 구의송ᄒᆞ다 漢打다官관司스清합샤남비蒙자갈두라오도뮈倭구보우니

告狀 정장ᄒᆞ다 漢告고狀장又告고官관清합삼비蒙자갈두뮈倭쇼됴우오시라셔마시싸

接狀 소지밧다 漢接져狀장清합샨버알리머갬비蒙잘고기구지아라쇼우마시싸

准狀 소지적이다 漢准쥰狀장清필렴비蒙거러칠러뮈倭소시루후미뎨다가간야보뮈倭소시루후미우구루마시싸

被告 하소넘다 漢被비告고又吃치告고清합샤부하蒙자갈둑닥산쿤倭시라셔고우무루마시싸

元告 원고 漢元원告고清합샤하이구려마시싸

出首 츌슈ᄒᆞ다 漢出츄首식清걸칠렴비蒙거러칠러뮈倭오논즈가라미셔루마시싸마蒙자갈둑산쿤倭모도노시라셔

犯人 죄인 漢犯반人인清일닝

거냘마蒙알라투、쿤倭동가히도、

正犯 뎡범 漢正징犯반清징키너 거냘마倭모도오가스히로

證人 증인 漢證징人인清사닌 이냘마蒙쿤덜런쿤 倭쇼웅、고넌

干連 간련ᄒᆞ다 漢干간連련又連련累리清홀보붐비 蒙홀복다뮈倭가루즈즈케마시샤

寃家 원슈 漢寃원家갸清 문蒙워셔倭가다 기

對頭 량쳑 漢對뒤頭투清박친蒙 어설구철倭료우소우

強盜 강도 漢強걍盜닾清일러투훌하蒙 일런더훌라개倭고우도우

偷奸 놈의계집 漢偷투姦견又偷투情칭清훌하머라툼비蒙훌라 도적ᄒᆞ다 개쥬어머아보뮈倭료노즈마오누스비마시샤

惹事 일내다 漢惹여事스清 배타버덕더붐 비蒙커력덕더굴루뮈倭 고도히기인다스마시샤

見贓 쟝믈잡힌 漢見현贓장清훌하쟈카蒙훌라 구슨타왈倭도라마이노가다마시

告訴 하소ᄒᆞ다 漢告꼬訴수清알람 비倭소시로마시샤

對面 면질ᄒᆞ다 漢對뒤面면清앙가야참비蒙 아마넬러뮈倭다이멘마시샤

口供 죠봉 漢口쿠供궁 清자분蒙워 칙倭남 반가기

招狀 다짐글월 漢招쟢狀쟝清자분이발허蒙워 칙군비칙倭남반가기노후미

訊囚 죄인져조다 漢訊신囚챡又審 신訊신清베덤비 蒙시구뮈倭동가히도、 난지리도우마시샤

招認 승복ᄒᆞ다 漢招쟢認신又承칭認신清알리머개하 蒙다가굴루뮈倭동가너후시마시샤

抵賴 벗치다 漢抵디賴래清알리머개쟈라 쿠倭강가마루아란스마시샤

扳人 사롬지다 漢扳반人신清래담비蒙쿨 러뮈倭히도오히구마시샤

誣害 무함ᄒᆞ다 漢誣우害해又陷현害해清다슈람비 蒙쿤커뮈倭이즈와리가이마시샤

寃屈 원통ᄒᆞ다 漢寃원屈큐又寃원枉왕清무깃 훈蒙뭇키구倭가나시무마시샤

屈

認 이미이승복ᄒᆞ다 漢屈큐認인又屈큐招쟈清무릿훈이다함비蒙뭇키구연다가굴루뮈倭무싯즈동가나후시마시따

決罪 길죄ᄒᆞ다 漢決켜罪쥐清웰러

럇할람비蒙얄라타술루뮈倭동가덧스루마시따

定擬 의률ᄒᆞ다 漢定딩擬이清방볻이송괴倭화도ᄊᆞ라마마나마시따

勸開 말리다 漢勸콴開캐清

타볼람비蒙홀리챠뮈倭야메오스스무마시따

報寃 원슈갑다 漢報반寃원清카루갬비蒙하리구아보뮈倭가다기호우마시따

雪寃 신원ᄒᆞ다 漢雪

슈寃원又伸신寃원清사링갼비蒙챠간하뮈倭가나시무스숭구마시따

脫罪 죄벗다 漢脫토罪쥐又脫토免면清웰러더욱챠하蒙얄라투얄다라바倭동가마농

가례마시따

饒他 샤ᄒᆞ다 漢饒쟌他타又赦셔他타清커붐비蒙컬투리굴루뮈倭온도구마시따

脫放 노타 漢脫토放방又釋시放방清신담비蒙탈

비뮈倭하나스마시따

脫出 버서나다 漢脫토出츄清욱챠하蒙얄다라바倭능기인데마시따

行賄 뇌물쓰다 漢行힝賄회清울린툼비蒙얼디열북러

무倭미앙게즈고우마시따

打線索 형ᄉᆞ길다히다 漢打다線션索소又打다閃권節쳐清시런투면얀둠비倭구셍기미지사시마시따

刑獄類

監禁 가도다 漢監견禁긴又監견看칸清오립비蒙호리뮈倭오가례마시따

動刑 형벌ᄒᆞ다 漢動둥刑힝清어불럼비蒙어러굴러뮈倭끄움바즈

시따

拷訊 쳐져조다 漢拷캎訊신又拷캎問운清탄타어베덤비蒙쟌치쥬시구뮈倭난지코도우마시따

綁着 결박ᄒᆞ다 漢綁방着죠清훌훔비蒙

뮈倭무숨부시 바루마시다
掌嘴 미다 쌈치
漢掌장嘴쥐又打다嘴쥐吧바淸사시할랍 비蒙알라기다뮈倭앙기도다다구마시다
打屁股 복

치다
漢打다屁피股구淸우라둠비蒙북 쳐털러두뮈倭시리다다구마시다
採來 드러오다
漢採채來래又採채回회淸우샤 집비蒙치루쥬이러뮈倭히기기다

루마시다
採去 어버티다
漢採채去큐淸우샤머투치붐비蒙치 루쥬갈가뮈倭히기오인다시마시다
赶出去 차버티다
漢赶간出츄去

큐又攆년出츄去큐淸보쇼어둠치붐비蒙구 거거쥬갈가뮈倭옷가기오인다시마시다
枷 갈
漢枷가淸설 헌蒙둥거
團枷 둥구레갈
漢團퇀枷 가又盘편

枷가淸무 헐련설헌
枷了 갈어이다
漢枷가了랴淸설헌어투 붐비蒙둥거어뭇거뮈
枷號 갈메워호 뭇시흐다
漢枷가號한淸설 헐러빈두와붐비

板子 곤장
漢板반子즈淸 윤더헌蒙모도
鞭子 피편
漢鞭변子즈淸슈 시하蒙타시굴
扶 장
漢扶장淸할쟌 蒙장倭즈여
笞 티
漢笞

치淸새화다蒙 치倭고즈여
拶子 손가락의 侢미는것
漢拶잔子즈淸 잔조蒙잔조
夾棍 쥬릐트는나도
漢夾갸棍군淸갸반 모오蒙협치후모도

鐵鎖 쇠사슬
漢鐵텨鎖소又鎖쇼連련子즈淸 설레부타蒙긴지倭가녀즈나
手杻 손에박는뉴
漢手식杻뉘淸상스 蒙갈굴둥거두뮈
脚

鐐 쬬좌
漢脚죠鐐랴又带버鐐 랴淸랑스蒙굴굴둥거
刺字 즈즈흐다
漢刺즈字즈淸빈헌 삽심비蒙시바위
徒 도뎡
漢徒투淸웰러 분蒙원련더

流 류바
漢流릭淸발 라분蒙츌러
絞 교
漢絞갸淸타타머왐비蒙굽 치던알라뮈倭시미교로스
斬 참
漢斬잔淸사치어왐비蒙 챠친알라무倭구미기리

法場 사름죽이는터 漢法바揚챵 清날마와라바家콘알라뭐倭히도고로스마기 抄家 적몰ᄒᆞ다 漢抄찬家갸 又抄차 ... 무清뵈콘탈람비倭블바라가탈

라뭐倭子보우니며자앙게마시다 充軍 츙군ᄒᆞ다 漢充츙軍균 清츠오하오붐비家쳐리ᄀᆞ볼가뮈 擺站去 귀향가다 漢擺배站잔去큐 清할라붐비

家쥴러뮈倭낭가사례마시다 減等 감등ᄒᆞ다 漢減견等둥 清절기어버렵붐비家절거쿵것커뮈倭라오노게마시다 贖 쇽 漢贖슈 清쥴리간 家쥴라倭동가노

녀 准贖 쇽밧다 漢准쥰贖슈 清쥴리간갭비家쥴리쿤투뮈倭동가노녀오사무루마시다

僧道類

和尙 즁 通稱 漢和호尙샹 清화샨 家호오샹倭보우즈 道士 도ᄉᆞ 漢道닾士스 清도오사스家붐부倭도우시 沙彌 샹재 漢沙사彌미 又行힝

者져 清반지家반지倭와랍삐보웃즈 徒弟 뎨ᄌᆞ 漢徒투弟디 清화샨이샤비家호오샹운샤비倭데이시 道姑 녀도ᄉᆞ 漢道닾姑구 又女뉴冠권 清허

허도오스家어커보붐부倭요우부도우시 尼姑 승 漢尼니姑구 清휘션家키칸치바간챠倭미고니 毘盧帽 즁의곳갈 漢毘피盧루帽맢 清

뮌루투倭모우스 箬笠 굴갓 漢箬쥬笠리 清더러수이보로 道袍 도ᄉᆞ의옷 漢道닾袍퐌 清후신부연흡챠수倭도우시노키모노

袈裟 가사 漢袈갸裟사 清갈사倭계사 衲襖 누비옷 漢衲나襖안 又衲나頭투 清샤징가삽시쿠倭누이다기모노 數珠 ...

漢數數珠쥬子즈清어리허家어리거倭간스다마

度牒 도첩 漢度두牒뎌清보오치투치거텀거투倭보웃즈나루노케이

佛經 불경 漢佛[illegible]깅清보히노문家놈倭호도기노,교우

蒲團 중의방셕 漢蒲푸團둰清옥지하셕뎌분倭보웃즈노,뗀자

木魚 목어 漢木무魚유清톡시家톡시굴倭다다구,모노

錫杖 중의막대 漢錫시杖장清둘두리家호오샹운타약란倭보웃즈노,즈예

鉢盂 어유아리 漢鉢보盂유清바디리倭보웃즈노,메시완

紙錢 죠희돈 漢紙즈錢젼又剪젼紙즈清호오쟌지하家차가순죠곳倭가미,센

紙錠 죠희로밍근금은덩이 漢紙즈錠딩清수허

掛錢 거는지젼 漢掛과錢젼清사빙가호오샨倭가,계가미,센

成道 득도ᄒᆞ다 漢成칭道닾清도로버무더부허家요수,더구수뷔倭도우나스,마시다

坐禪 좌션ᄒᆞ다 漢坐쫘조禪쳔清사마디텀비家바착바리뷔倭진즈싸나시너인도라시마시다

念經 경닑다 漢念년經깅清도오찬출란비家놈웅시뷔倭교우오소라오메마시다

念佛 념불ᄒᆞ다 漢念년佛보清부치히출람비家불한웅시뷔倭호도기,오모이,마시다

念呪 진언ᄒᆞ다 漢念년呪직清탈릴람비家탈니다뷔倭다지나이,오모이,마시다

戒食 식경닑다 漢戒계食시清아딧라머도봄비倭메시,교우오메마시다

喫齋 소ᄒᆞ다 漢喫치齋재清샤욜람비家나착라뷔倭이민스리마시다

燒香 향픠오다 漢燒샾香향又點뎬香향清햔데집비家쿠지,시타가뷔倭고우,다구,마시다

燒紙 죵희ᄉᆞᆯ오다 漢燒샾紙즈清뎌더불비家욱수거뷔倭가미야기마시다

供佛 부텨공양ᄒᆞ다 漢供궁佛보清부치히더도봄비家불한두,다긱라뷔倭호도기오,마가나이,마시다

十一 獻 큰지

올리다 漢上상醮쟌淸도오찬야감비

搖鈴 방울흔드다 漢搖쟌鈴링淸홍곤아칭감비家흥호 쿤더뮈倭손스오,유산즈구마시亼다

撞鉦 종치다 漢撞장鉦중淸중권로림비家중초 기뮈倭가더,즈즈미다다구,마시亼

打鼓 북치다 漢打다鼓구淸퉁권둡비家경걸거덜 러두뮈倭가와,즈즈미다다구,마시亼

合掌 합장흐다 漢合허掌장淸기오긴아랍비家나만 칠라뮈倭다낭고고로아와커마시亼

問訊 문흐다 죵의 漢問운訊신淸샌버본 집비家바챠바리뮈.

緣簿 권션칙 漢緣연簿부淸불러훈배러, 북단倭곤쳰노,모노노흔

布施 보시 漢布부施스淸불러훈家욱 러원구뮈倭요시고도

抄化 동냥흐다 漢抄찬化화又化화緣연淸불러훈 뱀비倭고구시기오,곤지기마시亼

捨施 보시흐다 漢捨셔施스淸설럼비家욱라 거원구뮈倭요시고도시마시亼

禳灾 도익 漢禳샹灾재淸가산둘러붐 비倭와사와이,노계마시亼

祈禱 거도흐다 漢祈키禱단淸잘바림 비倭이노리마시亼

還愿 발원며 漢還환愿원 로흐다 淸머텁비

忌門 거우흐다 漢忌기門믄淸탈 감비家쳐걸러뮈

圓寂 중죽다 漢圓원寂지淸시멀리 무커허家호오샹,우쿠 버倭보웃즈시 누루,마시亼

茶毗 중죽은것 田숨오다 漢茶차毗비淸화산,이,기란자밥비家호오샹, 운,야수,둘러뮈倭보웃즈가와녀야기,마시亼

寺觀類

廟堂 뎔 漢廟먀堂당淸죽뎌 번家묘오倭데라

佛殿 불뎐 漢佛보殿뎐淸부치히더연家 불하누탈시倭호도기,도오

佛龕 부

실 漢佛보龕만 清부치히얼허구 倭호도기이례노다나

佛像 부 漢佛보像상 又佛보爺여 清부치히 蒙불한 倭호도기

塑像 소 漢塑소像상

위런 蒙구루倭조장가다지

鍾樓 종 단 漢鍾중樓루 清중컨이타 蒙중얼구투倭가녀조조미가계나가이

鼓樓 북 단 漢鼓樓루 清둥컨이타 蒙둥얼거얼구쿠타투倭가와조즈미가계나가이

碑殿 비 人 漢碑비殿뎐 清얼덩거위헤보오 蒙구서연걸倭다뎌이시노이예

禪堂 선 漢禪션堂당 清사마디뎌러보오 倭션모우

庵子 암 자 漢庵암子조 清사마디화 蒙비가수머 倭이오리

香火院 향 원 漢香향火호院원 清쥭더러보오 倭옌도우

抱廈 포 하 漢抱포廈하 清쥭뎔기비검부허보오 蒙어무 倭마예노기조조계노이예 어지은집 압컴하니 너울컴격선걸

廡座 무 좌 漢廡무座좌 清아말기비검부허보오 蒙어무 倭우시로노기조조계노이예 뒤컴하니 어지은집 러울컴격선걸

塔兒 탑 漢塔타兒ᅀᅳᆯ 清수발 한 蒙수불가 倭도우

壇場 단 장 漢壇단場장 又道도場장 清부치히쿠란 倭단마기

方丈 방 장 漢方방丈장 清화샨이보오 蒙호오샹운걸 倭보웃조뎌루노혜야

開 [illegible]

光 광 漢開개光광 清아밀람비 倭호도금ᄒᆞ다 부쳐의게 도기녀공가녀누리마시다

菩薩 보 살 漢菩보薩사 清부사 蒙보지사두 倭스구우

神旛 신 번 漢神신旛반 清언두리길단 倭부쳐앏희 건비단 호도기마예어가계나시기

神鏡 신 경 漢神신鏡경 清돌리 蒙도롤리 倭조우나강가미

風鈴 풍 경 漢風鈴링 人鐵텨馬마兒ᅀᅳᆯ 清시한이강 蒙봉 倭가쥐슨스 기리 蒙사랍친우홍호

鐃鈸 요 바 漢鐃鈸보 清재다쿠 라 蒙챵 倭후리즈즈미

珍寶類

寶貝 보패 漢寶바貝뵈 淸보오배 蒙얼더너 倭다가라 金子 금 漢金긴子즈 淸애신 蒙알타 倭공가녀 葉子金 엽ᄌᆞ금

漢葉여子즈金긴 淸압다한애신 蒙납치알타 倭화공가녀 銀子 은 漢銀인子즈 淸멍군 蒙뭉구 倭시롱가녀 元寶 원보 漢元원寶 淸압바순거

蒙완보오 倭히조메시롱가녀 紋銀 십분은 漢紋운銀인 又細시絲스 淸너탄멍군 蒙시질뭉구 倭예이시롱가녀 潮銀 조은 漢潮챠銀인 又草챠銀인

淸어하멍군 蒙마구뭉구 倭히기시시롱가녀 水銀 슈은 漢水쉬銀인 淸토홀로무커 蒙우순뭉구 倭미즈가녀 玉 옥 漢玉유 淸구 蒙핫 倭이시다마 羊

脂玉 양지옥 漢羊양脂즈玉유 淸샌구 倭예이이시다마 東珠 동쥬 왜진 漢東둥珠쥬 淸타나 蒙타나 倭너혼다마 猫睛 묘쥬 야광 漢猫

睛징 淸시닉타 蒙미구너 둔수분 倭요루히가리다마 寶石 보셕 漢寶바石시 淸어린부 蒙러너실라군 倭다가라이시 琥珀 호박 漢琥후珀퍼 淸뵈실

러 蒙후바 倭고바구 蜜蠟 미라 漢蜜미蠟라 淸매실러 蒙밀라 倭밋즈로우 珊瑚 산호 漢珊산瑚후 淸슈루 蒙시루 倭상고 瑪瑙 마노 漢瑪

瑙노 淸마림부 蒙타나 倭길만고우 琉璃 류리 漢琉리璃리 淸애하 蒙실 倭이넌도루 金珀 금패 漢金긴珀퍼 淸…신 蒙뵈실러 倭긴바구 水

晶 슈졍 漢水쉬晶징 淸츄실러 蒙우순실 倭스이쇼우 玻瓈 보리 漢玻보瓈리 淸불로수 蒙불조 倭미즈다마 孔雀石 공쟉셕 漢…

玆石시 淸토진보홍고워허 家토꾼칠라 倭구샤구이시

明珀 밍패 漢명珀픠 淸컹견뵈 실러 倭구샤구이시

紫石瑛 ᄌ셕영 ...

시 瑛잉 淸불라훈츄실러 蒙하랍툴 물라간우순 실 倭아가이스이순우

靑金石 칭금셕 漢靑칭金긴石시 淸노민 蒙노민 倭셰이긴시이시

法瑯 파란 漢法방瑯랑 淸밝라슈

琿琚 쟈개 漢琿쳐琚규 淸두나 倭가이

火樹 산호슈 漢火호樹슈 淸순간슈루 蒙시루살나가 倭상고예다

象牙 샹아 漢象샹牙아 淸수반이워허 蒙쟈간슈시두 倭조우노하

犀角 셔각 漢犀시角교 淸이하시 蒙살루우결운어벌 倭이조우사조

玳瑁 대모 漢玳대瑁미 淸후루간 蒙더메 倭다이모우

鈿螺 뎐나 漢鈿뎐螺로 淸타후라노 蒙합지가수할리구 倭아옹가이

金剛鑽 금강찬 漢金긴剛강鑽찬 淸필타리 倭이시다마모모노

白銅 빅동 漢白비銅퉁 淸샨얀더순 蒙쟈간가울리 倭하구도우

黃銅 황동 漢黃황銅퉁 淸테순 蒙가올리 倭쥬우샤구

風磨銅 풍마동 漢風붕磨모銅퉁 淸우랑가테순 倭후우마도우

紅銅 홍동 漢紅훙銅퉁 淸갈 蒙져 倭아강가녀

黑鉛 흑연 漢黑허鉛연 又 倭오鉛연 淸셕토훌론 蒙훌고지 倭돈단

鋼鐵 강텰 漢鋼강鐵텨 淸간설러 蒙보론터물 倭예이가녀

熟鐵 슉텰 漢熟슈鐵터 淸샤리설러 蒙시러멸터불 倭노뼈가녀

水鐵 슈텰 漢水쉬鐵텨 淸토호룬설러 倭스이가녀

鍮鐵 유텰 漢鍮두鐵텨 淸시리설러 蒙시런 倭노랑가녀

錫鑞 셕납 漢錫시鑞라 淸탈찬 蒙두굴가 倭슨스

錢 젼돈 漢錢쳔 淸지하 蒙죠꾼 倭센몬

金箔 금박 漢金긴箔반 淸애신호오산 蒙넛쿠타 倭긴

方言

[illegible]音[illegible]

바구

銀箔 은박 漢銀인箔박清멍군호오 蒙산ᄇᆞᆺ쿠풍구倭인바구

燻金 ᄶᅬ금 漢燻쥰金긴清기나蒙ᄭᅥ터倭가와공가녀

雲[illegible] 뎐 漢雲

운母무又石시鱗린清위 헤어시허倭이시이로구

磁石 지셕 漢磁ᄎᆞ石시又吸히鐵텨石시清설 례어뎐蒙ᄎᆞ시칠라군倭지샤구

銀硃 쥬홍 漢銀

인硃쥬清치누 훈蒙싱후倭슈

石雄黃 셕웅황 漢石시雄흥黃황清 아미훈倭오오우

硫黃 류황 漢硫리黃황清쥴쿠 蒙리우황倭이오우

硼[illegible]

붕사 漢硼풍砂사清투여쿠 용간蒙풍사倭호우샤

寶沙 뎡옥 漢寶보沙사清널라라용간 倭이시다마동게이상고

石青 셕청 漢石시青

칭清위허뎐蒙시 징倭셔기셰이

皮硝 망쵸 漢皮피硝샨清ᄒᆡ蒙 피쇼오倭됴우진

白礬 ᄇᆡᆨ반 漢白비礬반清ᄇᆡ쇼 蒙배방倭ᄆᆞ우반

[illegible]

礬 검금 漢黑허礬반清회반蒙 하라배방倭구루반

沈香 침향 漢沈친香향清이루수 한蒙쥬수쟈倭신고우

降真香 강진향 漢降 강真

진香향清강진한 倭고우신고우

釉子 사기에올 비논물 漢釉약子즈清애하나 倭쇼메조계구스리

紫膠 ᄌᆞ공 漢紫ᄌᆞ膠갼清야 챠부하쟉단이슈

기蒙델러쿤룩선 나라쥰귀시구수

黃蠟 황밀 漢黃황蠟라清아얀 蒙랍倭밋조가스

[illegible]

黃撰 황젼 江南蘇州府謂錢之美者此語有所原史平準書漢武造白金三品其名一曰白撰錢乃銅造故謂之黃撰

買賣類

十九

買主 사ᄂᆞᆫ님자 漢買매主쥬 清우다라낟마 蒙후달둔압후쿤 倭가이누시

賣主 ᄑᆞᄂᆞᆫ님자 漢賣매主쥬 清운차라낟마 蒙후달두후쿤 倭우리누시

夥計 동모 漢夥호計기 清호기 蒙훌사 倭아이뎌

牙子 ᄌᆞ름 漢牙야子ᄌᆞ 又牙야家갸 清후다톡토시 蒙우너벌러울쿠쿤 倭나간다지

集 외방쟝 漢集지 清후다이사라바 蒙후달져케둔누가쟐 倭후루사도이지마기

趕集 장보라가다 漢趕간集지 清후대바더거녀비 蒙후달둔누가쟐투어치뮈 倭이지미루유구마시야

舖子 흥졍ᄒᆞᄂᆞᆫ뎐방 漢舖푸子ᄌᆞ 清푸슬리 蒙푸스 倭우리가이노황가이

雜貨舖 잡화푸ᄂᆞᆫ뎐방 漢雜자貨호舖푸 清부야라머쟈캐푸슬리 蒙바가식연푸스 倭조우못즈우리황가이

飯店 밥푸ᄂᆞᆫ뎌 漢飯반店뎐 清부대단 蒙부다가푸스 倭메시우리노도고로

酒舖 술푸ᄂᆞᆫ뎌 漢酒쥬舖푸 清누레푸슬리 蒙다라수푸스 倭사계우리노도고로

茶局 차푸ᄂᆞᆫ뎌 漢茶차局규 清채과란 蒙채푸스 倭쟈우리도고로

醬園 쟝푸ᄂᆞᆫ뎌 漢醬쟝園원 清미순운차라바 蒙쟝푸스 倭미소우리도고로

錢局 돈푸ᄂᆞᆫ뎌 漢錢쳔局규 清지해콰란 蒙조곳후스 倭센몬우리도고로

油房 기름푸ᄂᆞᆫ뎌 漢油악房방 清너멍기운차라보오 蒙토슈푸스 倭아부라우리도고로

藥鋪 약푸ᄂᆞᆫ뎌 漢藥요鋪푸 清옥토푸슬리 蒙엄푸스 倭구스리우리도고로

行裡 매매ᄒᆞᄂᆞᆫ뎌 漢行항裡리 清후대바 倭우리가이도고로

招牌 흥졍보람패 漢招쟈오牌패 清후다사라볼리쿠 倭우리가이서로시훈다

幌子 자분것푸ᄂᆞᆫ집의보람ᄒᆞᆫ것 漢幌황子ᄌᆞ 清볼리쿠 蒙바가식연텀더 倭조우못즈우리노시로시

青帘 술푸ᄂᆞᆫ집표ᄒᆞᄂᆞᆫ긔 漢青칭帘련 又酒쥬望왕子ᄌᆞ 清누니볼리쿠

蒙다라수텀더기기리倭사계우리노시로시화다 開舖 훙졍시작ᄒᆞ다 漢開개舖푸清푸슬리넘비蒙푸스너거뮈倭우리가이하시마루사마시다 嗄吆

賣 위여푸다 漢嗄애吆요賣매清수랍비蒙수란후달두뭐倭욤부우리마시다 搖貨郞 조론북흔들고도는장ᄉᆞ 漢搖요貨호郞랑清털러시 菝

賣 ᄑᆞ다 漢菝바賣매清운참비蒙후달두뭐倭우리마시다 講價 갑혀기다 漢講걍價갸清후다걍남비蒙후달두가슈굼질라뭐倭녕기라마시다 價

貴 갑노다 漢價갸貴귀清후다망가蒙후달두가켜처구우倭아다잉가메즈라시기마시다 價高 갑과ᄒᆞ다 漢價갸高갚清후다엉걸렴비蒙후달두가웅게뮈

倭아다잉가다가이마시다 價賤 갑흔ᄒᆞ다 漢價갸賤젼清후다쟈蒙후달두가킴다倭아다잉가이야시기마시다 價低 갑ᄂᆞᆺ다 漢價갸低디清십샤

어버러거倭아다잉가시기시마시다 上用的 나라에셔쓸것 漢上샹用융的디清털기이배탈란蒙울룻순거력럴倭구보우니즈고우모노 眞

的 진짓것 漢眞진的디清징키너쟈가蒙우번니키倭마고도모노 假的 거즛것 漢假갸的디清흘로쟈카蒙후달니키倭이즈와리모노 絶高

ᄆᆞ장죠타 漢絶쥐高갚清우머시샌蒙마시샌倭이고우요웅고자리마시다 稀罕 귀ᄒᆞ다 漢稀히罕한清허한蒙커쳐구우倭메즈라시기마시다 地頭

的 밋ᄯᅡ엇 漢地디頭투的디清다바이쟈카蒙욱가잘린키倭혼지못즈 平常的 녜ᄉᆞ것 漢平핑常챵的디清알사리쟈카蒙알살리키倭다이라[illegible]

照時價 시가며로ᄒᆞ다 漢照쟌時스價갸清어런이후머송괴倭이지아다이사라시마시다 價對 갑알맛다 漢價갸對뒤清다터허렴비蒙ᄒᆞᆫ[illegible]

달두가텽쳐뮈倭아다이아다루마시쌰

退摟 훙졍므르다 漢退퉈摟훤清후다버드럽비蒙후갈두가하리굴라뮈倭우리가이시라쓰구마시쌰

虧本 믯지다 漢虧퀴本븐清다버여괴키람비蒙이쟈굴버여호로뮈倭혼가구례마시쌰

貼錢 돈거스리다 漢貼텨錢쳔清잘가빙너머붐비倭연몬사고우시마시쌰

開賬 갑졍호다 漢開개賬쟝清후다톡톰비蒙우너톡토뮈倭아다이산다몌마시쌰

摟摟 밧고다 漢摟훤摟훤清훌라샵비蒙아랄지뮈倭가와루마시쌰

對摟 맛밧고다 漢對뒤摟훤清터허러머훌라샵비蒙텅쳐쥬야랄지뮈倭아이가와루마시쌰

兌銀子 은두다 漢兌뒤銀인子즈清명쿤덩너쿨럼비蒙뭉구셩러뮈倭시롱가녀가계마시쌰

補秤 저울츅치오다 漢補부秤칭清어여훈더녀쳐비蒙돌곤누쿠뮈倭진저마루다사요마시쌰

賖賬 외자ㅅ장 漢賖셔賬쟝又欠켠賬쟝清다루간이보져蒙둘루거수어져倭호우쇼우노쇼못즈

流水賬 흘림쟝 漢流루水쉬賬쟝清시서더허보져蒙웰라후어져倭가기오이죠우

完賬 혬모다 漢完원賬쟝又清창賬쟝清보져와지하蒙토갈라쥬바라바倭간스오와루마시쌰

賬本 치부척 漢賬쟝本븐清보져蒙어절러후덥털倭가기오이쇼못즈

合夥 동모호다 漢合허夥호清호킬람비蒙훌샬라뮈倭아이뎨마시쌰

掣籤 져비쿠다 漢掣쳐籤쳔清시발람비蒙시바갈라뮈倭구지도루삿스마시쌰

平分 공평이논호다 漢平핑分븐清네건던덤비蒙네건후뱌뮈倭다이라와게마시쌰

編派 모이짓다 漢編변派패清우부반지붐비蒙후비죠갸뮈

分開 써혀내다 漢分븐開캐清박살람비蒙살가뮈倭와계인뎨마시쌰

分給 논화주다

漢分본給기清던더머붐비蒙후 바쥬,워구뮈倭와계구려마시다

討添 투졈ᄒ다 漢討탄添텬清너머헌뱀비蒙치말 하뮈倭가뎨뎨구다사려맛셰이

剩下 남은것 漢剩싱下햐清분쳐형거蒙울 러쿠,야구마倭아마리모노

不勾 모ᄌ라다 漢不부勾구清이시라 쿠蒙쿨쿠게倭다란,모노

另補 ᄯ로쳐 漢另링補부清연츌러머녀쳡비蒙툿 핼란,누쿠뮈倭베지넌다사요마시다 오다

造化低 ᄉ망엽다 漢造쟈化화低디清쟙샤 카야쿠蒙잡실태우게倭 시모우나 이마시다

本錢 밋쳔 漢本본錢쳔清다,버여蒙 이쟈굴,룬버여倭혼센

挣錢 돈버으다 漢挣즁錢쳔清지하,기쳡비 蒙죠곳,키쳥권러뮈倭셴몬

大蔹財 횡쥐ᄒ다 漢大다蔹바財채清허투,울린바하蒙쿤 덜런,연올로뮈倭사이못즈연뎨마시다 우로우시 마시다

生意 흥졍 漢生싱意이清

稅上 셰밧치는뒤 漢稅쉬上샹清치분알리부러,바蒙갈리 바리후,샤갈倭시로시,오사메도고로 후다倭우 리가이

上稅 셰밧치다 漢上샹稅쉬清치분알리붐비蒙갈 리바리뮈倭시로시,오사메마시다

收稅 슈셰ᄒ다 漢收식稅쉬又

錢 셰젼 漢稅쉬錢쳔清치,분이,지하蒙 갈리,연,죠곳倭시로시센몬 抽추稅쉬清치분발걀비蒙갈리,후 라뮈倭시로시,오사무루마시다

牙錢 즈름갑 漢牙야錢쳔清후다,톡토시바사蒙쿤 덜런쿤,누,아츅倭나간다지,아다이

湊斂 츄렴ᄒ다 漢湊추斂렴清슈밤비蒙툿 거뷔倭닷시아와셰마시다

利市 리스 江南大倉州謂得財及四志爲利市

活計 호기 以生理爲活計

經紀 강기 江南

嘉定縣俗鄙人
營生者曰經紀

借貸類

當鋪 뎐당 漢當당鋪푸 清당풀리 蒙단지 푸조 연무스 倭싯지도루항가이 財主 쟝 漢財채主쥬 清울린어젼 蒙져 부안쿤 倭사이못츠뎌이슈 放

債 빗주다 漢放방債재 清벅둔신담비 蒙악순탈비위 倭샤구연구례마시쌰 出債 빗내다 漢出추債재 清벅둔갬비 蒙악순아보위 倭샤구션엿뎨마시쌰

做保 보두다 漢做주保봐 清악둘랍비 蒙거러칼비위 倭다못즈마시쌰 文契 문셔 漢文운契기 清보지 蒙원슈비칙 倭몬쇼 借契 빗문

셔 漢借져契기 清벅둔이뵈허 蒙위리연비칙 倭샤구션몬쇼 紅契 인친문셔 漢紅훙契기 清도로기다하보지 蒙타마가다무슨비칙 倭인즈이몬쇼 白

契 사ᄉᆞᆫ문셔 漢白버契기 清치쉬보지 蒙새연비칙 倭와다삭시몬쇼 立券 문셔ᄒᆞ다 漢立리券권 清보지일림비 蒙원슈비칙더구위 倭몬쇼나스마시쌰

債樁 빗구럭이 漢債재樁좡 清벅둔각둔이냘마 倭샤구션오옥구모노 討債 빗달나다 漢討타債재 清벅둔솔김비 蒙워리시버더위 倭샤구션사이쇼구

마시쌰 抵還 쳐주다 漢抵디還환 清방가붐비 蒙할구굴루뮈 還當 뎐당므르다 漢還환當당 清졸돔비 蒙단지졸리위 倭싯지도루다즈뎌마시쌰

子母債 별리잇는빗 漢子즈母무債재 清마다간이벅둔 蒙쿨루순누위리 倭리즈게아무샤구션 月利錢 돌별리 漢月워利리錢쳔 清

바이마다간蒙쿨루
수倭즈기노리즈계

賙 칭 山西臨晉縣謂受人之物

歸 귀 以物與人曰歸

蚕桑類

蚕子 누에 漢蚕찬子즈 清잔우마하 蒙구리호로해 倭가잉고

養蚕 누에치다 漢養양蚕찬 清잔우야하우잡비 蒙구리호로해두위 倭가잉고야시노우마

頭眠 첫잠 漢頭투眠면 清수츙가더 蒙엳비 倭하시며녀무리

二眠 두잠 漢二을眠면 清재더엽비 倭우다즁기녀무리

三眠 한잠 漢三산眠면又大다起기 清와지마더엳비 倭민조즁기녀무리

上草 섭헤올리다 漢上상草찬又上상樹슈 清앱다하더야 蒙불비 家납친쿨우두리두위 倭시비시노

蚕繭 고치 漢蚕찬繭견 清묘오하보로마 蒙구리연어쿨 倭마이시似

結繭 고치 지다 漢結겨繭견 清묘오하야람비 蒙구리연어쿨키뮈 倭마이나스마시似

摘繭 고치 바다 漢摘저繭견 清묘오하바탐비 蒙구리연어쿨킴기뮈 倭마이즈무마시似

出蛾子 나뵈 나다 漢出추蛾오子즈 清돈돈투치거 蒙열벅치가루뮈 倭도우인미마시似

成對 나부어 우다 漢成칭對뒤 清돈돈캅냠비 蒙열벅치합수루뮈 倭도웅가아이마시似

下子 누에알 스다 漢下하子즈 清우付왈랍비 蒙구리호로해기끌수챠즈뷔

蚕蛹子 본도기 漢蚕찬蛹융子즈 清묘오하우마하 蒙구리연어쿨호로해 倭마이무시

田農類

庄地 농소 漢庄좡地디又庄좡土투清독조蒙둣호倭시다야시기 水田 논 漢水쉬田텬清무께우신蒙투툴가연치스倭하다케 旱田

밧 漢旱한田텬清우신蒙타랄랑倭다 井田 정전 漢井징田텬清차한이우신蒙하실락곤타랄랑 公田 구의ㅅ밧 漢公궁田텬清알반이우신蒙알반

누타랄랑倭구보우다 私田 ㅅ스ㅅ밥 漢私스田텬清치쉬우신蒙거리타랄랑倭와다구시다 壯田 쟝흔밧 漢壯좡田텬清쥐키우신蒙웡타랄

랑倭예이노다 薄田 사오나온밧 漢薄보田텬清홍커우신蒙타칠타랄랑倭우스이노다 菜田 누물밧 漢菜채田텬又畦히子즈清이리蒙치스倭사

다이 新開田 새로닐온밧 漢新신開개田텬清숙산우신蒙하갈분타랄랑倭이다라시기노다 一晌田 흔누즐마리 漢一이晌향田

텬清어무치마리우신蒙니거원로거타랄랑倭나가라니지다스메 畝 이랑 漢畝무清이룬蒙타랄랑운후비리倭우네 田壟 밧두둙 漢田텬壟룽清우신

이렬허蒙달랑倭다노오가 田溝 밧골항 漢田텬溝구清우신이울로蒙타랄랑운샹倭다노미소 開荒 밧닐오다 漢開개荒황清우신숙살랍비蒙타

랄랑하갈루미倭다오기마시다 翻田 밧뒤혀다 漢翻반田텬清우신우바샴비蒙타랄랑울바굴루미倭다히루가예루마시다 糞田 밧걸오다 漢糞븐田

텬清후쿤신담비蒙혹키뤼倭 耕田 밧가다 漢耕긍田텬清타림비蒙타리뤼倭다다스메마시다 種田 밧시무다 漢種

다니조우못조이레마시다

중田뎐清우스뎌붐비蒙우러사굴가뮈倭사뎌우예루마시다

鋤田 밧미다 漢鋤추田뎐清호일람비蒙알치뮈倭다구사도루마서다

隔壠種 부로박다 漢隔겨壠룽種중清삽다머다람비

撒穀 씨삐다 漢撒사穀子又下햐種중清우삽비蒙우러러뮈倭사뎌우예루마시다

栽了 심므다 通稱 漢栽재了랴又種중了랴清뎌붐비蒙사굴가뮈倭우예루마시다

苗 싹 漢苗먀清알간蒙소요가倭나예

蔹苗 싹나다 漢蔹밧苗먀又出츄苗먀清알가남비蒙소요갈라뮈倭나예인뎌마시다

芽 움 漢芽야清알순蒙수야倭모야시

蔹芽 움나다 漢蔹밧芽야又出츄芽야清알수남비蒙수야갈라뮈倭모야시인뎌마시다

秧針 벼ㅈ나 漢秧양針진清볼순倭하시예인뎌이뎌

分苗 모옮기다 漢分븐苗먀清볼순구리븐비蒙오론뎝시굴루뮈倭나예이뎌운즈루마시다

揷秧 모시모다 漢揷차秧양清볼순뎌붐비蒙오론뎝시齐사굴가뮈倭나예이뎌우예루마시다

培苗 븟도도다 漢培픠苗맢清호셤비蒙달랑나뮈倭우예즈즈우마시다

鋤草 기음미다 漢鋤추草찬清양심비蒙알치뮈倭구사도루마시다

穗子 이삭 漢穗쉬子조清쉬허蒙두루구우倭호

蔹穗 이삭픠다 漢蔹바穗쉬清저쿠나만실리하蒙두루구우고올두지倭호밧스루마시다

穗子長 이삭즈라다 漢穗쉬子조長쟝清쉬허넘비蒙두루구두뮈倭호눙기인뎌마시다

穗子垂 고개숙기다 漢穗쉬子즈垂취清수하라가비蒙술머지倭호다루루마시다

含漿 믈여믈드다 漢穗쉬含한漿쟝清져쿠수칠르러쉬비倭나가라나리마시다

結粒 곡식알미치다 漢結겨粒리清져쿠벌거넘비倭고구시기사리난

二十二

다 豆角 콩고토리 漢豆두角교 淸두리이호 호蒙홍골ᄎᆞᆨ倭마메가사 結角兒 고토리미티다 漢結겨角교兒ᅀᆞᆯ淸호호 놈비蒙홍골ᄎᆞᆨ라무倭마

메가사나스마시다 實了 염그다 漢實시了랴淸만둠비蒙깅 가라뮈倭나리난다마시다 熟了 닉다 漢熟수了랴淸우러허蒙 다불로뮈倭우무마시다

秕了 죽졍이다다 漢秕비了랴淸울루너허비蒙하 멀투질라뮈倭나리나이마시다 莠草 기음 漢莠우草찬淸하라蒙우 리연州굴倭조우구사

虫損 벌러먹다 漢虫충損순淸우마하나하蒙호 로해투뮈倭무시가이마시다 荒蕪 밧묵다 漢荒황蕪우又荒황了랴淸 슈덤비蒙타랄랑시릴두바

倭다싱게시마시다 年成好 녀름됴타 漢年년成칭好한淸아나 질엘버倭노우사구세이마시다 收半 병작ᄒᆞ다 漢收식半번淸쳐구손도

홀롬비蒙어루거숩러뮈 倭와게조구루마시다 場院 타작마당 漢場창院원又打다糧량場창淸겨 발란蒙우둘머倭이너다다구마기 割穀 곡식뷔다

漢割거穀구淸지구하둠비蒙타란 하두뮈倭고구시기가리마시다 收穀 곡식거두다 漢收식穀구淸쳐구발감비蒙타란후 라뮈倭고구시기오사무루마시다

打穀 곡식두듧이다 漢打다穀구又打다糧량淸겨구둠비蒙 타란둑어뮈倭고구시기다다구마시다 穀楂子 곡식그르 漢穀구楂자子즈淸허오

허蒙고올수倭고 구시기가리노되 打連枷 도리채질ᄒᆞ다 漢打다連련枷가淸두콜럼비蒙둑어 콜둑어뮈倭이너웃조모노시마시다 曬穀 곡식

볏외다 漢曬새穀구淸쳐구바랍비蒙타란역 시거뮈倭고구시기호사이마시다 颺颺 붓돗질ᄒᆞ다 漢颺양颺양淸어둔겸비蒙거 거뮈倭가스도비시마시다

碓擣 방하어 / 뻣타 漢碓뒤擣다淸헐렵더뉴훈비蒙곤오고 / 올컴켈루뒤倭우스하고니즈구마시싸 舂擣 졀구에 / 뻣타 漢舂충擣다又 / 臼구擣다淸헌

켜구더뉴훈비蒙컴켈루뒤 / 倭우스즈구니즈구마시싸 搗末 빧을 / 타 漢搗다末미又篩시米미淸벌러뉴훈비 / 蒙아무컴컬루뒤倭고메즈구마시싸 碾

米 빧ㄱ / 다 漢碾년米미淸벌러뷴뎐 / 비倭고메스리마시싸 簸一簸 사보 / 로다 漢簸보一이簸보淸우숩비蒙 / 식시뮈倭미히루마시싸 草

人 졍의 / 아비 漢草차人인淸베하蒙 / 어버순굳倭구사히도 秧歌 메넘 / 이 漢秧양歌거淸한두 / 㕲倭노우사구오다

農器類

犁兒 보 / 십 漢犁리兒술又犁리杖장淸 / 안자蒙안지수倭가라스기 犁把 보십 / ㅈ른 漢犁리把바淸안쟈이쟈바쿠蒙 / 안지수연어시倭가라스기즈가

犁鏵 보십 / 놀 漢犁리鏵화又鏵화子즈淸할하蒙 / 안지수연호시구倭가라스기도화 犁柱 보십허리에 / 셰온기동 漢犁리柱쥬淸안 / 쟈이투라倭가라

스기노 / 하시라 耙 써흐 / 레 漢耙파淸날 / 가蒙탕나굴 鋤子 호 / 미 漢鋤추子즈淸호민蒙알 / 치굴倭구사도루모노 鏟子 셔셔기음 / 미ㄷ호미 漢 / 鏟

찬子즈淸달관蒙바리야 / 倭낭가이ㄱ사도우모노 鐵杴 쇠가 / 리 漢鐵텨杴현淸선례울더분蒙텨 / 불룬호샤오倭가녀가라스기 木杴 나모 / 가리 漢 / 木

무杴현淸모외울더분蒙 / 호샤오倭기가라스기 钁頭 광 / 이 漢钁쥐頭투又鉄텨鍋고淸 / 사치쿠蒙찹치굴倭구와 鐵把子 쇠스 / 시랑 漢鉄 / 把

바子조清셜레。허더러쿠蒙더물。말타즐倭밋즈엔다구와

木把子 나모쇼시랑 漢木무把바子조清모와。허더러쿠蒙모도。말타즐倭가밋즈엔다구와

鐵鍬 삽 漢鐵텨鍬챺清쇼오蒙콜져倭쇼스기

鐮刀 낟 漢鐮련刀닿清하두분蒙하두굴倭가마

連耞 도리채 漢連련耞가清두쿠蒙두서굴倭이뎌잦조모노

點葫蘆 씨뱃는조로박 漢點뎐葫후蘆루清우서쿠蒙우럴러치倭사녀우예루노하게

青箱 곡식씨뱃는광조리 漢青칭箱샹清우세힐헌蒙우러연하쿨착倭사녀우예루고모

水車 믈자이 漢水쉬車쳐清무케쉴더쿠倭미즈고시치노구루마

磬轂轤 밧우희子 漢轂둑轂子轤루清토오로쿠蒙을리는돌토고리울倭다나우다다시이시

扇車 곡식부는것 漢扇션車쳐清숙우러쿠倭고쿠시기미히루모노

茓囤 곡식넛는우리 漢茓시囤둔清하샤한

碾子 매 구을 漢碾년子조清빌러쿠蒙잉倭스리모노

溜軸 매에구울리는돌 漢溜릭軸주清빌러쿠위쳐蒙잉칠라군倭스리모노나우다다이시

磨子 매 돌 漢磨모子조清후쥬러쿠蒙터걸머倭이시스리모노

磨盤 매판 漢磨모盤편清빌러쿠。이알리쿠蒙불로연답시倭스리모노반

磨臍 매ㅅ중쇠 漢磨모臍치清빌러쿼셜레나만蒙불로연쿼슈倭스리모노나가노가녀

碓子 방하 漢碓뒤子조清헐련蒙콜고올倭우스

碓床 방핫봇 漢碓뒤床창清헐련이하배쿠倭우스하구노스터

碓窩 방하확 漢碓뒤窩오清오고蒙고올倭우스하고

碓嘴 방하ㅅ고 漢碓뒤嘴쥐清홍코蒙홍호倭우스기녀

杵臼 子꽐 漢杵츄臼갸清헌켜쿠蒙털러올倭우스즈子

柴把子 갈키

漢柴채把바子즈清허더러 쿠蒙말타줄倭기가주모노 **糞叉子** 분쨩즙 는것 漢糞분叉차子즈清바잔개 러사카蒙알찰갑후쇼로

米穀類

稻子 벼 漢稻닾子즈清한도 蒙투톨가倭이녀 **穀子** 것 조 漢穀구子즈清워지이 저벌러倭가와아와 **麥子** 보리 漢麥머子즈又大다

麥어清무지蒙노해 연호시구倭무기 **豆子** 공 漢豆두子즈清투 리蒙불착倭마메 **早穀** 일은 곡식 漢早잔穀구子清부투저쿠 蒙얼러구우타란倭하야

시노고 구시기 **晩穀** 느즌 곡식 漢晩완穀구子清나다저쿠蒙논 지타란倭만가다노고구시기 **水稻米** 논에 난쌀 漢水쉬稻닾米미 清한두벌러蒙투

톨가연아무倭하 다미나인데고메 **旱稻米** 산도 미 漢旱한稻닾米미清하이 벌러倭다나인데고메 **大米** 니쌀 漢大다米미又 稻닾米미清벌

러蒙아무倭 오오이고메 **小米** 조쌀 漢小샾米미清저벌러蒙 호녹아무倭아와고메 **小黃米** 차조 漢小샾黃황米미清비 시허蒙울라간호녹倭

모지 아와 **粘米** 찹쌀 漢粘년米미又江강米미清여여벌 러蒙실루케투툴가倭모징고메 **粳米** 죠흔 니쌀 漢粳깅米미清샌벌러 蒙샌아무倭예이고메

老米 띄워무 힌쌀 漢老랖米미清후쉬리 벌러蒙로오미아무 **小豆** 폿 漢小샾豆두清시사蒙 얼거불착倭안즈기 **菉豆** 녹두 漢 菉

루豆두清리두蒙노 고간불착倭사상계 **黃豆** 공 漢黃황豆두清쉬얀두리蒙 시라불착倭기나루마메 **黑豆** 가믄 공 漢黑허豆두清 사한관두리蒙

하라불착倭구루이마메

豌豆 동븨 漢豌완豆두淸강두蒙울븨라간불착倭구사마메

小麥 밀 漢小샤麥머淸매스蒙부구대倭고무기

蕎麥 모밀 漢蕎걒麥머淸머러蒙사각倭소바

鈴鐺麥 귀오리 漢鈴링鐺당麥머淸알바蒙알배倭나가란무기

高粱 슈슈 漢高간粱량淸슈슈蒙시시倭가라모모

粘高粱 찰슈슈 漢粘년高간粱량淸띠여슈슈蒙실루게시시倭모지가라모모

穄子 기장 漢穄미子즈淸이라蒙뭉끌아무倭기비

黍子 찰기장 漢黍슈子즈淸여여이라蒙실루게뭉끌아무倭모정기비

稗子 피 漢稗배子즈淸히븨蒙우순효녹倭농기사기

芝麻 춤깨 漢芝즈麻마淸말링子蒙샤간마갈링子倭마고마

蘇子 들깨 漢蘇수子즈淸샤할란발랑子蒙하라마갈링子倭에고마

胡麻 거븐깨 漢胡후麻마淸아얀만랑子倭子루이고마

草珠米 률모쌀 漢草찬珠쥬米미淸혼림파이벌러蒙홀리마아무倭요子이고메

玉秫 옥슈슈 漢玉유秫슈又包반米미淸에하슈슈蒙열더니시시倭즈지다마

粘的 찰 漢粘년的디淸여영거蒙실루게倭모지

秈的 뫼 漢秈션的디淸한둔가倭우루시

籽粒 씨 漢籽즈粒리又種죵子즈淸우스蒙우러倭사더

糠 겨 漢糠캉淸아라蒙아가倭가스누가

碎米 쌀아기 漢碎쉬米미淸니지허벌러蒙니자칙건아쿠倭쿤다구고메

麩子 밀거옴 漢麩부子즈淸매스이다蒙부구대연학倭뭉기가스

穀穰 조부거미 漢穀구穰쟝淸져쿠이수스倭고구시기노가스

豆稭 콩각대 漢豆두稭계淸할가蒙불착쿤어시倭마메와라

麻稭 겨릅대 漢麻마稭계淸할휘倭아자와

라

秫秸 슈계 漢秫슈秸계清슈슈이무야蒙시시어시倭가라모모와라 稭草 뇌초 漢稭모草찬清한두올호蒙투집롤가연어버수倭이녀와라

穀草 곡초 漢穀子草찬清빈시허올호蒙호집녹부다가연어버수倭아와와라

菓品類

果子 과실 通稱 漢果고子즈清투비허蒙지밋倭고노미 龍眼 룡안 漢龍룽眼연清무야리蒙룽연倭료운간 荔芰 례지 漢荔리芰즈清마스무야리蒙리디倭리지이

柚子 유즈 漢柚익子즈清죠보리蒙이우즈倭유시 柑子 감즈 漢柑간子즈清쿡둔죠보호리蒙간즈倭구님부

金橘 금귤 漢金긴橘규清애신죠보호리蒙귀즈倭다집바나 香圓 유즈 漢香향圓원清잔츄훈죠보호리蒙암대한이우즈

石榴 셕뉴 漢石榴리清우스리시蒙아날倭샤구무 木瓜 모과 漢木무瓜과清무과蒙무과倭모구과 葡萄 포도 漢葡푸萄탄清무츄蒙우줌倭문도우

馬乳萄 흑포도 漢馬마乳유萄탄清보로고무츄蒙모롤락산우줌倭구루이문도우 梨子 비 漢梨리子즈清술거蒙알리마倭나시

甜梨 참비 漢甜텬梨리清잔츄훈술거蒙암태한알리마倭마고도나시 酸梨 묻비 漢酸쉰梨리清슈슈훈술거蒙쿠치테알리마倭스이나시

白果 은힝 漢白버果고清멍군걸러허蒙버고倭긴안 棗兒 대쵸 漢棗잔兒술清소로蒙치바가倭나즈메 𪏭棗 무른대쵸 漢𪏭새棗잔清왈가하소로蒙억시

거선치바가倭 호시나즈메 蜜棗 꿀의선 대쵸 漢蜜미棗잔清힘수기다하소로蒙발다루손치바가倭빗즈야기나즈메 栗子 밤 漢栗리子즈清
잔츄훈우시하蒙타올래연부거러倭구리 桃子 복숑 회 漢桃토子즈清토로蒙토골倭모모 核桃 호도 漢核허桃토清마스우시하蒙후시가倭구루
미 櫻桃 잉도 漢櫻잉桃토清잉토리蒙잉토올倭유스라 栢子 잣 漢栢버子즈清마무蒙사블倭마즈노미 杏子 살고 漢杏힝子즈清
길러허蒙길러수倭안스 檳子 림금 漢檳빈子즈清마무가蒙알무란倭링곤 柹子 감 漢柹스子즈清모오이하시蒙모돈누삽탈라倭가기 柹
餠 곶감 漢柹스餠빙清하시샤탄蒙시길삽탈라倭구싱가기 蘋果 사과 漢蘋핀果고清핑구리蒙샤구倭시과 山裡紅 아가외 漢山
산裡리紅홍清옹푸蒙돌로노倭아마나시 紅姑娘 꽈아리 漢紅홍姑구娘냥清우쿠후蒙더우구녕倭즈이기 李子 외얏 漢李리子즈清보요
로蒙리서倭스모모 覆盆子 빨기 漢覆부盆픈子즈清일하무거蒙쿠절쟈거너倭이징고 佛手 불슈 漢佛보手식清술스리蒙보셔우倭호도기노
뎨 榧子 비조 漢榧뵈子즈清뵈하蒙페스倭가야노미 梅子 미실 漢梅믜子즈清쥬슈리蒙믜즈倭무메노미 橄欖 감람 漢橄간欖란清
뵈카蒙난난 山葡萄 멀위 漢山산葡푸萄토清영거蒙밀倭야마분도우 榛子 가얌 漢榛즌子즈清시시蒙신倭하심바메 楧棗
누래 漢楧원棗잔清인다훈무츄蒙토실룩倭고호우 五味子 오미조 漢五우味위子즈清미수후시하蒙울랄지가나倭고미시 橙丁 등뎡

漢橙층丁딩清쥬슈훈죠 보호리蒙칭즈倭히사간 **香瓜** 외杏 漢香향瓜과清쟌츄훈홍 커蒙암태한과倭마우리 **西瓜** 박슈 漢西시瓜과清 둥가蒙탈부倭

스의 파 **瓜子** 슈박 씨 漢瓜과子즈清둥가우스蒙 탈부우러倭스익마노고 **葡萄多羅** 포도 송이 漢葡푸萄토多도 羅로清무츄이호

호蒙우죽뭔홍골 토倭룬도우가사 **並蒂子** 어으 렁이 漢並빙蒂디子즈清가 바蒙어부철倭즈잉고 **剝梨皮** 비벗 기다 漢剝보梨리皮피清

슐거햐캄비蒙알리마흡홀로 뮈倭나시가와이기마시쌰 **打榛子** 가얌 ㅅ다 漢打다榛즌子즈清시시칼람비蒙신 흡호치뮈倭하심바메와리마시쌰

劃栢子 잣ㅅ 다 漢劃화栢버子즈清후리칼람비蒙사 물흡호치뮈倭마즈노미와리마시쌰 **剝棗** 대죠 ㅆ다 漢剝포棗잔清소로바탐비蒙치바 가침키뮈倭나즈미즈무마시쌰 **嗑核桃** 호도 ㅅ다 漢嗑커核허 桃토清마스

우시하칼람비蒙후시가흡호 치뮈倭구루미와리마시쌰

中州鄉語

斤九梨 고구 리 江南松江府弋陽德與間産梨頗大有至一斤 九兩者土人謂之斤九梨猶芋言魁也今用以

目人之 精慧者

菜蔬類

菜 나 물 漢菜채清소기蒙 노고가倭사이 **白菜** 비 치 漢白버菜채又菘숭菜채清라부 소기蒙챠간노고가倭다가나 **莧菜** 사 흑 漢莧키 菜채清

아부하蒙아부가倭아오이

水芹菜 미나리 漢水쉬芹킨菜채淸탈라蒙芹굴倭쳐리

芥菜 갓 漢芥계菜채淸할기 소기蒙개ᄂ노고가

倭계이사이

野薺菜 낭히 漢野여薺지菜채淸나지 바蒙졀리개부倭난즈니

蕨菜 고사리 漢蕨궤菜채淸부탈라蒙 시바군니둘가倭와람비

馬蹄菜 곰돌리 漢馬마蹄티菜채 淸광두리倭조와

生菜 상채 漢生숭菜채淸나무 蒙셩세倭쇼우사이

豆芽菜 공기름 漢豆두芽야菜채淸두리알순蒙 수알라삭불챡倭마메모야시

曲麻菜 쓴바괴 漢曲큐麻마菜채又쏨구菜채淸 샤리蒙이더리倭가라시사이

羊蹄菜 소로쟝이 漢羊양蹄티菜채淸엄파 蒙실루케倭조와사이

菠菜 시근치 漢菠보菜채淸불라소기蒙울 커수투노고가倭스이사이

菁角菜 청각 漢青칭角교菜채又鹿루角 교菜채淸볼루소기倭미리

山芹菜 참나물 漢山산芹킨菜채淸알린아긴 탈라蒙아굴란누츄굴倭마고

도사이

藕菜 년근치 漢藕우菜채淸수빈소기蒙령화 운두수연노고가倭하스터사이

韭菜 부치 漢韭구菜채淸셩굴러 蒙교끈倭니라구사

萵苣菜 부로 漢萵오苣귀菜채淸엄 퍼蒙실루케倭지샤

紫蘇菜 ᄎ조기 漢紫조蘇수菜채淸슈슈소기 蒙조채노고가倭스하우노하

蔘芽菜 덕괴기름 漢蔘랴芽야菜채淸 잘미蒙실미倭단데

搖頭菜 둘옵 漢搖야頭두菜채淸불라모 오이알순倭삿스기노호

苜蓿 거유목 漢苜무蓿수淸몰 호倭모구슈구

筆管菜 멸 漢筆비管관菜채淸 교끈蒙아질간죠줄

貫衆菜 회츰이 漢貫 권衆

중菜채清더버라 蒙나라순어버수 蒼朮菜 삽듀 漢蒼창朮츄菜채 清작타倭오케라 莧菜 바름 漢莧현菜채清렬련소 기蒙살발지倭히여

蘿蔔 댓무우 漢蘿로蔔부清물사 蒙로오방倭라잉끈 蔓菁 쉿무우 漢蔓면菁징清먼지 蒙만진倭호소너 黃瓜 외 漢黃황 瓜과清

나산흥거蒙 황과倭우리 冬瓜 동화 漢冬둥瓜과清칠쿠흥 거蒙둥파倭도우파 倭瓜 호박 漢倭오瓜파又南난瓜 파清랑구倭고바구 絲

瓜 수세외 漢絲스瓜과清메허 투흥거倭이도우리 天瓜 하놀타리 漢天뎐瓜과清무혈 련흥거倭초라우리 苦蕒 도랏 漢苦가蕒깅 清톡도바蒙

흘돈차간 倭길끄우 芋頭 토란 漢芋유頭투清 후샤쥬倭이모 茄子 가지 漢茄겨子즈清하시 蒙쳐서倭나스비 水茄子 믈가지

漢水쉬茄겨子즈清무커하시 蒙우쥬허서倭미즈나스비 生薑 싱강 漢生승薑강清불기수蒙 할라군어버수倭쇼웅강 生葱 싱파 漢生승葱 충清열루

蒙송기나倭 히도모지 野葱 돌귀 漢野여葱충清비간이열루 蒙비치한사람사倭히루 芥子 계즈 漢芥계子즈清할기소기 이우스蒙개무노고간누

우러倭 계이시 葫蘆 박 漢葫후蘆루清호 로蒙훌루倭하계 山藥 마 漢山산藥요清랄선다 蒙산요倭야마이모 薄荷 박하 漢薄 보荷

허清발사蒙지 룩버倭하구가 花椒 천쵸 漢花화椒쟌清후스리 蒙화쟈오倭센쇼우 秦椒 예고쵸 漢秦친椒쟈清가키 리倭가라시쇼우 胡

椒 호쵸 漢胡후椒쟈清할후리 蒙후자오倭고쇼우 糖芽 엿기름 漢糖당芽야清무지이알순蒙수얄 락산노해연호시구倭야메모야시 酸漿

菜 슿 漢酸 쉬 撥 장 菜 채 清 츄 셤 죠 아 蒙 치 ᄯᅡᆨ 연 서 굴 倭 스 이 구 사 山蔘 더 漢山 산 蔘 ᄉᆞᆷ 又 茗 명 葕 져 菜 채 덕 清 후 후 츄 蒙 수 라 倭 시 뎜 바 笋 슌

漢 竹 주 笋 슌 清 츄 스 모 오 이 알 순 蒙 훌 루 순 모 돈 누 수 야 倭 다 겨 노 고 香蕈 쇼 漢 香 향 蕈 신 清 왕 가 선 쳐 고 蒙 달 뎌 오 倭 이 시 다 겨 松蘑菇 송 이

漢 松 숑 蘑 모 菇 구 清 쟈 단 모 오 이 선 쳐 蒙 볼 고 흑 倭 마 즈 다 게 木耳 버 漢 木 무 耳 실 清 산 차 蒙 모 숙 돈 누 뮈 구 倭 기 노 남 바 蘑菇 버 漢 蘑 모 숙 菇 구 清

선 쳐 蒙 무 구 倭 남 바 茼蒿 믈 漢 茼 퉁 蒿 호 清 투 누 후 蒙 햑 퉁 후 우 倭 미 즈 요 몽 기 葫蘆絲 박 고 漢 葫 후 蘆 루 絲 스 清 슈 지 루 빙 올 호 부 하 호 토 蒙

줄 물 라 쥬 하 구 랍 락 훌 루 倭 하 계 사 이 葱管 파 ㅅ 漢 葱 충 管 권 清 열 루 이 봉 코 蒙 송 종 지 기 나 연 츄 물 릭 倭 히 도 모 지 가 사 瓜蒂 외 곡 漢 瓜 과 지 蒂 디 清

나 산 흥 거 이 이 거 허 蒙 황 과 연 고 ᄋᆞᆯ 수 倭 우 리 노 흔 소 瓜蔓 외 ㅅ 漢 瓜 과 蔓 먼 清 나 산 흥 거 이 시 런 蒙 손 황 과 연 잘 라 倭 우 리 노 즈 라 호 우 挑菜 못 누

믈 키 漢 挑 탸 菜 채 又 起 키 菜 채 清 소 기 구 룸 비 다 蒙 노 고 가 러 구 뮈 倭 사 이 도 루 마 시 ᄯᅡ 起蘿蔔 무 우 漢 起 키 蘿 로 蔔 부 清 물 사 캐 다 구 룸 비 蒙 로 오 방 러 구 뮈

倭 다 잉 끈 도 루 마 시 ᄯᅡ 凹葱 파 속 漢 凹 와 葱 충 清 얼 루 살 감 비 蒙 송 기 너 쉐 러 고 다 굴 루 뮈 倭 히 도 모 지 우 도 기 나 능 기 마 시 ᄯᅡ 紫了 누 믈 漢 紫 쇠 다 채 了

랍 清 소 기 칙 시 나 하 倭 사 잉 가 기 나 리 마 시 ᄯᅡ

匠器類

方言

鉅子 톱 漢鉅쥐子즈清부분蒙미루거倭노코기리
錛子 자괴 漢錛번子즈清안지쿠蒙우굴리倭쟈우노
老鸛鎚 장도리 漢老랖鸛권鎚취清볼호蒙알루하倭공기웃즈가녀
鐵鎚 쇠마치 漢鐵텨鎚취清톡시쿠蒙톡시굴倭가나즈지
鉗子 집게 漢鉗켠子즈清위쥰蒙우룸비倭가나하시
鏨子 끌 漢鏨조子즈清슈신蒙츄치倭호리
鑽弓 활비비 漢鑽젼弓궁清버릴러쿠蒙누무버치倭유미모모
銼子 줄 漢銼조子즈清화라蒙하오래倭야스리
鐨子 비 漢鐨젼子즈清여런蒙우룸倭모모가녀
推鉋 대패 漢推퉈鉋반清퉈발라쿠蒙하루굴倭오스가녀
錐子 송곳 漢錐쥐子즈清쉬분蒙시부거倭기리모노
木銼 나모한 漢木무銼초清무둔蒙우룹둘倭기야스리
巴鍋子 검열못 漢巴바鍋궈子즈清헝길러쿠蒙부거지倭가숭가이
泡釘 광두정 漢泡팦釘딩清징거리蒙말라개투하다가수倭가미히루이궁기
曲尺 곡쳑 漢曲큐尺치清무당가쥬유루蒙무뤼대도회倭망가루샤구
墨斗 먹통 漢墨머斗두清미할라쿠蒙할자倭스미오께
墨線 먹줄 漢墨머線션清미한蒙수굼倭스미즈나
準線 드림ㅅ줄 漢準쥰線션清모외개문倭맛승구미루노즈나
墁刀 쇠손 漢墁먼刀도清일바쿠蒙일리굴倭고데
泥托 흙받기 漢泥니托토清뵈혼알리구蒙시뢰덥시倭즈지우구루모노
抹子 흙손 漢抹모子즈清치손바쿠倭조징고데
皮鍬子 무디 漢皮피鍬챂子즈清탈기쿠蒙탈기倭스기
花弓 면화활 漢花화弓궁清쿠분이버리蒙쿠붕굽디쿠누무倭와다유미
斧子 도끼 漢斧푸子즈清수허蒙수

거倭마 사가리 千斤子 지 漢千斤 긴子즈 清쵸반 蒙울리굴 鏇床 마리 틀 漢鏇쉰床촹 清슈루 쿠倭 켄즈리하다 剮刀 도

漢劉슈刀단 清춥리 쿠倭 기사미공가다 窟刀 와도 漢窟와刀단 清와시재 다倭 가와라공가다 剜刀 우비 칼 漢剜완刀단 清우후 쿠蒙우후미 倭기사

무공 가다 碗落 토메 漢碗토落로 清토한 蒙토오해 鉅齒 톱니 漢鉅긔齒츠 清루거연 알가 倭노고기리노하 鉅末 톱밥

漢鉅긔末모 清불슌 蒙우룸 다수 倭노고시리노가스 鉋花 대패밥 漢鉋팔花화 清치 람닥 倭오스가녀노가스 䋼子 테 漢䋼子

기다쿠 蒙다 타굴 倭와 盔子 골 通稱 漢盔귀子즈 清퀼려쿠 蒙컵려굴 倭가다지 楦板子 달 漢楦 무板반子즈 清두 만둔 蒙컵 倭가다지이다

楦頭 골 신 漢楦쉬頭투 清사부이 퀼려쿠 蒙샤불룬컵 冶鐵 풀 漢冶여鐵텨 爐 무 清히쟈 蒙키사 倭간지 拉風廂 풀 무

무 漢拉라風봉廂상 清후쥬 쿠 蒙쿠걸거 倭다니간지 火鑵子 쇠녹이 논도관 漢火호鑵권子즈 清슘간 蒙와 루 倭가녀녜리우즈와모노 鏢鑵

子 부례ㅅ 도관 漢鏢뱦鑵권子즈 清답타 蒙탕 하 倭니가와니루우즈와모노 皮膠 아 교 漢皮피膠갸 清무거 암둔 蒙아 라슌 차바오 倭가와누리 桐

油 동 유 漢桐퉁油유 清시멍 기 倭텐시테아부루 磚窑 벽돕 논굴 漢磚줜窑얀 清데진 이욱둔 蒙츄휘 툴려 쿠 요오 倭우스이이시야기노이와야 尾

窑 디새돕 논굴 漢尾와窑얀 清와스 데지려 욱둔 蒙와라 툴려쿠 요오 倭가와라야기노이와야 剛瓮窑 독돕 논굴 漢剛강瓮窑얀 清망가 데지려 욱둔 蒙가 툴려

三 方言 部 二十

키요오陵가미,
야기노이와야

方言類釋卷四

第四篇　保晩齋秘笈三十六

製造類

工程 셩녕 漢工궁程칭清웬런蒙윌런부리倭즈구루모노

奇巧 긔교ᄒᆞ다 漢奇키巧꺞清박시倭기도구다구미마시따

草草 초솔ᄒᆞ다 漢草찬草찬清수스蒙부투쿨릭倭소우소우마시따

鋥 닥다 通稱 漢鋥칭清닐람비蒙자가뮈倭밍가구마시따

鉗 집다 집게로 漢鉗켠清하비람비蒙우룰비더뮈倭가나하시싸라와사무마시따

刮 긁다 漢刮과清솔비蒙후수뮈倭가구마시따

抹 칠ᄒᆞ다 通稱 漢抹모清이줌비蒙툴키뮈倭구다구마시따

鑄了 디다 漢鑄쥬了랖清훙커럼비蒙칠후뮈倭이모노마시따

鏇了 골이다 漢鏇쉰了랖清슈룸비蒙기굴더뮈倭로구마시따

銲了 때다 漢銲한了랖清항남비蒙강나뮈倭야스리마시따

鏟了 삭다 漢鏟찬了랖清갸비蒙쥬루뮈倭소리마시따

砍去 직다 漢砍칸去큐清사침비蒙찹치뮈倭기루마시따

鉾去 자괴질ᄒᆞ다 漢鉾븐去큐清안집비蒙우굴리다뮈

搶出 우븨다 漢搶와出츄又空와摳쿠清코림비蒙홍힐라뮈倭호리마시따

鑽開 뚤다 漢鑽쥔開캐清솔깁비蒙시버더뮈倭모모마시따

透鑽 세뚧다 漢透투鑽쥔清붙돌롬비蒙쇼끌로뮈倭모모도우루마시따

圓

四1a

起來 둥굴리다 漢團퇸起키來레清술덥비倭마루이시마시ᄶᅡ 撅彎 휘우다 漢撅궈彎완清오욤비蒙마타리굴루뤼倭바루마시ᄶᅡ 𥁞

彎 불띄여휘우다 漢煨위彎완清마탐비蒙마뤼倭히니호사이바루마지ᄶᅡ 起花 조이ᄒᆞ다 漢起키花화又鏨조花화清돈흠비蒙투비뤼倭가녀나하나오게

마시ᄶᅡ 磨光 광치다 漢磨모光광又研연光광清노롬붐비蒙즐굴더뤼倭히가리인데시마시ᄶᅡ 銹了 봄의쓰다 漢銹식了랴清섭더커비蒙지버러

지倭사비나스마시ᄶᅡ 銲藥 셥질ᄒᆞᆫ노약 漢銲한藥요清항난倭야스리노구스리 淘金 금니다 漢淘탄金긴清애신워렴비倭공가녀이로마시ᄶᅡ

鎔化 녹이다 漢鎔용化화清엄붐비蒙핼가뤼倭가녀와구마시ᄶᅡ 醮鉄 쇠담으다 漢醮잔鉄텨清힛함비倭가녀히다스마시ᄶᅡ 炸白

쇠달호다 漢炸자白버又燒샤紅홍清셔럼붐비蒙울래뤼倭가녀오히니야기마시ᄶᅡ 鍊鐵 쇠닉이다 漢鍊련鐵텨清담탐비蒙담타뤼倭가녀예리마시ᄶᅡ 拔

鐵絲 텰ᄉᆞ샙다 漢拔바鐵텨絲스清시빔비蒙솝도로뤼倭가녀이도눙기마시ᄶᅡ 錫刀 칼놀세우다 漢錫탕刀닷清져연힛함비倭공가다노하다데시

마시ᄶᅡ 鑲嵌 전에메오다 漢鑲샹嵌켠清갈맘비蒙시길커뤼倭바다오간사리마시ᄶᅡ 飾件 通稱장식 漢飾시件견清힌하蒙짐석倭소우쇼구

鍍金 도금ᄒᆞ다 漢鍍두金긴清불감비蒙알타툴키뤼倭공가녀오누리마시ᄶᅡ 貼金 금부치다 漢貼텨金긴清베긴라투붐비蒙넛쿠알타나날두뤼倭

공가녀즈계마시ᄶᅡ 上漆 칠ᄒᆞ다 漢上샹漆치清슈길럼비蒙실더뤼倭우루시누리마시ᄶᅡ 上油 기름올니다 漢上샹油우清시멍길러비倭[illegible]

라두리마시싸

重油 가유ᄒᆞ다 漢重충油우清탕감비蒙돌롤가뮈倭아부라가데데마시싸

鰾貼 부리부치다 漢鰾뱌貼텨清ᄋᆞ고람비蒙챠바오다뮈倭니가와즈계마시싸

粘住 通稱 붓다 漢粘년住쥬清라툼비蒙나가뮈倭즈계마시싸

上鰾 부레소로다 漢上샹鰾뱌又抹모鰾뱌清암둔빌참비蒙챠바오빌다뮈倭니가와누리마시싸

上樺 봇올리다 漢上샹樺화清알란알람비蒙위수훌다뮈倭감바즈계마시싸

鋪筋 힘올리다 漢鋪푸筋긴清탕감비蒙실부수돌롤가뮈倭손지쉬가마시싸

纏筋 힘감다 漢纏쳔筋긴清구러헐럼비蒙실릴라뮈倭손지명구루마시싸

砍弓胎 활소밍그다 漢砍간弓궁胎태清기루사침비蒙투구릭참치뮈倭유미소구즈구루마시싸

配弓弦 시위언ᄉ다 漢配피弓궁弦현清울리야차붐비蒙큡치녤러굴루뮈倭유미즈루가게마시싸

挑箭扣 살오뇌퍼다 漢挑탸箭젼扣쿠清원뷔텀비蒙오뇌우후뮈倭야한즈호리마시싸

打構稍 비짐ᄒᆞ다 漢打다構겨稍뷔清기발람비蒙차북라뮈倭아와세즈계마시싸

打條子 다회치다 漢打다條탼子즈清홈비蒙구룰뮈

抄紙 죠히ᄯᅳ다 漢抄찬紙즈清호오샨허렴비蒙챠가수슈구뮈倭가미즈구루마시싸

趕氈子 담미다 漢趕간氈젼子즈清자부비렴비蒙이서게줄루뮈倭게무시루즈구루마시싸

技戲類

戲臺 노뎌 희ㅈ호 漢戲히臺태又戲히場챵清쥬츌러러바蒙 나가둠치나간후후란倭사룽가구노마기 鼇山 산뫼 漢鼇안山산清멀 거셔러알린蒙

가순도오 츌길라후 戲本 희ㅈ칙 漢戲히本븐清쥬츌러러빈허蒙나가 둠치연덥뎌倭사룽가구노모노노호 點戲 희ㅈ텀쳐 식이다 漢點뎐 戲히清

통키가다머쥬츌러붐비蒙두 술다루쥬호도고칠라굴루뮈 演戲 챵시 호다 漢演연戲히 清쥬츌렴비 套頭 광대 탈 漢套턒頭투又假 가面면清마후蒙

호도고친倭구모 마이노가부리 打跟斗 근두질 호다 漢打다跟근斗두清통 골림비蒙통골쵹라뮈 弄棒 막대놀 리다 漢弄룽棒 방清묵잔

막시붐비蒙빌러구부직력 더뮈倭기다와부례마시다 踢毽子 돈쳐기 ㅊ다 漢踢티毽젼子즈清지하번헐렴비 蒙더벅더뮈倭마리계루마시다 行

頭 텩이 漢行힝頭투清무무 후蒙붐부거倭마리 踢毬 댱방올쳐 기ㅊ다 漢踢티毬ᄏᆣ清무할란번헐렴비蒙부믈 쳐 이쿨루뮈倭레마러냥계웃즈다시다

跳擺索 줄넘다 漢跳턒擺배索소又繯채绳싱清보타버쿠쳠 비蒙더거수해랄라뮈倭즈루고시마시다 捽挍 실흠 호다 漢捽쇄挍 갸清쟈부

놈비蒙바릴투뮈 倭스모우마시다 裡勾子 안니길 거다 漢裡리勾구子즈清도콜롬비蒙더걸 러뮈倭스터우지샤라강가루마시다 外勾

子 밧니길 거다 漢外왜勾구子즈清고홀롬비蒙고호 다뮈倭스터호가샤라강가루마시다 打蹶脚 죡치 다 漢打다蹶뵤脚교清 타시힘비蒙타시뮈

倭아시오웃 즈마시다 撲拿 타견 호다 漢撲박拿나清바실람비蒙합수룬 다시뮈倭당가이니계루마시다 輪擽 둘러 지다 漢輪룬擽 쇄

비倭멍구루낭계웃즈마시다

撤石 돌매 漢撤뎌石시清뎡거蒙다약倭도비이시

鞦韆 그뇌 漢鞦챠韆쳔清쳐쿠蒙터구정倭비샹고

焰火 불노롬 漢烟연火호清투쇄니민蒙갈투나가둘倭히다와부려

爆燀 지홍 漢爆반燀장清포잔蒙챠가순,포오倭가미,젬보

花筒 매화불놋논지홍 漢花화筒퉁清찰길라쿠蒙쵸킬후

放風箏 연놀리다 漢放방風봉箏졍清더영구더여붐비蒙니수쿨루뮈

投壺 투호치다 漢投투壺후清노간,불곰비蒙후둘올기뮈

抹骨牌 골패ᄒ다 漢抹모骨구牌패清기랑기,사수쿠어빔비蒙야순패나가두뮈

洗牌 골패석다 漢洗시牌패清사숨비蒙솔리뮈

耍紙牌 투전ᄒ다 漢耍솨紙즈牌패清호오샨,사수쿠,어힘비蒙차가순,누,패나가두뮈倭바고지,사마시다

打象棋 쟝긔두다 漢打다象샹棋기清쟝쥴람비蒙시다라나가두뮈倭쑝우기,웃즈마시다

打雙陸 상륙치다 漢打다雙상陸루清쥴쥴럼비蒙상룰라뮈倭스구로구,웃즈,마시다

下大棋 바독두다 漢下햐大다碁키清토뇨,신담비蒙믹만,탈비뮈倭고,오,웃즈,마시다

下䆊棋 휴사오ᄒ다 漢下햐䆊뎌棋기清서수쿠,어뷤비蒙하대나가두뮈倭사이,오스,마시다

棋盤 바독판 漢棋기盤관清토뇨쿠蒙믹만,쿨거倭고반

棋眼 바독판구무 漢棋기眼연清토뇨킈,야사,蒙믹만쿨건,두,나두倭고반노,이

讓子 바독졉히다 漢讓샹子즈又饒샾子즈清토뇨왈람비倭고이시,가테테나라베마시다

打劫 패치다 漢打다劫뎌清할란자머기담비倭고우지웃즈마시다

骰子 ᄉᆞ오 漢骰투子즈清서수쿠蒙하대倭사이

棋醜 바독슈낫다 漢棋ㅣ醜추清

알가어버리蒙믹만누알가도로倭 고이시샤이가궁가히기시마시샤 別幫 훈슈 漢別버幫방清우어다리家두 말라 살라후배가倭텡곤맛스나 賭賽

우려도漢賭두賽새清멀컴비蒙멀져쥐뮈 토다 倭마시오도루아라소우마시샤 賭錢 돈나기 漢賭두錢쳔清지하어헙비蒙 후다 죠곳나가두뮈倭센몬가계마

시샤 對手 젹슈 漢對뒤手싀清박친蒙 어설구철倭다이슈 頭家 장원 漢頭투家갸清웅구蒙 불더거倭다이이지 二家 둘지 漢二 숲家

가清다할리蒙 쿠메지倭즈기 末家 조 漢末모家갸清라라 스蒙도오징倭스에 頭錢 뎐 漢頭투錢쳔清거숑 거더지倭가구센 抽頭

걱전거漢抽착頭투清거즁거더지갬비 두다 倭가구센오오사무루마시샤 比較 비교 漢比비較갸오清덩넘비蒙멀지 후다 걸려뮈倭다구라부마시샤 撈

本 설치 漢撈랖本븐清암잠비蒙너커 후다 뮈倭하지오스숭주마시샤 托羅 핑 漢托토羅로 이清들기쿠 要指兒 공긔 漢要 노다 샤指

즈兒숲清설투어빔비 蒙알골챡나가두뮈 頑兒 긔롱 漢頑완兒숲清요보 蒙호옹치倭나부러

舟船類

船 通稱 비 漢船輴清자후대 蒙옹고챠倭후네 海船 큰비 漢海해船輴清암바자후대蒙 이커옹고챠倭오오이후네 樓船 집 은비 漢樓루船

輴清보옹가쟈후 대倭니가이후네 擺渡船 누르비 漢擺배渡두船輴清도북가 자후대蒙위모倭즈노후네 快船 마샹이 비 漢快쾌船 가 … 마

사쿠蒙갈옹고 차倭하야후녀 | 木牌 패 漢木무牌패 又筏방子즈 清바스蒙군져倭이간다 | 桅竿 빗大 漢桅위竿간 日 대 蒙시루倭호하시라

鹿耳 돗대박 漢鹿루耳술清하빈모오 이나모 倭호화시라다뎨노오게 | 篷 비人 漢篷룽清코롤리蒙 돗 달바倭호무시루 | 櫓 비좌우녑히 젓는나모

漢櫓루清럼허 쿠倭오시로우 | 柁 티 漢柁도清운쳐헌탄치햐쿠 蒙서굴룬잘라굴倭간지 | 篙子 사홧 漢篙꼬子즈清슈루쿠 대 蒙툴가굴倭오시노기

划子 비人 漢划화子즈清섵비蒙섵 노 비굴倭오시노가라스 | 鐵猫 닫 漢鉄텨猫맜清닝갸섵러 蒙장고오터물倭이가리 | 攤繩 비 仁

은는 漢攤탄繩싱清무치하 줄 부타倭공기후녀즈나 | 纜 닫 漢纜란又猫맜繩싱清쿠더쿠蒙알 줄 감질라후더거수倭이가리즈나 | 船頭 빗나 漢船 믈 船頭

투清쟈후머우쥬蒙옹고 챠연툴로개倭오모뎨 | 船梢 빗고 漢船梢산清쟈후머운쳐헌 믈 蒙옹고챠연서굴倭후녀모도 | 開船 비드 漢開 이다 개船

船 清쟈후머쥬람붐비 倭후녀인다스마시仛 | 駕船 비투 漢駕갸船船 又上샹船船清쟈후머더덤비 다 蒙옹고챠둘사구위倭후녀노리마시仛 | 裝船

비예 漢裝장船船清쟈후머더붐비蒙옹 싯다 고챠둘더거위倭후녀나노셰마시仛 | 擺船 비버 漢擺배船船清쟈후머배담비蒙 리다 옹고챠직사가위倭후녀낙라베

마시 仛 | 使划子 노질 漢使스划화子즈清섵빔비蒙섵 후다 비위倭오시로우오시마시仛 | 划船 배젓 漢划화船船清쟈 다 후대슈룸비蒙옹

고챠툴가굴라위倭 후녀오시마시仛 | 絟船 비미 漢絟찬船船又纜란船船清쟈후머쿠덤비 다 蒙옹고챠족소가위倭후녀즈낭고마시仛 | 艙船 틈

오메다 漢艙년船舵清자후며지범비家옹고챠ㅣ물칙러뮈倭후녀스기하미이려마시샤

掛篷 비돗두다 漢掛과篷풍清코틀리라감비家달바타타뮈倭호무시로ㄱ계마시샤

卸篷 비돗지오다 漢卸샤篷풍清코틀리발감비家달바후라뮈倭호무시로눙가셔마시샤

扯篷 비돗드리다 漢扯져篷풍清코틀리다탐비家달바타타뮈倭호무시로꽝기마시샤

眠桅 돗며누이다 漢眠면桅위清실란더두붐비家시룩겁더굴루뮈倭호하시라누혜다마시샤

竪桅 돗대셔우다 漢竪슈桅위清실란일리붐비家달바족소가뮈倭호하사라다혜시마시샤

拋猫 닷주다 漢拋퐈猫맛清닝갸셜러막탐비家알감질라뮈倭이가리오다루루마시샤

拔猫 닷것다 漢拔바猫맛清닝갸셜러발갸비家장고오더물후라뮈倭이가리오마기마시샤

折搶 역풍의환질후다 漢折져搶창清어둔배탐비倭호무시로가엔뎨시마시샤

開洋 비대양으로놋다 漢開캐洋양清나무더신담비倭후녜오오기나하나스마시샤

飄風 표풍ᄒᆞ다 漢飄퍞風붕又遭잔風붕清어둔더라시히부하家살킨둣겟더버倭후기냥마사려마시샤

停泊 비셔셔드다 漢停팅泊박清골로더도시카倭후녕가우라나이려마시샤

閣船 비거다 漢閣거船舵清자후며후부붐비家옹고챠텅더뮈倭후녀가계마시샤

閣淺 비여튼디거다 漢閣거淺천又船舵부한了럄清미치한더후부붐비家옹고차텅벌倭후녀아사시너가계마시샤

暈船 비ㅅ멀믜ᄒᆞ다 漢暈윤船舵清자후며더렬렴비倭후녀요이마시샤

船偏 비기오다 漢船舵偏천清쟈후며왜후家옹고챠하자개倭후녀가다후근마시샤

艫岸 비못티다히다 漢艫룽岸안清달런더아쿤집비家쿠버거둘도올로뮈倭후녀갓ᄂᆞᆫ니ㄴ

고마시다 順流下 비숀류ᄒᆞ다 漢順숀流류下햐清우숨비倭후녜마승구니군다리마시다 逆流上 비거스리오로다 漢逆이流류上샹清숄롬비倭후녜사고우노보루마시다 梢工 사공 漢梢샾工궁又船촨家갸又柁도工궁清슈루치蒙옹고차틀가굴라후군倭셴도우 戽斗 [illegible]리 漢戽후斗두清촨이무커왜다쿠倭후녜미즈고도리 跳板 비ᄉ드리 漢跳턒板반清도오린蒙옹고챠연쿠굴거倭후녀하시 馬頭 비다히션창 漢馬마頭투清다룬蒙가람倭하마 擺渡錢 ᄇᆡ션가 漢擺배渡두錢쳔清쟈후머바사蒙옹고챠연우너倭후녀아다이 汆水 무ᄌᆞ미ᄒᆞ다 漢汆뫼水쉬清부림비蒙숭구뮈倭미즈궁구루마시다 泅水 헤옴ᄒᆞ다 漢泅쳑水쉬清셜빔비蒙우수칠라뮈倭오용구마시다 暗礁 믈 漢暗안礁쟢清부투워허

老大 란다 江南崇明縣呼艄工以一船之司命也 撲水 밧쉬 江南太倉州謂善泅水者

車輛類

車 술위 漢車쳐又車쳐子즈清서젼蒙털거倭구루마 大車 큰술위 漢大다車쳐清암바서젼蒙이커털거倭오오이구루마 小車 져근술위 漢小샾車쳐清아지거서젼蒙바가털거倭지사이구루마 轎車 가마 漢轎갼車쳐清쿄오서젼倭이예아루구루마 傍車 미논술위 漢傍쾅車쳐清아나쿠서젼倭오스구루마 車箱 술위란간 漢車쳐箱샹清서젼이아다하蒙털건누히실락倭구루마노란간 車轅 술위채 漢車쳐轅원清서젼이바라蒙털건

누、아랄倭구루
마냥가이、노기

車輗 술위ㅅ멍에 漢車쳐輗이清서젼이버蒙
털건누、보골가倭구비、가계

車輪 술위ㅅ박회 漢車쳐輪룬 又車쳐轂ᄀ

轆루清서젼이、토호로
蒙쿨두倭구루마노와

車頭 술위 통 漢車쳐頭투清서젼이불룬
蒙불루倭구루마노、도우

車軸 술위빼 漢車쳐軸주清서젼

이터문蒙텅걸릭倭
구루마、요공가미

輻條 술위ㅅ살 漢輻부條탸清서젼이허루蒙
털건누、거거수倭구루마노、야

車鐧 술위통구무안희박은쇠 漢車

쳐鐧견清서젼이삽캬셜러蒙삽
하、터물倭구루마、시다노、가녀

車釧 술위통시울ㅅ에박은쇠 漢車쳐釧쳔清서젼이할문蒙
홀홈치倭구루마、바댜노、가녀

挾

棒 술위ㅅ셔미는나모 漢挾갸棒방清하비라쿠、시바蒙합치굴、
시바가倭구루마와사무、무솜부노기

轄子 술위ㅅ쇠야기 漢轄햐子즈清서
젼이시바蒙털건、

누、시바가倭구
루마노、구사비

梯子 술위앏괴요는나모 漢梯티子즈清서젼이완蒙털거연、우리두
키둘후、모도倭구루마、마예、사사예루、노기

撑兒 술위

뒤고요
는나모 漢撑창兒술清랑스、모오蒙털거연、회투킨
둘후、모도倭구루마、노지、사사예루、노기

套繩 멸줄 漢套탄繩싱清다발리、우셔
蒙커돌거、오고술倭나나우、

즈
나

撒繩 스을줄 漢撒사繩싱清우샤라
부타倭공기노즈나

大鞅 술위ㅅ누릇ㅅ멍에 漢大다鞅양清사倭
오오이오모가이

小鞅

술위ㅅ줄에
져근멍에 漢小샨鞅양清양스
倭지쟈이、오모가이

車罩 술위휘장 漢車쳐罩잪清서젼이돕돈蒙털
건누、둑뒤倭구루마、마와루노렌

轎子

교
즈 漢轎갸子즈清교오蒙
사오거倭노리、모노、

馱轎 빵가마 漢馱토轎갸清
아치러、교오

亮轎 두에업슨교즈 漢亮량轎갸清일
러투、[illegible]

五

터사오거倭후다、 爬山筦 뫼에ᄐ、漢爬파山산筦두淸 幛子 가마漢幛ㅣ子ㄹ淸
나이、노리모노 소교조텅너쿠蒙텅너굴 휘장거젼이하샤한
倭노리모 把犁 발漢把바犁 裝車 술위에漢裝좡車쳐淸서젼더아침비蒙털거두、
노、노렌 외리淸바라 짐싯다 터거뮈倭구루마니、니못즈、노세마시샤
套車 술위메漢套탄車쳐淸서젼토홈비蒙쿨 趕車 술위漢趕간車쳐淸서젼쟈밤
오다 루뮈倭구루마구비가계마시샤 모다 비蒙털거、바리뮈倭구루
마、오우、 膏車 술위통에기漢膏꼬車쳐又膗갸車쳐淸불룬더너멍길럼비蒙털거
마시샤 름브로다 두、토수、틀키뮈倭구루마노、와너아부라、누리마시샤 拉
車 술위ᄭᅳᆯ漢拉라車쳐淸서천우삼비蒙털 御車 술위짐부漢御여車쳐淸서젼숨비
으다 거치루뮈倭구루마、공기마시샤 리오다 蒙털거연、아챠、바리뮈倭
구루마너못즈、 飜車 술위뒤漢飜반車쳐淸서젼웅컴비蒙털거쿠무 墊車 술위걸
눙가세마시샤 티다 락더뮈倭구루마하룽가예루、마시샤 넌더버려
드漢墊뎐車쳐淸바라부하버쇼발람비 苫車 술위漢苫샨車쳐淸서젼엳범비蒙털거、
다倭구루마가가루너도리앙계마시샤 니다불쿠뮈倭구루마오、오우、까시샤
打棚 술위우희漢打다棚픙淸서젼더서멀헌럼비 車沉 술위무漢車쳐沉친淸서
그리오다倭구루마우예너사영기루마시샤 겁다 젼、우젼蒙털거쿤
두倭구루마、오 車輊 술위가漢車쳐輊깅淸서젼、위후건蒙털 車碾了 술위예漢
목구마시샤 븨엽다 거、쿵건倭구루마가、루이마시샤 티이다車
취碾뎐了랴又車쳐歷야了랴淸서젼더기다부하 車惧住 술위박漢車쳐惧우住주
蒙털거둘다룩다뮈倭구루마니、오사유마시샤 히다 晴바라拈비倭子

투망가오지 이루마시다 包子 짐 漢包반子즈清우훈倭니못쓰 梢頭 짐웃 漢梢산頭투清다하다 우훈倭우예노니못쓰 搬運 슈운ᄒ다

漢搬번運윤清쳠비蒙쥬 거뮈倭하굼부마시다

鞍轡類

鞍子 기루마 漢鞍안子즈清엉거 무蒙어머걸倭구라 鞍橋子 기루마사가지 漢鞍안橋쟌子즈清엉거무 불견蒙부굴니倭구라옌다 鞍

翅板 둥울 漢鞍안翅츠板반清합타蒙합 타수倭구라힝기밍기노이다 皮鞍套 안갑 漢皮피鞍안套토清수쿠이 다찬蒙아라수불거수倭구라 기

오웅 鞍座子 소부리 漢鞍안座조子즈 清소보로蒙덥서 韂 돌애 漢韂쳔清토호마 蒙토흠倭아오리 轡頭 굴레 漢轡피頭투清하달

라蒙하쟈 갈倭구즈 籠頭 바굴레 漢籠룽頭투清롱토 蒙녹투倭즈나구즈 編繮 쥬리울 漢編변繮걍清알분蒙 출부굴倭구즈노오 攀

胷 가슴거리 漢攀펀胷흉清울쿠머蒙 쿠물둘거倭무나가이 鐙 등조 漢鐙등清투분蒙 두루거倭아부미 鐙鞦皮 등피 漢鐙등鞦져皮피清투분

이우셔蒙두루거연오 고술倭아부미노가와 肚帶 빗대 漢肚두帶대清올론 蒙올룽倭하라오비 繮繩 바곳비 漢繮걍繩싱清부태 알분蒙칠부굴倭즈

나구즈 노오 嚼子 마함 漢嚼죠子즈清죠진 蒙죠오재倭구즈와 扯手 혁 漢扯쳐手사清쥴후 蒙질로고倭단즈나 鞦 고들 漢鞦착 쿠달

한蒙후둘가倭시링가이 鞦皮 쥬피 漢鞦추皮피清헐허蒙벌칭倭시링가이노가와 屜子 언치 漢屜티子즈清나蒙실덕倭긴즈계 皮

屜 갓언치 漢皮피屜티清수쿠남키蒙아라수실덕倭갸와긴즈계 汗屜 뚬언치 漢汗한屜티清너남키蒙쿨루수실덕倭아비긴즈계 吊肚

져근빗대 漢吊댠肚두清바산蒙차빌로올倭지사이하라오비 撹嘴 몰입의망 漢撹두嘴쥐又撹두子즈清양가두蒙투룸둑倭우마구지아미 搭腦

굴레꼭뒤거리 漢搭다腦난清뵐러쿠蒙거지겁치倭아다마너가게모노 鞦稍 딜치 漢鞦추稍샨清햐한蒙살랄지倭다루루가와 緹胸 쥬락 漢緹티胸

흉清칸달한蒙몬촉 前纓 앏숏동 漢前쳔纓잉又鼻비花화清쥴러리칸달한蒙어무너몬촉 坐纓 뒷숏동 漢坐조纓잉清아말라칸달한蒙회투연

몬촉 馱鞍 짐기르마 漢馱토鞍안清항개엉거무蒙항개어머걸倭니못조구라 鞍罩 기르마우비 漢鞍안罩잔清엉거무열버쿠倭구락아명구

鞍籠 안롱 漢鞍안籠룽清기다찬蒙불거수 鞭子 채 漢鞭변子즈清슈시하蒙타시굴倭무지 鞭竿 챗디머 漢鞭변竿간清슈시하이

버신蒙타시굴룬여시倭무짓즈여 鞭穗 챗열 漢鞭변穗쉬清슈시하이쉬하蒙타시굴술차촉倭무지가와 挽手 채신 漢挽완手식清굴잘한蒙부걸둘거

倭무지노오 飾件 소견 漢飾시件견清힐하蒙집석倭시겐 玲瓏飾件 거화소견 漢玲링瓏룽飾시件견清볼로호힐하倭하나시겐

小鏟子 쥬피혀쇠 漢小샾鏟찬子즈清타부쿠倭시다가녀 肚帶鏟子 빗대골희 漢肚두帶대鏟찬子즈靑골기蒙올롱운가라하倭

하라오비마루이가녀

馬釘子 몰다갈 漢馬마釘뎡子즈 淸타한蒙타하

打馬釘 몰다갈박다 漢打다馬마釘뎡 淸타할람비蒙ㄴㄱ

할라뮈

馬樁子 몰말뚝 漢馬마樁좡子즈淸모린,화타라,하다한蒙모리,우야후,가다수倭우마기궁기

絆了 지달쓰다 漢絆번了랸淸시더

럼비蒙처둘러뮈

摘鞍子 기르마벗기다 漢摘저鞍안子즈淸엉거무갬비蒙어머걸아보뮈倭구라능가세마시다

鞴鞍 기르마짓다 漢鞴뵈鞍안淸엉거무,토홈비蒙어머걸토호뮈倭구라가계마시다

登鐙 등조드듸다 漢登등鐙등淸투불럼비蒙두루걸러뮈倭아부미후무마시다

帶轡頭 굴레시다 漢帶대轡피頭투淸하달라,어투붐비蒙하자갈,어무거뮈倭구즈가계마시다

退轡頭 굴레벗다 漢退퉤轡피頭투淸하달라,물툴럼비蒙하자갈,물툴루뮈倭구즈능기시마시다

退水環 마함벗다 漢退퉤水쉬環환淸죠진숨비蒙아마개수뮈倭구즈와능기마시다

佃獵類

獵戶 산장이 漢獵려戶후又打다捕부戶후淸붇해낟마蒙구루거치,큰倭료우시

打圍 산양ㅎ다 漢打다圍위淸아발람비蒙아발라뮈倭웃즈야망가리마시다

打捕 즘싱잡다 漢打다捕부淸붇하샴비蒙구루거칠러뮈倭뎐다모노도루마시다

鷹把式 슈할치 漢鷹잉把바式시淸갸훈박시蒙할차개연박시倭다가모지모노

架鷹 매밧다 漢架갸鷹잉淸갸훈알림비蒙할차개바리뮈倭다가양계마시다

放鷹 매놋타 漢放방鷹잉淸

方言類釋 亥部 方言

갸훈막탐비蒙할차개올키 뮈倭다가오하나스마시싸

蹲鷹 미안치다 漢蹲춘鷹잉清갸훈도붐비蒙할차개 굴가뮈倭다가오인도라시이마시싸

熬鷹 매길드리다 漢熬와鷹잉清갸훈야사타붐비蒙할차 개톨리굴루뮈倭다가고나스마시싸

籠鷹 매무이다 漢籠룽鷹잉清갸훈혹 셤붐비蒙할차개쿡실 러굴루뮈倭다가 후루이시마시싸

呌鷹 매부다 漢呌갸오鷹잉又嗖헌鷹잉清볼림비 蒙우라다뮈倭다가욤부마시싸

彩頭好 즘싱만히잡아사망잇다 漢彩채頭투好한清마얀샌倭 권다모노단쏘도루마시싸

嗾狗 개타 漢嗾수狗구清인다훈휴쿨럼비蒙 노해탈비뮈倭이누하나스마시싸

搜敺 즘싱뒤지다 漢搜수敺쑤清굴구설럼비蒙구루거수 넝지뮈倭권다모노이상가시마시싸

打牲 즘싱다히다 漢打다牲싱清부탐 비蒙구루덜러뮈倭 권다모노고 로스마시싸

凹進 욱여드다 漢凹와進진清도시가비倭 도리마와루이려마시싸

打青帳 프지거티다 漢打다青칭 帳장清울후 마알갈람비倭 기시도루모노

誘子 밋쩡 漢誘유子즈清잘 라쿠倭훈가시

挾子 차오 漢挾갸子즈清 거지蒙합하

挾子嘴 차오고 漢挾갸子즈嘴쥐清 동산치하蒙타리키

下挾子 차오놋타 漢下햐挾갸子즈清거징 신담비蒙합하탈비뮈

地弩 소뇌 漢地디弩 누清설민 蒙홀홉치누무 倭우즈무유미

活扣子 올감이 漢活호扣쿠子즈清오홀조蒙보 고미倭권다모노가루노즈나

鳥套子 새잡는올감이 漢鳥냐套탄子즈清벼 질런倭도리도루즈나

鷹網 매그믈 漢鷹잉網왕清투시하蒙할차 개연우거시倭다가노아미

鷹鐺 매방올 漢鷹잉 鐺당清

四 8a

갸훈이훙끈蒙할차개
연훙호倭다가노슨스

釣漁類

漁户 어부 漢漁유户후 清니마하부타라낱마 蒙지가순구루거치쿤 倭스난도루모노

釣魚 고기낙다 漢釣댠魚유 清웜멈비 蒙쿠키더뮈 倭우오즈리마시싸

拿魚 고기잡다 漢拿나魚유 清니마하붇함비 蒙구루걸러뮈 倭우오도루마시싸

摩魚 고기더듬다 漢摩모魚유 清니마하힙킴비 倭우오상구루마시싸

撈魚 고기건지다 漢撈랖魚유 清니마하허컴비 蒙지가수슈구뮈 倭우오스굳우마시싸

插魚 고기지루다 漢插차魚유 清니마하샤갈람비 蒙지가순서려더뮈 倭우오샷스마시싸

魚筌 통바리 漢魚유筌춴 又魚유籠룽 清우쿠 蒙토몰착 倭오계아미

魚梁 어살 漢魚유梁량 清바쿠 蒙달답치 倭우오노야

圍網 후리ㅅ그믈 漢圍위網왕 清아수훌한 蒙우거시쿨미 倭도리마와루노아미

撈網 반도 漢撈랖網왕 又擡태網왕 清반단아수 蒙다랍치우거시 倭앙계아미

袖網 통그믈 漢袖식網왕 清울히아수 蒙한츄우거시 倭다니아미

笭籠 고기잡는가리 漢笭잔籠룽 清붇하라투비 蒙구루걸러쿳다루울 倭우오도루노항가라미

綱網 그믈벼리 漢網왕綱강 又網왕邊변繩싱 清허연 蒙걸겨 倭아미즈나

網脚兒 그믈톳 漢網왕脚교兒술 清일먼 蒙칩쿨 倭아미오모리

網瓢兒 그믈버곳 漢網왕瓢퍞兒술 清혹돈 蒙홀보고 倭아미마즈가와

釣鉤 낙시갈고리

漢釣𥫗鉤구清더허蒙더
거倭즈리하리요궁기

釣竿 낙시ㅅ대
漢釣𥫗竿간清월머쿠
蒙쿠키倭즈리쇼우

釣線 낙시ㅅ줄
清시지蒙시
漢𥫗線션

집倭즈
리즈나

釣瓢子 낙시ㅅ줄 맛독이
漢釣𥫗瓢쟢子즈清차비한
倭즈리즈나시로시모노

鉤子倒鬚 낙시미늘
漢鉤구子
즈倒도鬚슈清와탄蒙설
버倭즈리하리노즈메

魚餌 미ㅅ기
漢魚유餌슬清버蒙
일버거수倭우오예

魚叉子 고기더르ᄂᆞ담화
漢魚유叉차子
즈清亞보호蒙아굴잘
倭우오삿스노야리

撒網子 그믈치다
漢撒사網왕子즈又下하網왕子즈清아수툴
럼비蒙우거시져구뮈倭아미나라베마시사

打扮罾 그믈치다
漢打다扮반罾증清투져쿠아수툴럼비蒙슈
우거시져구뮈倭앙계아미나라베마시사

下梁子 살미다
漢下
하梁량子즈清바쿠챰비蒙친훌렁
바리뮈倭우오야즈낭고마시사

編網 그믈믹다
漢編변網왕清야사할람
비倭아미무솜부마시사

魚上餌
고기漢魚유上상餌슬清니마하셔컴비蒙
무다지가수쟈구뮈倭우오가무마시사

魚不餌 고기무지아니타
漢魚유不부餌슬清니
마하셔거라쿠蒙지가
수쟈구후게倭우옹
가가무란마시사

皮革類

漢羊皮 한양피
漢漢한羊양皮피
清툴후蒙성서

野羊皮 산양피
漢野여羊양皮피清니마치蒙
마간누너켸倭아마히존지가와

蜜鼠皮 슬피 漢蜜미鼠슈皮피清할시치倭야마녀고노가와

灰鼠皮 셔피 漢灰휘鼠슈皮피清울후蒙걸머오倭녀즈미노가와

花鼠皮 화셔피 漢花화鼠슈皮피清쿠리울후

掃雪皮 담비 漢掃산雪쉐皮피清할사蒙소오살倭텐노가와

臊鼠皮 족져븨가족 漢臊산鼠슈皮피清솔로히蒙우너연아라수倭이다지노가와

貉子皮 너구리가족 漢貉허子즈皮피清열비허蒙열벙쿠연아라수倭다누기가와

腇子皮 차련 漢腇子즈皮피清사린蒙자가리倭우상기우마노가와

子兒皮 흑셔피 漢子즈兒술皮피清야친셤빙蒙하라아라수

綠斜皮 청셔피 漢綠루斜셔皮피清셤비蒙쿠커아라수

珍珠毛 희모 漢珍진珠쥬毛맏清차키리蒙보골롤倭시로이계

風毛 소옴치 漢風붕毛맏又軟쉰毛맏清눙가리蒙노골롤倭와다계

毛厚 털브다 漢毛맏厚후清부녀허루쿠蒙우수사훌락倭계오욱구마시싸

毛短 털븟다 漢毛맏短된清부녀허널가蒙우수누라해倭계미직가이마시싸

秋板 털븟튼가족 漢秋칙板반清벨러치蒙녹튼倭계미직가이노가와

退毛 털지오다 漢退퇴毛맏清질김비蒙쥴가뷔倭계야구마시싸

剝皮 가족벗기다 漢剝박皮피清부염비倭가와능기시마시쟈

熟皮 가족닉기다 漢熟쑤皮피清수쿠우염비蒙아라수일키뷔倭가와오고시라이마시싸

揉皮 가족부븨다 漢揉서皮피清수쿠몬짐비蒙아라수누후뷔倭가와시히루마시싸

撐皮 가족켜이다 漢撐층皮피清수쿠털런비蒙아라수탈라뷔倭가와사사예루마시싸

鍬皮 가족무뎡질흔 漢鍬찬皮

피清수쿠탈김비蒙탈기
뛰倭가와스기마시ᄯᅡ 趲接 가족무 우다 漢趲핀接져清수쿠아담 비倭가와돈즈계마시ᄯᅡ

柴火類

煤 석漢煤믜清위허아하 탄蒙칠라군너구러수 炭 숫漢炭탄清야하蒙 너구러수倭스미 炭餅 탈박漢炭탄餅빙清 은숫두룬이야하 焦

子 빋漢焦쟈子즈清부야 탄야하倭가다구스미 骨董炭 등걸漢骨구董둥炭탄清모오야하蒙 숫 모돈너구러수倭우깅기스미 木頭

柴 장漢木무頭투柴채清가 작라모오倭와리노기 烟頭子 닝과漢烟연頭투子즈清샹가 리 라야하倭나가라스미 火把 홰漢 불火

호把바清돌론蒙거러 연갈倭다이마즈노히 亮子 등漢亮량子즈清니멍 지러허하분蒙거럽치 松明 관漢松숭明밍清양가 솔蒙나라순거러倭야

나마 즈 糠燈 겨뭇친漢糠강燈등清 용지 하분蒙거럽치 取燈 뭇친셕漢取츄燈등清할휘 류황 리倭두리이모우 撚子 심漢 지撚

년子즈清시번현 蒙五올倭히히기 引柴 불ᄲᅡ漢引인柴채清부헌 개 倭히오가다깅기 荒火 들엣漢荒황火호清덕진투 ㅅ불와蒙뒤멀룬갈倭노비

라노 히 蚊烟 모긔 ㅅ불 漢蚊운烟연清샹가 리倭가긴세이노히 打火鐮 부쇠漢打다火호鐮련清야다람비 치다蒙거털러뮈倭힝가더웃즈마

시 ᄯᅡ 坐火 박히 눈불 漢坐조火호清톡토로 투와倭인도라시노히 飛火 아니박 히눈불 漢飛뢰火호清훌 투와倭도비시히 火着 불 돌

…音類

리漢火호着잪清투와다하蒙갈 다지다뮈倭히즌즈게마ᄉ다 火星 불똥 漢火호星싱清투왠 빌헌倭히노다마 火苗 불꼿 漢火호苗 먀又火호

熖연清투왜굴긘蒙 갈문눌려倭히하나 燒火 불씃다 漢燒샾火호清투와테집비蒙 갈탈비뮈倭히다기마지다 點火 불부치다 漢點뎐火 호清투와

다붐비蒙갈시타가 뮈倭히사시마시다 熰火 불무희다 漢熰우火호清투와후담붐비蒙갈붕 너더굴루뮈倭히소소미야기마시다 烤火 불쬐다 漢 烤

쟌火호清투와빌럼비蒙갈굴 츄거뮈倭히호사이마시다 埋火 불뭇다 漢埋매火호清투와움붐비蒙 갈불라뮈倭히우즈무마시다 火灰 불ᄉ희다

漢火호灰휘清투와길감비蒙갈하 오시타뮈倭히기유루시마시다 火滅 불꾸다 漢火호滅며清투와무겨허蒙갈 운타라바倭히기야ᄉ마시다 竈

煤 그으름 漢竈잪煤미清얄망기蒙 너수倭게무리노ᄉ스 烟紬子 그으름 고도롬 漢烟연紬우子 즈清애하나하 烟草 니서이다 漢 烟

연草잪清상갼무리하비蒙우타 가불키라뮈倭공고루마시다 燄頭飛煤 불티 漢燄연頭투飛뵈煤믜 清욜롱기倭히지리 烟氣

繚繞 너희어오르다 漢烟연氣키繚랴繞얀清불가삼 비倭게무리강가몡구루마시다 烟洞倒風 굴눅에부룸치다 漢烟연洞 퉁倒닾風

붕清굴 람비 吊塌灰 느러진몬지 漢吊댜塌타灰휘清붕 송기倭다루루호고리

中州鄕語 麩炭 부탄 江南嘉定縣 謂浮炭

飛禽类

鳳凰 봉황 漢鳳봉凰황清가루버거루데蒙뭉황倭보우오우 鸞 란됴 漢鸞롼清가룽子蒙란시바子倭산노도리 仙鶴 학 漢仙션鶴허清불러헌蒙토고로오倭즈루 孔雀 공작 漢孔궁雀쟢清토진蒙토곤倭구샤구 天鵝 곤이 漢天텬鵝오清가루蒙하자倭다웅간 鵠 곡 漢鵠후清아얀야다나倭궁구이 鵬 붕 漢鵬풍清대문倭호우도리 鵜鶘 두로미 漢鵜틔鶘후清야다나蒙알서굴倭노즈루 鵰鷹 수리 漢鵰댠鷹잉清다민蒙불군倭와시 鴛鴦 증경이 漢鴛원鴦양清이지본너허蒙우란하진倭오신도리 鸚鵡 잉무 漢鸚잉鵡우又鸚잉哥거清영구허蒙토디倭오우무 翡翠 비취 漢翡비翠취清헬룬쳐치거倭비스이 鷺鷥 빅노 漢鷺루鷥스清카시햐蒙더걸레倭시라상기 白鷴 히오라비 漢白버鷴현清숑긴갓하倭미즈도리 鴻鴈 기러기 漢鴻훙鴈연清비간이눙나하蒙커거러연갈라구倭가리간 鷹 매 漢鷹잉清갸훈蒙할차개倭다가 秋鷹 보라매 漢秋추鷹잉又秋추黃황清자바타갸훈蒙부루할차개倭아기다가 山籠 산진매 漢山산籠룽清비간이훅션倭야마다가 白超 결리여기 漢白버超잔清라후타蒙흘라투倭시로이다가 籠鷹 슈진매 漢籠룽鷹잉清훅션갸훈倭이쎄다가 魚鷹 글며기 漢魚유鷹잉清숙수후蒙챠훌래倭가모메 雀鷹 새미 漢雀쟢鷹잉清실먼蒙길키倭하이다가 鶽兒 죠롱태 漢鶽숭兒슬清아지거햐실먼蒙오보누倭고다가

方言

水鸛 가마오지 漢水쉬鸛권清산蒙하라갈라구倭우노도리

鸂鶒 ᄀᆞᆺ도ᄅᆡ 漢鸂키鶒치清일거쳐터허倭미즈가모

杜鵑 두견 漢杜두鵑견清퇴돈蒙우란숩시굴倭호돈동기스

鶬鶊 알이새 漢鶬창鶊깅清쿠불런일런주쳐치거倭히바리

野鷄 ᄭᅯᆼ 漢野여鷄기清울후마蒙골고올倭기시

錦鷄 뫼ᄉᆞ돍 漢錦긴鷄기清중기러쇼코倭니시기도리

鷂鷹 쇼로기 漢鷂요鷹잉清허불러蒙얼려倭구루도비

鵂鶹 부헝이 漢鵂후鶹루又狠흔鶻후清안쵸카라蒙시라시바구倭요다가

喜鵲 가치 漢喜희鵲챠清삭사하蒙샤가쟈개倭가사상기

鴿子 비ᄃᆞᆯ기 漢鴿거子즈清쿼치허蒙탁타가倭하도

斑鳩 뫼비ᄃᆞᆯ기 漢斑반鳩각清두두蒙쿠더거倭야마하도

黃鸝 굇고리 漢黃황鸝리又金긴衣이公궁子즈清굴린쳐치거蒙알탄골골태倭웅구이스

麻雀 ᄎᆞᆷ새 漢麻마雀챠清시샬간쳐치거蒙키타로오빌죠오해倭스스메

翠雀 쇠새 漢翠취雀챠清울간쳐치거蒙쿠쳐츄倭가와세미

葦鳥 갈새 漢葦위鳥냐清달하쳐치거蒙부하시바구倭요시도리

鷦鷯 밥새 漢鷦잔鷯랸又水쉬喳자子ᄌᆞ清갈자쳐치거蒙시라골지빌죠해倭미소산사이

布穀 벅국새 漢布부穀구清거쿠허蒙무쿠거倭곽구이도리

銅嘴 수좀ᄃᆞ리새 漢銅퉁嘴쥐清아밀라권덜헌倭오지노도리

蠟嘴 암좀ᄃᆞ리새 漢蠟라嘴쥐清어밀런권덜헌倭메지노도리

鶺鴒 할미새 漢鶺지鴒링又[illegible]시姊스姊믜清잉가리倭이시다다기도리

夜猫 옷밤이 漢夜여猫먀清후샤후蒙우굴리倭누에

蝙蝠 볼쥐 漢蝙변蝠부又簷연鼠슈清얏향가싱거리蒙박바하倭고우무리

老鴉

가마 漢老란鴰야 又老란駉거 괴： 清가하 蒙거려 倭가라스

寒鴰 갈가마괴 漢寒한鴰아 清탕구하 蒙타구 倭사무이가라스

拙燕 져비 漢拙줘燕연 又紫조燕연 清치빈 蒙하라채 倭조바메

巧鷰 명막이 漢巧갼鷰연 又越웨鳥냐 清굴달간치빈 蒙우란하라채 倭아나조바메

蚊母鳥 보람갑이 漢蚊윤母무鳥냐 清갈만허러쿠 蒙노해쏘요올 倭가제도리

鵪鶉 뫼초라기 漢鵪안鶉츈 清무슌 蒙부더너 倭우즈라

鵝 거유 漢鵝오 清궁나하 蒙갈라구 倭이예구이

鴨 집올이 漢鴨야 清너허 蒙노고수 倭이예가모

野鴨 뫼ㅅ오리 漢野여鴨야 清비갈이너허 蒙거거러연노고수 倭야마가모

鷄 돍 漢鷄기 又家갸鷄기 清쇼코 蒙타갸 倭니와도리

公鷄 수돍 漢公궁鷄기 清아밀라쇼코 蒙어려친타갸 倭오니와도리

母鷄 암돍 漢母무鷄기 清어밀러쇼고 蒙어먹친타갸 倭메니와도리

鬚鷄 멱부리돍 漢鬚슈鷄기 清샬룽가쇼코 倭빙계니와도리

蓬頭鷄 두거리돍 漢蓬풍頭투鷄기 清쿠쿨루쇼코 倭민다례가미니와도리

笋鷄 연계 漢笋슌鷄기 清보하 蒙쵸바가 倭야와라구니와도리

鷄雛 병아리 漢鷄기雛추 清쑬호 倭니와도리노히옹고

鷄鬪 돍싸호다 漢鷄기鬪투 清총김비 蒙타갸쇼길라위 倭니와도리계아마시다

鷄飛 돍흘우다 漢鷄기飛채 清쇼코비훔비 蒙타갸깃키뮈 倭니와도리아이아와세마시다

鷄冠 돍의볏 漢鷄기冠권 清성결러 蒙다간누처척 倭계이관

鷄蛋 돍의알 漢鷄기蛋단 清쇼코옴간 蒙타간누운더거 倭니와도리노다망고

下蛋 알낫타 漢下햐蛋단 清옴간빌럼비 蒙운더걸러뮈 倭다망고우마례마시다

抱蛋 알안다 漢抱반蛋단 清옴간기럼비 蒙

十二、

운더거다루뮈倭다 망고、인다기、마시사 寡蛋 수ᄃᆞᆰ엄시漢寡과蛋 나흔알 단清울루 蛋清 흰ᄌᆞ漢蛋단清칭清쇼호倭 의 ㅣ망고시로이、모도

蛋黃 노른漢蛋단黃황清요호倭 ᄌᆞ의 다망고、기나루、모노 白翎 미의漢白버翎링又飄퍞翎링子ᄌᆞ清기 새짓다 잔蒙고올서굴倭시로이ᄌᆞ바사

翅膀 놀개 漢翅ᄎᆞ膀방清앗、 죽지 하이물란倭하녀 翅翎 짓漢翅ᄎᆞ翎링清텬 허蒙워두倭하 翅大翎 갈漢翅ᄎᆞ 짓大대翎

링清풍뇨倭 스쎄노하 翅次翎 너븐漢翅ᄎᆞ次ᄎᆞ翎링清허 짓 허던허倭히로이하 翎管 짓、漢翎링管관清키탈라 통蒙호올수倭하모도

毛羽 소옴漢毛만羽유清봉갈라 키짓蒙울벗거倭와다한 尾把 꼬리漢尾이把바清운 리쳐헌蒙서굴倭오 爪子 발漢爪잔子 톱ᄌᆞ清오쇼

호蒙키무 수倭ᄌᆞ예 距 며느漢距쥐清박진蒙라 리톱 얍치倭스더ᄌᆞ예 理毛 짓다漢理리毛맏清텬허다삼비蒙위 돕다 두자사뮈倭하ᄌᆞ구루마시사

搧翅 놀개漢搧션翅ᄎᆞ清뎝심비蒙지굴 붓다 더비뮈倭하오도비라마시사 飛 ᄂᆞ다漢飛뢰清더염비蒙니 다 수뮈倭도비마시사 抓 ᄎᆞ다漢抓좌 다清쇼보

롬비倭ᄌᆞ가미 도루마시사 啄喫 조아漢啄조喫치清버죵키삼비蒙옥슈거쇼 먹다 길라굴루뮈倭ᄌᆞ이와무다벼마시사 鷹條 매漢鷹잉 ᄯᆞᆼ條툐清

쇼쇼蒙상가수 倭다가굿소ㅣ 撒糞 놀즘싱漢撒사糞븐清바잠비蒙알갈바가뮈 ᄯᆞᆼ누다 倭도비도랑가굿소、하나스마시사 蹶 놀즘싱漢 흐루다蹶

채菜잉清버훔비倭도비 도리아이、아와세、마시사 鷄罩 ᄃᆞᆰ의漢鷄기罩잔清투비蒙호노 우리 구리倭니와도리、노사미 鷄架 ᄃᆞᆰ의漢鷄기 홰 架갸清

발기倭너와도리노가나 鷄窩 돍의집 漢鷄기窩오清쵸코이뻐여蒙라카연어굴倭너와도리노야 鵝欄 거유우리 漢鵝오欄란清ㅎ하이홀ㅎ蒙갈

라우연호리굴倭이예구이노싱가라미 鴨欄 올희우리 漢鴨야欄란清더허이홀ㅎ蒙노고수연호리굴倭가모노싱가라미 燕窩 져비집 漢燕연窩

오清치빈이뻐여蒙하라채연어굴倭츠바메노스

走獸類

麒麟 긔린 漢麒기麟린清사비둔사빈투蒙길링倭기린 獅子 사지 漢獅스子즈清알살란蒙알人란倭가라시시 象 코키리 漢象샹清수반蒙자

간倭조우 老虎 범 漢老란虎후又大다虫충清탓하蒙발人倭도라 豹 표범 漢豹뱦清얄하蒙일빗倭뵤우도라 虎威骨 을골 漢虎후威

위骨구清홀혼기랑기蒙술야수倭도라이기오이노호녀 熊 곰 漢熊흉清러부蒙워더거倭구마 狼 일희 漢狼랑清뉴허蒙치누倭야마이누 猞猁

猻 시손 漢猞셔猁리猻순清실룬蒙실루구수 角鹿 수사슴 漢角교鹿루清마부타倭오가노시시 麋鹿 암사슴 漢麋미鹿루清쬬로

蒙서굴울투부구倭메가노시시 鹿羔 사슴의삿기 漢鹿루羔쟌清뱌쥬蒙일리倭가노시시노고 鹿茸 록용 漢鹿루茸숑又茸숑角교清붐투蒙뵈독

倭시가다메 獐子 노로 漢獐쟝子즈清실가蒙쥴倭큰지사 獐羔 노로삿기 漢獐쟝羔쟌清밀간蒙쟝고오태倭큰지사노고 香獐 사향

노 漢香향獐장 清마호 蒙쿠르더리 倭사고우균지사 香臍子 사향 漢香향臍치子즈 清자향린 蒙지갈 倭사고우 水獺 슈달 漢水쉬獺타 清할룬

蒙할ᄀ구 倭미즈다누기 猢猻 진나비 漢猢후猻순 清모로 蒙삼자 倭사루 駱駝 약대 漢駱로駝토 清터머 蒙터머 倭야우다이 駝峯

약대 漢駝토峯봉 清부호토 蒙부흐 倭야구다이노시시구라 牛 쇼 漢牛누 清이한 蒙우컬 倭우시 犍牛 수쇼 漢犍망牛누 清무하산 蒙부하 倭오우시

乳牛 암쇼 漢乳슈牛누又母무牛누 清우니 蒙우너 倭메우시 水牛 믈쇼 漢水쉬牛누 清무케이한 蒙우순누우컬 倭민즈우지 花牛 어롱

쇼 漢花화牛누 清쿠리이한 蒙쿠린우컬 倭만다라우시 牛犢 쇠야지 漢牛누犢두 清툭산 蒙투굴 倭고우시 牛角 쇠쁠 漢牛누角교 清이한위허

蒙우컬룬어벌 倭우시즈노 薦皮 쇠약 漢薦전皮피 清쉬헌 倭우시다루루구비 牛尾把 쇠꼬리 漢牛누尾이把바 清이한이운취헌 蒙우컬룬

서굴 倭우시노오 牛吼 쇼우다 漢牛누吼후 清무함비 蒙욤길라뮈 倭우시나구마시따 牛相頂 쇼싸호다 漢牛누相상頂딩 清슈기샴비 蒙물

구쳐뮈 倭우시경과마시싸 倒嚼 쇼여믈도로다 漢倒도嚼쟢 清우야샴비 蒙커비뮈 倭우시하미가예데가무마시다 牽牛 쇼잇그다 漢牽견牛누 清

이한쿠틀럼비 蒙우컬쿠덜루뮈 倭우시히기마시따 套牛 쇼메오다 漢套토牛누 清이한토홈비 蒙우컬쿨루뮈 倭우시구빙가미마시따 馬 몰 通稱 漢馬

마 清모린 蒙모리 倭우마 兒馬 수몰 漢兒ᄋᆞᆯ馬마 清아질가 蒙아질가모리 倭오우 騍馬 암몰 漢騍코馬마 清거우모린 蒙거우모리 倭메우마

馬駒 망아지 漢馬마駒쥐 清우나한 蒙우나가 倭고우마 白馬 漢白버馬마 清수루모린蒙 차간모리 倭시로이우마 紅馬 절따

몰 漢紅훙馬마 清절더모린蒙 우절더모리 倭아가이우마 黑馬 가라몰 漢黑허馬마 清가라모린蒙 하라모리 倭구루이우마 黃馬 고라몰 漢黃

황馬마 清콩고로모린蒙 홍골모리 倭기나루우마 青馬 총이몰 漢青칭馬마 清불란모린蒙 부루모리 倭아오이우마 花馬 얼럭몰 漢花화馬마清

알하모린蒙 알락모리 倭만다라우마 青驄馬 청총몰 漢青칭驄충馬마 清가라불란蒙 부루모리 倭아오이소우우마 線臉馬 간자

몰 漢線션臉련馬마 清갈자모린蒙 할잔모리 倭화나시로이우마 玉頂馬 쇼틱셩몰 漢玉유頂딩馬마 清토시모린蒙 사라모리 倭이딴다기시로이우마

玉眼馬 골희눈몰 漢玉유眼연馬마 清치키리모린蒙 치컬모리 倭다마기메노우마 銀蹄馬 ᄉᆞ족박 漢銀인蹄티馬마 清서버리모린蒙

불락모리 倭욘즈아시시로이우마 孤蹄 후일족 漢孤구蹄티 清소보리 倭노지이지아시시로우마 急性馬 셩쏫몰 漢急기性싱馬마 清독신、

모린蒙 독신모리 倭쇼우깃즈이우마 懣羣馬 벗짓눈몰 漢懣면羣쥰馬마 清이질라 질라후모리 倭도몽가라즈구리우마 跑馬

도ᄂᆞᆫ몰 漢跑팦馬마 清뫼시러모린蒙 돕돌후모리 倭화례화시리우마 走馬 것ᄂᆞᆫ몰 漢走주馬마 清후둔뎌린蒙 훌둔모리 倭예이야요미우마 小

走 탈비가 漢小쇼走주 又細시點뎐 清새부루蒙 새불 倭호소이화시리우마 賑馬 숨진몰 漢賑반馬마 又肥뵈馬마 清탈훈모린蒙 탈곤모리 倭고예루우마

亥部 方言

瘦馬 여윈 몰 漢瘦ᄉᆞᆺ馬마 清투라한모린 蒙 倭야셰루우마

騸馬 블친 몰 漢騸션馬마 清악탈라하모린 蒙악타모리 倭후구루기리우마

驏馬 기르마 업슨 몰 漢驏잔馬마 清뫼토호모린 蒙재당모리 倭화가세나이우마

頂馬 혈 몰 漢頂딩馬마 清봉고모린 倭히기우마

瞎馬 눈먼 몰 漢瞎햐馬마 清도호모린 蒙소홀모리 倭메구라시우마

瘸馬 저는 몰 漢瘸궤馬마 清도홀론모린 蒙도골랑모리 倭집바우마

畧蹶 사록이다 漢畧랴蹶궤 清니커뎐비 蒙쉬달자뮈 倭짓도짐바마시싸

打奔 몰 집 벗이다 漢打다奔븐 清아바탐비 倭우마조마즈구마시싸

光當 몰 덜렁이다 漢光광當당 清모린돌리람비 蒙모리툴캬태 倭우마혜이란마시싸

鞍心滉 압사 싯타 漢鞍안心신滉황 清사람비 倭마예즈구마시싸

耐遠 멀리 무 취갈 몰 漢耐내遠웬 清온도소로모린 倭도우이니이다스우마

遲鈍 거름 뜨다 漢遲치鈍둔 清옥손라타 倭아요미돈나루마시싸

嘴硬 아귀 세다 漢嘴쥐硬잉 清앙가치라 蒙아만하타우 倭구지고와시마시싸

嘴生 자갈 서다 漢嘴쥐生승 清앙가먼투훈 倭구즈와후고우마시싸

单蹄掉 외알 적이다 漢单단蹄티掉댠 清마탈람비 蒙대루뮈 倭이지아시꺄라게루마시싸

前失 압거치다 漢前쳔失시 清불두림비 蒙부투리뮈 倭마예즈마즈구마시싸

後失 뒤것치다 漢後후失시 清아말라불두림비 倭노지즈마즈구마시싸

倒退 무름 뜨다 漢倒돠退퉈 清소소롬비 倭시리쏘구아요미마시싸

咆哮 사오나와 소리ᄒᆞ다 漢咆퐈哮햪 清무무럼비 倭아시시데꼬메마시싸

上

滾 소용이 치다 漢打다滾군 清모린부ᄉᆡ겹비 蒙모리웅쿠리뮈 倭후세

우다다 아시사 抖毛 털써다 漢抖두毛만清부터허이 힘비倭데아즈무마시사 噴鼻 코부다 漢噴픈鼻비清물김비 倭하나후구마시사

剷癢 몸부비다 漢剷츙癢양清모린힐훔 비倭우마히네루마시사 流療 신코지다 漢流리療상清망가나하비蒙하발 어번치투지倭하나욘다려마시사

迎鞍瘡 몬다회닷타 漢迎잉鞍안瘡창清다리蒙다 가리倭세나가야부려마시사 害骨眼 눈에치얼타 漢害해骨구眼 연清부거야사

니멈비蒙무걸수니두어벋두 뮈倭우마화라이다미마시사 馬嘶 몰소리ᄒᆞ다 漢馬마嘶시清모린인참비蒙모 리인차뮈倭우마임보우마시사 拉馬

몰잇그다 漢拉라馬마清모린쿠툴럼비蒙모 리쿠덜루뮈倭우마히기마시사 絟馬 몰미다 漢絟쏸馬마清모린훠탐비蒙모 리우야뮈倭우마즈낭고마시사

刷馬 몰빗기다 漢刷솨馬마清모린하사쿨람비蒙모리 삼나굴라뮈倭우마구시히기마시사 飮馬 몰믈먹이다 漢飮인馬마清모 린멀럼비蒙모리

우술라뮈倭우마 민즈구우마시사 喂馬 몰먹이다 漢喂위馬마清모린울러붐비蒙모 리이더굴루뮈倭우마구우마시사 護草 여믈새옴ᄒᆞ다 漢護 후草

찬清올호할삼비倭 함미소녀무마시사 放草 풀에노타 漢放방草찬又放방青청清올호더신담비蒙 어버수두탈비뮈倭구사나화나스마시사 齦青

풀뜯어먹다 漢齦큰青청清상감비蒙훅로 뮈倭구사도루다베마시사 脊梁 몰등모루 漢脊지梁량清모린이옹 끈倭우마세나가호녀 脖鬃 몰갈

기 漢脖보鬃중清덜룬 蒙덜倭우마구빙메 前脚 압다리 漢前쳔脚교清빙허 蒙하倭가예스녀 後腿 뒷다리 漢後후腿퉤清숙 사하蒙구이倭노

亥部 方言 十五

四15a

녀 지ᄉ 夜眼 몰밤눈 漢夜여眼연清와훈 야사倭우마요루메 馬蹄子 몰굽 漢馬마蹄티子즈清와 한蒙투구래倭하즈메 蹄心

굽뭉 漢蹄티心신清우만蒙거 속뎔머倭히즈메노소구ᄂ 馬尾子 몰ᄭᅩ리 漢馬마尾이子즈清모린이운쳐 헌蒙모린누서굴倭우마노오 驢

子 나귀 漢驢류子즈清에헌蒙 얼지거倭우상기유마 快驢 잰나귀 漢快쾌驢류清쟈란에헌蒙지루가 얼지거倭하려유기노우상기우마 마驢

수나귀 漢마ᄀᆞᆫ驢류清아질간에헌蒙아 질가얼지거倭오우상기우마 騍子 노새 漢騍로子즈清로린 蒙라구사倭로우마 마騍 수노새 漢마ᄀᆞᆫ騍

로清아질간로린蒙아질 가라구사倭오로우마 騍騾 암노새 漢騍코騾로清거우로린蒙 거우라구사倭메로우마 牙猪 수돗 漢牙야猪 쥬清애다

간蒙하반 倭오무다 母猪 암돗 漢母무猪쥬清 머헌蒙메무다 兒猪 ᄯᅡ야지 漢兒会猪쥬清미다 간蒙토뢰倭고무다 奶光 돗희 漢奶 내光

광清미한倭 무다노고 公羊 수양 漢公궁羊양清부카호닌 蒙일커호니倭오히즈지 母羊 암양 漢母무羊양清부차호닌 蒙어머호니倭메히즈지

羊羔 양의삿기 漢羊양羔고清호닌이더버 런蒙이마가倭히즈지노고 山羊 염쇼 漢山산羊양清니만蒙 이마가倭야마히즈지 兎兒 톳기

漢兎투兒会清굴마훈 蒙타올래倭우상기 山獺 너구리 漢山산獺타清열비허 蒙열벙쿠倭다누기 貂鼠 돈피 漢貂댶鼠슈清서 거蒙불라가倭돔

비 臊鼠 담뷔 漢臊산鼠슈又掃산雪셰清 아얀할사蒙소오살倭텐 狐 여ᅌᆞ 漢狐후狸리清도비 蒙우너거倭기즈녀 野猫 ᄉᆡᆨ 漢野

十五

여猪맏淸말라하蒙
말른倭야마녀고

獾子 오소리 漢獾헌子즈蒙망기수倭

狗 개 漢狗구淸인다훈蒙노해倭이누

公句 수漢公궁狗구又牙야狗구淸아질한
개인다훈蒙아질가노해倭오이누

母狗 암개 漢母무狗구淸어너헌인다훈蒙울룩친노해倭메이누

襲狗 산영개漢襲시狗구又香향狗구淸마다리인다
훈蒙아발라훈노해倭야망가리이누

獅子狗 삽살개 漢獅스子즈狗구淸타하인다훈蒙태가노해倭무구이누

風狗 미친개 漢風봉狗구淸멀라하인다훈蒙구
라발작산노해倭깃정가이이누

狗吠 개즞다 漢狗구吠븨淸인다훈蒙노해후차뮈倭캄비이누호유
루마시싸

猫 괴 漢猫맛淸커시커蒙미귀倭녀고

黑猫 거믄괴 漢黑허猫맛淸사할란커시커蒙하라미귀倭구루이녀고

花猫 어룽괴 漢花화猫맛淸쿠리커시커蒙어련미귀倭만다라녀고

騷鼠 족져비 漢騷산鼠슈淸솔로히蒙우너倭이다지

鼴鼠 두더쥐 漢鼴븐鼠슈淸우구루모지
묵툰蒙노믄倭

刺蝟 고솜돗치 漢刺ㅊ蝟위淸성거蒙자라가倭즈농고이노

山鼠 다람쥐 漢山산鼠슈又松숭鼠슈淸쥬마라蒙쥬미라倭릿
스

老鼠 쥐 漢老랖鼠슈又耗화子즈淸싱거리蒙훌루가나倭녀즈미

鼠耗 쥐먹다 漢鼠슈耗화淸싱거리가잠비蒙훌루가나일가뮈倭녀즈미구이
마시싸

牲口 즘성 通稱 漢牲승口쿠淸울하蒙말倭겐다모노

崽子 즘성의삿기 通稱 漢崽재子즈淸더버련倭겐다모노노고

獠牙 엄니 漢獠랖牙야淸알간倭기바

捲毛 곱슬곱슬한털 漢卷쥔毛맛淸부녀허호리蒙보고길倭강가마루노게

脫毛 털지다 漢脫토毛

獸部 方言

맛清기산할람비蒙다키 할라뮈倭게눙기마시ᄯᅡ **毛倒搶** 털거ㅅ러기다 漢毛맛倒단搶쟝清부텨허뷔다라카 비蒙우수숟치倭게사고우마시ᄯᅡ **搖**

尾把 ᄭᅩ리치다 漢搖얖尾이把바清시허셤비蒙부 쿠룩러뮈倭오유산즈구마시ᄯᅡ **掌** 通稱슴셩의발 漢掌장清발하蒙시키 라倭겐다모노아시 **虎**

走仰 범흠리ᄒᆞ다 漢虎후走주仰양清무하람비蒙발 부하투뮈倭도라마시바루마시ᄯᅡ **牛交** 쇼흘우다 漢牛뉴交쟌清무하틈 비蒙부하투지倭우시

마시바루ㆍ마시ᄯᅡ **馬交** ᄆᆞᆯ흘우다 漢馬마交쟌清아질갈람비 倭우마마시바루ㆍ마시ᄯᅡ **猪跳** 돗흘우다 漢猪쥬跳탄清애다갈 람비倭무다마시바루ㆍ

마시ᄯᅡ **驢跳** 나귀흘우다 漢驢류跳탄清에헌아질갈람비蒙얼지거아 질갈라뮈倭우상기우마마시바루마시ᄯᅡ **狗走襲** 개흘우다 漢狗

구走주襲시清가림비蒙오로굴 두뮈倭이누마시바루마시ᄯᅡ **猫走仰** 괴흘우다 漢猫먀走주仰양清거시컬렴 비倭녀고마시바루마시ᄯᅡ **牛**

欄 쇠우리 漢牛뉴欄란清이한이흘호蒙 우컬룬호리굴倭우시마로시 **鼻鍋子** 쇠코ㅅ도래 漢鼻비鍋귀子즈 清산치하蒙빌러 **馬圈**

ᄆᆞᆯ우리 漢馬마圈권清허런 蒙쥬치여倭우마야 **馬槽** 구유 漢馬마槽찬清후쥬蒙 옹고차倭우마후텨 **羊圈** 양의우리 漢羊양圈권清 호넌이흘호蒙

호넌누호리굴倭 히즌지마로시 **猪圈** 돗회우리 漢猪쥬圈권清울간이흘호蒙 가해연호리굴倭무다마로시 **狗窩** 개ㅈ리 漢狗구窩오 清인다훈이

운倭이 누노야 **馬草** 여믈 漢馬마草찬清모린이올ᄒᆞᆫ 蒙모린누어버수倭함미 **八草** 작도누로다 漢按안草찬清쟌코기감 비蒙걸치굴다루뮈倭구

삭기리오사 유마시싸

鍘草 작싸ᄒᆞ다 漢鍘자草찬 清좀비칼치뤼 倭구사기기 어버수시싸

馬豆 말콩 漢馬마豆두 清볼또쿠 蒙료오 倭우마미

馬糊粭 말에 漢馬마糊후粭두 清후본 蒙어더먹 倭우마가유

鄉語

飛風 비흥 江南嘉定縣稱馬之疾速 唐制馬入尙乘局者以風字印右膊以飛字印左膊

犒 탄 山西臨晉縣牛羊不生子曰犒

孤兒 고ᄋᆞ 山西寧鄉縣謂羔

昆虫類

小蝴蝶 쟈근나뷔 漢小샤蝴후蝶뎨 又粉븐蝶뎨 清돈돈 蒙엘벅치 倭도우

蝴蝶 범나븨 漢蝴후蝶뎨 清거버허 蒙얼버게 倭만다라도우

撲燈蛾 부나븨 漢撲바燈등蛾오 又鬼귀蛾오 清부수쿠돈돈 蒙이두한얼버게 倭히도우

螢火虫 반듸 漢螢잉火호虫충 又明밍火호虫충 清쥬치바 蒙갈두호로 倭해호다루

秋蟬 비암이 漢秋칙蟬쳔 又蛣기蟟랴 清방시쿠 蒙질기라 倭셰미

秋涼兒 쓰르렁이 漢秋칙凉량兒ᄋᆞᆯ 清빙시쿠 蒙질기라 倭아기노쉐미

蜜蜂 꿀벌 漢蜜미蜂붕 清힙수어젼 蒙발두쥬게 倭밋즈하지

馬蜂 말벌 漢馬마蜂붕 清실란 蒙모리쥬게 倭우마하지

蝇子 프리 漢蝇잉子즈 又蒼창蝇잉 清덜훠 蒙일라가 倭하이

狗蝇 개프리 漢狗구蝇잉 清인다훈이덜훠 蒙노해연일라가 倭이누하이

緑

豆蝇 리 죄工 漢綠루豆두繩이淸항간달 蒙ㅋ거일라가 倭민도리하ㅣ 倭금 부우

促織 뵈人 장이 漢促추織지虫충淸아얀굴뎌 蒙우절무러져머너 倭누노오리스무시

竈잔馬마兒ᄋᆞᆯ淸뵤후굴뎌蒙무럴져머너 倭기링기리스

길ㅎ色虫충又蟑장蜋랑淸안춘우마하 蒙장랑호로해 倭긴보우무시

창虫충淸메허蒙모개 倭낭가무시

蟒 이 굴엉 漢蟒망淸잡잔蒙아불구모개 倭우암바미

셜건蒙쿨벌 倭이모리

蝮蛇 샤 독 漢蝮부蛇여淸호론메허 蒙술모개 倭구지바미

子 젼 갈 漢蠍혀子즈淸암바이자蒙길린쳐두호로해 倭사쓰리무시

이자蒙무커두루 倭삿스하이

蝸牛 이 돌팡 漢蝸와牛나淸부런우마하蒙부러거호로해 倭가다스부루

멀러게 倭아오이가예루

癩蝦蟆 옴둑 더비 漢癩래蝦허蟆마淸부후蒙우 倭히뎡가사와굼비기

산蒙멀러게 倭와굼비기

蝌蚪 이 올창 漢蝌코蚪두淸코기나간호로해 倭가예

蜻蜓 리 잔자 漢蜻칭蜓팅又螞마螂랑淸울머훌하두蒙우루머훌라개지

金鍾兒 라미 귓도 漢金긴鍾중兒슬又

蝗蝍 가싀 어영 漢蝗탕蝍랑淸혈련蒙러멀지거니 倭도우로우

金色虫 회 박 漢金

蜢蛉 리벌 나나 漢蜢밍蛉링淸밍야하蒙밍링츄게 倭메이례이

長虫 얌 비 漢長

馬蛇子 비암 도마 漢馬마蛇여子즈又蠍혀虎후子스淸역

蝘蜓 룡 되 漢蝘연蜓팅淸뎌셜헌蒙묘오루우 倭고다즈

蠍

蜘蛛 미 거 漢蜘지蛛쥬淸헐머헌蒙아갈지 倭구무

夏蟲 의 듬 漢夏햐蟲뭉淸

靑蛙 구리 청개 漢靑칭蛙와淸쟐리蒙노고간

黑蠊 비 두더 漢黑허蠊마又蟾섬蜍유淸와

田鷄 리 머구 漢田뎐鷄기淸억너蒙모린멀러게 倭히기가

여루

馬蝗 거머리 漢馬마蝗황清미다하蒙타시올호로해倭히루

蝗 이황츙 漢蝗황虫츙清아둔우마하蒙쿠루호로해倭이너무시

蜈蚣 진에 漢蜈우蚣공清여쉬리우마하蒙우공倭모간레

蚰蜒 지차리 漢蚰우蜒연清하비라구倭나메구사리

曲蟺 디룽이 漢曲큐蟺션又蟺

蚯蚓 짜蝟 연清버딘蒙우니倭미미즈

蠐螬 굼벙이 漢蠐치螬찬清버비기蒙워룩호로해倭스구모무스

蟧蝍 물똥그리 漢蟧강蝍랑清랑라蒙츄후호로해倭곳소우다다무시

蠓虫 하루사리 漢蠓몽虫츙又飡인生승虫츙清오묘蒙털럭치倭후유우

濕生虫 쥐며누리 漢濕시生승虫츙清덜버훈우야하

螞蚱 뫼ㅅ도기 漢螞마蚱자清딥쉬허蒙찰차해倭이낭고

蝲蝲姑 도로래 漢蝲라蝲라姑구又土투狗구清라구蒙라구倭게라

螞蟻 개야미 漢螞마蟻이清열허蒙실굴지倭아리

蛆 구더기 漢蛆쥬虫츙又蛆쥬蟺찬清여여蒙워두倭오오하이

蠼螋 그리매 漢蠼큐螋수清시러굿우마하倭강레무시

臭蟲 빈대 漢臭착虫츙清와훈우야하蒙빗ㅅ호로해倭나구메

蜈膝 놀여기 漢蜈우膝산清봉산우마하蒙십툴호로해倭고우로우

釘倒虫 장구아비 漢釘딩倒닾虫츙清할라우마하蒙필호로해倭아가이도무시

揚辣子 쐬야기 漢揚양辣라子즈清탈기쿠우마하

蠹魚 반대좀 漢蠹두魚유清이시하우마하蒙텀털룬쿠런

蛀毛虫 좀 漢蛀쥬毛모虫츙清뱌루蒙쿠

蚊子 모기 漢蚊운子즈清갈만蒙바타가나倭가

草蜿 신도 漢草챠蜿비又狗구蠍벼清하蒙후빌자가나倭카나

白蛆 쉬 漢白

버蛆쥬又蛷자清서 허家사倭하이노고

蚤子 나 漢蚤서子 家부거수倭시라미

蟣子 혀 漢蟣기子즈清우스家 키끌수倭시라미노고

跳蚤 벼룩 漢跳됴蚤잘又舵그蚤잘清 룩수란家노해부거수倭노미

狗蚤 개벼룩 漢狗구蚤잘清인다훈이수란家 노해연노해부거수倭이누노미

八脚子 스면 漢八바脚ᄀ子즈清비시家 발이하치倭한지스티시라미

蚑叮 모기 漢蚑운叮당清갈만,슈밤비家 바다가나자구위倭가가

蟲蛀 좀 漢虫충蛀주清워러너허家쿠 럴러뮈倭시밍가가이마시다

螫了 쏘다 漢螫시了랴清付뎌비家 하,후무倭사스마시다

우마 시다

叮了 무다 漢叮딩了랴清슈밤비家 자구뉘倭가무마시다

水族類

龍 룡 漢龍룽清무두리 蒙루우倭다즈

蛟龍 교룡 漢蛟갚龍룽清너마다 蒙교오루우倭미즈지

螭 리 漢螭치清무훌무 룡倭즈노나이다즈

老魚 고래 漢老랃魚유又大다魚유清보오 너마하蒙보오지가수倭근짓가

八帶魚 문어 漢八바帶대魚유又八바梢 산魚유清갈방기倭다고

大口魚 대구 漢大다口쿠魚유清화크우너 마하蒙화크우지가수倭다라

鱸魚 로어 漢鱸루魚유清사함하 蒙사가마倭스즈기

鯿花魚 방어 漢鯿변花화魚유清 해화蒙해가倭무리

梭魚 슈어 漢梭ᄉ 蒙우쿠 清우쿠리 倭이빙고이

鱭刀魚 쥰치 漢鱭지 단魚우清

조코나마하倭 마五도우오 鰟頭(텬어) 漢鰟광頭두清타크 蒙타후倭사계우 八魚(민어) 漢民민魚유清아진 나마하倭마례긴스 鯊(사어) 漢鯊사魚유清부루 후蒙高호倭사메

古道魚(고도리) 漢古구道도魚유清주 다오나마하倭가즈우 拔魚(망어) 漢拔바魚유 又芒망魚유 清바유나마 하倭사와

家雞魚(도미) 漢家갸雞기魚유清 가기나마하倭다이 魟魚(홍어) 漢魟홍魚유清홍유 나마하倭에이우오 石首魚(조긔) 漢石시首쇼魚유清시시 오나마하倭이시모지

青魚(청어) 漢青칭魚유清광간나마하 蒙쿠커지가수倭세가이 鯉魚(니어) 漢鯉리魚유清무쥬 후蒙물쿠倭고이

比目魚(가자미) 漢比비目무魚유又鏡깅子즈魚 유清갈빙나蒙할피나倭비모구 刀梢魚(위어) 漢刀닾梢샾魚유清달 화나마하倭요시우오

烏賊魚(오적어) 漢烏우賊즤魚유清 우지나마하倭이가 鮎魚(메유기) 漢鮎년魚유 清뒤라蒙盍 불투倭 노죠우

鱖魚(소가리) 漢鱖귀魚유又錦긴鱗린魚 유清안완蒙안완倭다낭고 鰒魚(포싱) 漢鰒뽀魚유清바오나마하 蒙바오지가수倭아와비

銀魚(은어) 漢銀인魚유清명군나시하 蒙뭉군지가수倭인우오 麪條魚(비어) 漢麪면條죠魚유清이차蒙 차간지가수倭시로이우오

蘇魚(반당이) 漢蘇수魚유清수유 나마하倭소우우오 重唇魚(누티) 漢重충唇츈魚유清두버허蒙 울라간달바倭쥬우신우오 黃魚(황티) 漢黃황魚유清무쥰 후倭기나루우오

小八梢魚(낙지) 漢小샾八바梢샾魚유清 거간방기倭고다고 玉板魚(전어) 漢玉 유板

반魚유清유반니마하倭우낭기

洋魚 가오리 漢洋양魚유又犂리子즈魚유清앙가蒙앙간倭예이

黑魚 가물티 漢黑허魚유又烏우魚유清호

로蒙우걸지가수倭구루이우오

鯽魚 부어 漢鯽지魚유清옹고또蒙걸더거倭후나

秋生魚 은어 漢秋추生승魚유清치오상니마하倭아

유우노우오

魟釘魚 상필이 漢魟홍釘딩魚유清하다한니시하蒙하다순지가수倭호식가리

鱔魚 드렁허리 漢鱔션魚유清허리메허투蒙모개

지가수倭센우오

鞋底魚 혀대 漢鞋혜底디魚유清타마蒙타마

裙帶魚 갈티 漢裙쥰帶대魚유清쥰머니마하倭낭가이우오

細鱗魚 구올무지 漢細시鱗린魚유清뇨모또蒙지버거倭즈지우오

穿沙魚 모래무지 漢穿쳔沙사魚유又沙사骨구落로清용간벼더쿠

倭이상끄우오

小魚 쇼쳔어 漢小샾魚유清니시하蒙철머지가수倭가와우오

海參 해삼 漢海해參산清키지미蒙키지미倭이리고

海紅 홍합 漢海해紅홍清우묘오蒙이바오倭잉가이

螺螄 됴라 漢螺로螄스清후야蒙고롤문어머건후무수倭아옹가이

蛤蜊 됴개 漢蛤거蜊리又蚌방蛤거清타후라蒙합지가수倭하망구리

螃蟹 게 漢螃팡蟹해清캬투리蒙내말지倭가니

尖臍 수게 漢尖젼臍치清젼치캬투리倭오가니

團臍 암게 漢團퇀臍치清퇀치캬투리倭메가니

海螺 고동 漢海해螺로清여허러부런倭오오이아옹가이

河豚 복 漢河허豚툰清곳하蒙奏하倭후도

海馬 마힌 漢海해馬마清말타蒙아라마나倭가이바

龜 거복 漢烏우龜귀清에후머蒙복야수투열레께倭가메

鼈

魚 자라 漢團魚유清애후마 蒙락면거게倭마가메

土螺 우렁이 두螺로清부야부 조지아옹가이

黃鱓 바얌쟝어 漢黃황鱓션清 쥬안메헤두蒙시라모개 지가수倭낭가무시우오

石蟹 가재 漢石시蟹얀清하시마 蒙저야倭이싱가니

蟶腸 가리맛 漢蟶칭腸챵清 칭창倭마뎨

蝦 새오 漢蝦햐清삼파蒙 삼호로해倭에비

泥鰍 믯고리 漢泥니鰍칙清우야산蒙모 개지가수倭우낭기우오

昂刺 자가사리 漢昂양刺ㅊ清 갸쿠蒙아갼 倭삿스우오

蝦米 새오선것 漢蝦햐米미清부야 삼파倭에비노고

醃魚 ㅈ친고기 漢醃연魚유清기다하니마 하蒙다루손지가수倭시오, 누리 우오

蛤殼子 [?]됴개검플 漢蚌방殼쿄子ㅈ清멀거 두이논호倭아와비가와

蟹鉗 게엄지발 漢蟹해鉗쳔又螃팡蠏 해夾갸子ㅈ清하피라 쿠蒙함치쿹倭 가나가나하시

蠣房 굴겁플 漢蠣리房방清리스,놀 호倭이싱가기가와

魚奔水 고기진에 漢魚유奔븐水쉬 清번허蒙달바가 倭우 오,하

魚刺 고기ㅅ가시 漢魚유刺ㅊ清하가蒙 하가다수倭우오호듸

魚鰾 블에 漢魚유鰾뱦清암둔 蒙챠바오倭니가싸

魚閣顋 고기아감이 漢魚유閣거顋새清너마하,쉉걸러 蒙지가수,연잘마개倭우오,앙기도

魚子 고기알 漢魚유子ㅈ子ㅈ清철 취蒙두리수倭우오다 망 고

魚白兒 고기일의 漢魚유白버兒올清우 사타蒙널구倭시로고

魚羣 고기무리 漢魚유羣쿤清마루蒙쟈 갈착倭우오,도몽가라

[魚央]子 고기삿기 漢魚유[魚央]양子ㅈ清호너 카蒙질마개倭고우오

魚躍 고기뛰다 漢魚유躍야오清너마하고몸비蒙 츌기뮈倭우오,온도리마시다

漁擺子 고기알스다 漢魚유擺배子즈 清그ᄆ비 蒙아물차뮈 倭우오다망고ᄅ나스마시다

魚潑泡 물흉허방올지다 漢魚유潑모泡퓌고 清가마리투왕비 蒙움두뮈 倭미즈다마오기마시다

樹木類

松樹 소나모 漢松숭樹슈 清쟈단모오 蒙나라수모도 倭마즈노기

檜松 젓나모 漢檜귀松숭 清삭신모오 蒙가츄라모도 倭히노기

杉木 잇개나모 漢杉산木무 清완다하모오 蒙츄훌수모도 倭숭기노기

栢柗 측백 漢栢버柗숭 又匾변柗숭 清맬라순모오 蒙맬라수모도 倭즈즈미노기

果柗樹 잣나모 漢果과柗숭樹슈 清홀돈모오 蒙후시모도 倭아즈미노기

刺柗 노가즈 漢刺츠柗숭 清불라쟈단 蒙쥰토오나마수모도 倭삿스아즈노기

桂樹 게슈나모 漢桂귀樹슈 清숍가모오 蒙귀쳐쳐모도 倭계이슈노기

竹 대 漢竹주 清츄스모오 蒙훌루순모도 倭다계

槐樹 회화나모 漢槐홰樹슈 清호홍고모오 蒙홰스모도 倭옌슈노기

黃槐樹 느티나모 漢黃황槐홰樹슈 清쥐얀호홍고모오 蒙시라홰스모도 倭기나루옌슈노기

梧桐樹 머귀나모 漢梧우桐퉁樹슈 清우량가모오 蒙우퉁모도 倭기리노기

椵木 피나모 漢椵뎌木무 清눙걸러모오 蒙어머토모 倭히노기

樺皮樹 벗나모 漢樺화皮피樹슈 清퐈모오 蒙후수모도 倭갑바노기

鐵[illegible]樹 소리참나모 漢鐵뎌櫟리樹슈 又檞구木무 清셜령거무시하모

오倭이지 이노기 沙木 사작 나모 漢沙사木무清긴지 리모오倭샤모구 柞木 가랑 나모 漢柞조木무清실라 카모오倭나라노기 橡

樹 도토리 나모 漢橡상樹슈清방가모오蒙 샤라수모도倭소지노기 黃楊木 황양 목 漢黃황楊양木무清소혼모오 蒙시라모도倭묘우묘우모구 蘇

木 다 목 漢蘇수木무清주던모오 蒙나쿨수모도倭단모구 棕櫚 종 녀 漢棕종櫚려清시카 모오倭슈로노기 紫檀 자 단 漢紫즈檀단清빌룽가모

오蒙이만부루모 도倭시단모구 白檀 빅 단 漢白버檀탄清샤얀 차쿠란倭하구단 烏木 오 목 漢烏우木무清사하란모오 蒙하라모도倭구루노기

楸樹 가래 나모 漢楸추樹슈清지부눙 거리倭구루이노기 楮木 닥나 모 漢楮슈木무清호오샤리모오 蒙차가수모도倭강고노기 暖

木 황벽 나모 漢暖훤木무又黃황蘗버木무清흐록 토모오蒙호블루모도倭기나모구 花梨木 화리 목 漢花화梨리木무清일항 가모오蒙알래모도倭파

리모 구 曲理木 들믜 漢曲큐理리木무清버 드리모오倭몬모구 柳樹 버들 나모 漢柳리樹슈清보도호모 오蒙우다모도倭야냥기 楊

樹 남둥군 버들 漢楊양樹슈清불항모 오倭화마루이야냥기 白楊樹 비양 슈 漢白버楊양樹슈清아미다모오 蒙울라수모도倭시오이야냥기

白楡樹 르흡 나모 漢白버楡유樹슈清헬란모오 蒙맬라수모도倭니례노기 桑樹 뽕나 모 漢桑상樹슈清니말란모 오蒙일라마모도倭구와

노기 楓樹 단풍 나모 漢楓붕樹슈清몰로蒙 바두차간倭모민지 茶條樹 싣나 모 漢茶차條탸樹슈清원처모오 蒙부둑군모도倭모민지노기

樞梨木 무프 漢樞슈梨가 木무淸이바 모오蒙호 檏欏樹 넘갈 漢檏보欏로
로루부루도倭미즈아오이노기 나모 樹슈淸라하
리모 包角樹 주연 漢皃잔角교樹슈淸이한불라蒙 醜橙樹 팅쯔 漢醜추橙충
오 나모 우렁순토우倭조우가구노기 나모 樹슈淸언다
奎亞부奎리모오 刺楸樹 엽구 漢刺츠楸추樹슈淸불라모오
倭가라다치노기 모 蒙순토우모도倭엄바라노기 山椒樹 분지 漢山
산椒잔樹슈淸알린이부스리모오蒙 臭春樹 가죽 漢臭추春춘樹슈淸와훈잘
아굴란누화자오모도倭산쇼유노기 나모 가수모오倭가라즈바기 番
盤果 구리 漢番무盤판果교淸우나모오蒙 水苦梨木 돌외 漢水쉬苦쿠梨리
자 우컬부걸지거너倭구고노기 나모 木무淸무께얀바
荆條 싸리 漢荆깅條턒淸새화蒙 冬青子 겨우 漢冬둥青칭子즈淸모
쳐수모도 이뒤벼모도倭황기노기 살이오이북랄라蒙모돈누
단모오蒙버 棄椹 오디 漢棄상椹신淸니말란이 木根老 나모스 漢木무根근老랖淸
속솔倭얏 방하蒙츄여倭구와노이 등걸 불러허蒙운두수倭
도링기 木心 나모고 漢木
기노 幹條 줄기 漢幹간條턒淸치 枝條 가지 漢枝즈條턒淸갈간 무心
가부 런蒙어시倭구기 지蒙살라가倭엔다 괴양
신淸모외나만蒙모돈 木理 나모 漢木무理리淸모외순蒙 葉兒 닙 漢葉여兒숟淸
누고올倭기노교고로 시결 모돈누수달倭기노나미 압다하蒙납치
倭 嫩葉兒 속닙 漢嫩눈葉여兒숟淸쥼리하 木癭 나모혹 漢木무癭잉淸모오이무
화 蒙쿨루거납치倭소구화 슈후蒙월倭기노음부

木節子 나모ᄆᆞ듸 공이 漢木무節졔子즈清모외부루家모돈ᄂᆞ거시구우倭기ᄂᆞ셰즈 結子 여름 여다 漢結겨子즈清사하 ᄂᆞᆷ비家츄무투뮈倭나리낫나

樹津 나모ᄉᆞ진 漢樹슈津진清모외유기家모둔ᄂᆞ시구수倭기노야니 柗塔子 솔방올 漢柗숑塔타子즈清작단이바하家나라순ᄂᆞ볼고흑倭마즈노고

松針 솔닙 漢松숑針진又松숑毛만清사타家실모오수倭마즈노화 松香 송진 漢松숑香향清작균이유기家나라순ᄂᆞ시구시倭마즈야니

栢塔子 잣송이 漢栢버塔타子즈清바햐家후시가볼고흑倭마즈노미가스 橡實 도토리 漢橡상實시清망가모오이우시하家챠라순ᄂᆞ갈수倭돗지노미

柳絮 버들개야지 漢柳루絮슈清잉가리家웅가릴倭야낭기노하나 橡椀 도토리ᄭᅡᆨ졍이 漢橡상椀원清망가모외우시하이논호家챠라순ᄂᆞ갈수연두루수倭돗지노미가와가부

中州鄕語

桫 소 湖廣長沙府謂杉 羕 송 松也 楠竹 난주 竹也

花草類

桂花 계화 漢桂귀花화清ᄉᆡᆼ가일하家화기쳐쳑倭계이슈노하나 牧丹 모란 漢牧무丹단清모단일하家만타라와쳐쳑倭모子단 藕花 련 漢藕우花화又荷허花화清슈일곳하家련화쳐쳑倭하스노하나 海棠 ᄒᆡ당 漢海ᄒᆡ棠당清불라나일하家해당쳐쳑倭가이도우하나 梅花 ᄆᆡ화

漢梅의花화淸넌던일하家위켜셔倭무메노하나
菊花 국화 漢菊규花화淸보지리일하家지순켜셔倭기구노하나
四季花 계ᄉ 漢四스季기花화淸남불고리일하家울라린룬켜셔倭시게이노하나
月季花 계월 漢月위季기花화淸반라리일하家사라부리켜셔倭즈기게이노하나
芍藥 쟉약 芍약藥요淸요단일하家켜너켜셔倭샤구야구
紫薇花 조미 화 漢紫즈薇위花화淸샤상가일하倭요우미하나
玉簪花 옥잠 화 漢玉유簪조花화淸구시비쿠일하家핫한홀켜셔倭간사시하나
木槿花 무궁 화 漢木무槿긴花화淸모오연일하倭무궁게노하나
暎山紅 영산 홍 漢暎잉山산紅훙淸엉바싱기리일하家이거삽시홀켜셔倭야마사사이하나
木蓮花 목련 화 漢木무蓮련花화淸부수리일하家아홀란구린와켜셔倭보구하스노하나
薔薇 장미 漢薔챵薇위淸자무리일하家자블켜셔倭요우미
葵花 규 화 漢葵기花화淸아부리일하家할루켜셔倭아오이하나
金錢花 금전 화 漢金긴錢쳔花화淸지하일하家요곳켜셔倭긴센노하나
石榴花 셕류 곳 漢石시榴루花화淸우스리일하家아발켜셔倭샤구루노하나
杜鵑花 진달 리 漢杜두鵑젼花화淸셩기리일하家삽시홀켜셔倭즈즈노하나
水紅花 료 화 漢水쉬紅훙花화又水쉬蓼갼淸무거잘민일하家우수실미켜셔倭우노하나
鳳仙花 봉션 화 漢鳳봉仙션花화又金긴鳳봉花화淸기나일하家후부순부둑켜倭호우센과
罌粟花 앵ᄌ 비곳 漢罌잉粟수花화淸벌거리일하倭우죽十시하나
辛夷花 개ᄂ 리곳 漢辛신夷이花나淸무비일하家...

단쳐쳑倭메 곰부시하나 山丹花 산단화 漢山산丹단花화清일련이새일하나 家아로관누ᄭ쳐쳑倭산단도하나 鷄冠花 만도 漢 람이鷄

기冠관花화清성결러일하 家올라볼알귀倭게이관파 茉莉花 모곳 별리나 漢茉모莉리花화清올 리일하倭입바라하나 老青苙 쳑 쥭

화 漢老로靑청苙힝又石시竹주花 화清워츄일하倭이시다끼하나 僧帽花 곳 도랏 漢僧승帽만花화清독도바이일하 家호룬사간누ᄭ쳐쳑倭깃끄우노하

나 冬花 곳 동빈 漢冬둥花화清둥와일하家 둥와쳐쳑倭도우하ᄂ하나 紅花 곳 니시 漢紅홍花화清지일하家 굴쿠쳐쳑倭아가이하나 蓮

子 련 쪼 漢蓮련子즈清슈일해바하 家련화연우려倭하스노미 蓮房 이 련송 漢蓮련房방又蓮련蓬퐁偖슈일해련 하家련화연실기너倭하스노가사

花咕嘟 오리 곳봉 漢花화咕구嘟두淸봉고 家추볼리倭하감부사 花朵 이 곳송 漢花화朵도淸즘수 家귓倭하나가사 花蔕

곳두 대 漢花화蔕디淸마힐라家쳐 쳐쳑군고올수倭하나亽소 花鬚 히 곳여 漢花화鬚介又花화心심淸 실하家스ᄂᆞ추倭하나싱뻬 花叢 기 곳뗘

漢花화叢충清일해수쿠家 쳐쳑군함호올倭하나무라 花綻 리버다 곳봉오 漢花화綻잔淸일하뭇흠비家쳐쳑뎔 거러위倭하남부사혼끼다마시ᄉᆞᆫ 花

開 다 곳퓌 漢花화開개清빌하일람비家쳐 쳐너거위倭하나하락구마시ᄉᆞᆫ 花謝 다 곳지 漢花화謝셔清일하시함비家쳐 쳐쥴고라위倭하나오지마시ᄉᆞᆫ

靈芝 초 지 漢靈링芝즈清사빙가산쳐家 령지아버수倭요로이ᄀᆞ사 蘭草 초 란 漢蘭란草챠淸슈거리한 家란어버수倭아라랑기 人參

인 漢人인蔘ᄉᆞᆷ又根근子ᄌᆞ清ᄉᆞᆫ올호다家올호ᄡᅳ倭인진

菖蒲 창포 漢菖창蒲푸清옥지하家져거수倭쇼우부

蒲草 부들 漢蒲푸草찬清쿠비家쿠

발시倭고모구사

灰條菜 명화지 漢灰휘條ᄐᆡ菜채清울러소기家노올리노고가倭와이구사

苞麻 피마조 漢苞비麻마又太다麻마子즈

清메허걸러쿠家보로마지倭도우고마

爬山虎 담쟝이 漢爬바山산虎후又八바散산葫후清후시바올호家아바리후어버수倭즈

天茄子 가마종이 漢天텬茄겨子즈又龍룽葵키清인다훈영거家노해연뫼

馬藺草 마린소 漢馬마藺린草찬又餃갸蘭란清맹란올호家차길닥어버수

茜草 곡도숑 漢茜쳔草찬清이쳐러올호家부두후어버수倭아가녀구사

倭우마구사

荻子草 달 漢荻디子즈草찬清달화家우여두차간倭아시

艾草 ᄡᅮᆨ 漢艾애草찬清쉬하家쉬하倭요몽기

兀刺草 다로기이풀 漢兀우刺라草찬清쿠하보요家소로되倭삿스구사

葛藤 츩 漢葛거藤등清비家젼리올로수倭간스라

線麻 삼 漢線션麻마清올로家온로수倭아자

茅草 ᄠᅴ 漢茅맛草찬清열번

家울관지倭지가야

蕣麻 어저귀 漢蕣麻마清기마家귀마

藤子 너출 漢藤등子즈清奔허家쿠거너倭즈라호우

蒼耳 도고마리 漢蒼창耳얼清셩거러올호家노조가나倭미소구사

莎草 잔ᄠᅴ 漢莎사草찬清샤두보요家사힌어버수倭스메

甘蕨 사당풀 漢甘간蕨서清간져

치런家니싱구어시倭사도우구샹

地膚草 대ᄡᅳ리 漢地디膚부草찬清어라쿠올호家울어버수倭호웅기구

鬼虱子 새품 漢鬼귀虱

스子즈又鬼귀쇄졀清퀸하 나ᄋᆞᆯ괼가나倭아시하나

忘憂草 원추리 漢忘왕憂우草찬 家안라후、어버수倭완스레구사

青苔 ᄃᆞ、오올호 漢青칭苔태清플잇 기몽기家킥倭고게

浮萍 부평 漢浮부萍핑清잉가리올호家 우나간、누、토로구倭우깅、구사

菱角 마름 漢菱링角교又水쉬栗수清녕 가家장고 오倭힌데

狗舌草 수리취 漢狗구舌셔草찬清러부산 家기치기너倭단고노구사

野藤草 너출진풀 漢野여藤릉草찬清시러 너허올호家살랄락산어 버수倭스라호우노구사

銼草 ᄉᆞᆨ새 漢銼초草찬清시버家시벌 리쎄버수倭야스리구사

生草 ᄉᆡᆼ풀 漢生승草찬清소흐올호 家구거이버수 倭이깅구사

盆景 분화초 漢盆픈景깅清인해 투와분倭하나바지

雜語類

規矩 규구 漢規규矩규清고올리뚜룬 家하올리倭다다스노리

風俗 풍속 漢風붕俗수清안코올리 家겹하올리倭후우쇼구

法度 법도 漢法바度두清바분도 로家샤가쟈倭할도

體面 톄면 漢體티面면清터렁거 家니톄倭톄이면

體諒 쳡어싱각ᄒᆞ다 漢體티諒량清길쟘비家아부 라뮈倭나다무 오모이바시다

恭順 공슌ᄒᆞ다 漢恭궁順순清궁님비家비 시럴테倭고우슌마시다

守分 분직희다 漢守식分분清안 버타캄비家겸비 사기뮈倭분기 마부셰마시다

看顧 돌보다 漢看칸顧구清타샴비家하라 갈자뮈倭요루시우미마시다

讓他 ᄉᆞ양ᄒᆞ다 漢讓상他타清 아나훈쟘비家

탈비쥬왼구뤼倭 신샤구마시까

用力 힘쓰다 漢用융力리 淸후수들럼비家쿠 출러뮈倭지가라즈고우마시까

容他 용납후다 漢容융他티 淸박담

붐비家박타뮈倭 이루루마시까

謙讓 겸양후다 漢謙견讓양 淸고칫후담비家벌 탈비뮈倭허리군다리마시까

尊敬 공경후다 漢尊준敬 淸깅굴

젼비家기첫길라뮈 倭우야모우마시까

輕慢 가븨야이너기다 漢輕깅慢만 淸외호릴람비 倭가루이너존지마시까

出名 일홈나다 漢出츄名밍 淸

거부투시거家너러갈 바倭유베이노히도

程儀 길가드되부조 漢程칭儀이 淸어부분倭아 우기이도너미앙게모노

照例 젼례대로후다 漢照잔例

리又按안例리 淸쿄올리숑쾨家하올 리요수갈倭젼례이샤라시마시까

浣手 손시시 漢浣갼手수 淸갈라바너하붐비 家갈찰라뮈구뮈倭테노야다이

可

憐 가련후다 漢可커憐련 淸고시츄카家쿠거 루케倭베기아와리우스루까

躊躇 머뭇거리다 漢躊차躇츄 淸일린잠비家쟈 소갈자뮈倭군도군도마시까

攔當 막즈르다 漢攔란當당又攔란住쥬 淸허투덤 비家투노뮈倭마예후셴구마시까

幫助 븟드다 漢幫방助주 淸애실람비 倭소바다스게마시까

哄他 져흘소기다 漢哄훙他타又哄훙誘유 淸에터런비家 어걸러뮈倭히도오다바가리마시까

喫哄 속이다 漢喫치哄훙 淸에 터러부허家머걸

럭더뮈倭다바가리 오아다루마시까

喫虧 셔름을넘다 漢喫치虧쿼 淸고로바하家올로 바倭가나시무오고우무루마시까

唆調 하소후다 漢唆소調턒 淸介시현비家 산후뮈倭스씨우마시까

賴誣 이비히보치다 漢賴래誣우 淸개담비家쿨러 뮈倭무싯즈너고나 까

慣貼 부뵈치기

漢慣괴路 淸래휴루倭 고우샤요우니도게히도

勒指 보채다 漢勒리指큰淸아가붐비 시라근루위倭고나시마시다

逼誘 쇠오다 漢夫 홍誘

우淸호스숌비家알가 다위倭다라스마시다

圈套 후리다 漢圈권套토淸후비샴비家바 실라위倭다라스히기마시다

懇求 근구ᄒ다 漢懇큰 求가淸

가후샤머뱁비家샤굴간어리 위倭텡고로니모도메마시다

錯認 그릇아다 漢錯초認신淸다샤란머바하나하家다 샤라쥬머더버倭오로이시리마시다

用

强 악ᄡ다 漢用융强강又好한强강淸어투후겸비 家이덜거위倭아시시조고우마시다

趨奉 추셔ᄒ다 漢趨추奉봉淸쿠룽쳠비 倭곤셔이오시당고우히

도

迎合 뜻마초다 漢迎잉合허淸아챠붐비倭 고고로오아와셰마시다

陷害 함해ᄒ다 漢陷현害해淸다슈랑비 倭히도오가이마시다

情

弊 폐단 漢情칭弊비淸겸 단家겸倭조우단

行謊 참소ᄒ다 漢行힝謊잔淸아츄하담비 家흠라위倭산소우마시다

粧假 조장ᄒ다 漢粧좡 假갸淸

고호돔비倭이즈와 리오간사시마시다

趑顛 뜻마초되다 漢趑친顛뎐淸상구샴비家타발라 위倭고고로마마니나리마시다

打聽 듣보다 漢打

다聽텅淸우라힐랍비家수 락라위倭다즈테이마시다

勸開 말리다 漢勸권開개淸타불람비家호 리위倭스스무야메마시다

商量 의논ᄒ다 漢商

상量량淸허버셤비家즘 렬두위倭당고우마시다

厭煩 즈즐ᄒ다 漢厭연煩반淸섯협비家져거 우러위倭이야이야마시다

難保 밋기어렵다 漢難

난保보淸악다치오죠라쿠 倭다노미무즈가시마시다

過失 허믈 漢過고失시淸언더부 쿠家건덕덜倭긴스

小看 업슈이너기다 漢小샤看 칸淸부실

훌렁비蒙도로사무倭누잉가시루마시따

作難 어려워ᄒᆞ다 漢作조難난清망가삼비ᄒᆞ구쳐위倭무즉가시이마시따

推托 추탁ᄒᆞ다 漢推퇴托토清실탐비蒙실다뫼倭오스조계마시따

嚇他 저히ᄒᆞ다 漢嚇햐他타清셔림비蒙ᄀᆡ하위倭온도로기마시따

㤥他 허믈ᄒᆞ다 漢㤥괘他타清웃합비蒙아ᄎᆞᆯ라위倭아야마리나존치마시따

放刁 야긔쓴쳐ᄒᆞ다 漢放방刁댜又㗲히撓쟈清래후샴비蒙ᄎᆞᆯ치倭고고로마마오우스마시따

捨臉 모몰님치ᄒᆞ다 漢捨셔臉련清티러벌렴비倭세이렌하즈따싱가나이마시따

面生 ᄂᆞᆺ선다 漢面면生승清더러엇훈蒙ᄂᆡᄎᆞᆯ두구계倭가옹가나마이가시따

面熟 ᄂᆞᆺ닉다 漢面면熟수又面면善션清더러우러허蒙ᄂᆡᄎᆞᆯ볼로바倭가옹가우무마시따

方便 쥬션ᄒᆞ다 漢方방便변清반시샴비倭슈우션시마시따

受氣 분훈일밧다 漢受삭氣기清열더셔부허倭이기도우루오우구마시따

晦氣 읜회 漢晦휘氣키又忌기會회清불곤어허倭아ᄀᆞᆫ과이

閑講 힐워말ᄒᆞ다 漢閑현講강又講강說숴清강나머기수럼비倭가라쇼우고도바마시따

記號 보람두 漢記기號한清텀거蒙텀뎍倭시로시

照管 보숣피다 漢照잔管권清투샴비蒙할갈자위倭미아와셰마시따

帶挈 ᄃᆞ리고돌보다 漢帶대挈켜清개뵈튀샴비倭히도오조례티다스계마시따

擡擧 천거ᄒᆞ다 漢擡태擧쥐清센스머투겸비蒙다가ᄎᆞᆯ루위倭모지앙계마시따

過奬 너무기리다 漢過고奬쟝清다발리새삼비蒙더메새샤위倭아마리호께마시따

從新 다시 漢從충新신清이셤러머蒙지치倭가사비레

廝會 서로못다 漢廝스會휘清이산둠비倭당가루마시따

多謝 다샤ᄒᆞ다 漢多도謝셔 清탐두바너하 倭샤스루오이다시마시다 計較 계교ᄒᆞ다 漢計기較도 倭하가로우마시다 一돔비家보 分

明 분명ᄒᆞ다 漢分분明밍 清거투건家도 돕헬라위倭훈묘우마시다 仔細 ᄌᆞ셔ᄒᆞ다 漢仔ᄌᆞ細시 清낭후샴비家신질라위倭이사이마시다 暢快

ᄉᆡ훤ᄒᆞ다 漢暢창快쾌 清걱스허家알랏키위倭하레야가마시다 可意 ᄯᅳ에맛다 漢可거意이 清구넌더아챠하家간두빌러위倭기나야와셰마시다 理

會 아다 漢理리會휘 又認인得더 清바하남비家머더위倭시리마시다 忘了 닛다 漢忘왕了랖 清옹곰비家말타위倭와스레마시다 瞧瞧 보다

漢瞧챺瞧챺 清투왈비家우져위倭미마시다 硬朗 쉬졍ᄒᆞ다 漢硬잉朗랑 清키구망가倭켠고우마시다 偌多 이다지하다 漢偌여多 도 清혼랍

두倭가요우나단도마시다 偌大 이다지크다 漢偌여大다 清혼압바倭가요우나오오이마시다 接風 마지ᄒᆞ다 漢接져風봉 清혹도머사릴람비倭

무가이엿다이마시다 餞行 젼송ᄒᆞ다 漢餞젼行힝 清부덥비家우더위倭하나무게마시다 愛疼 ᄉᆞ랑ᄒᆞ다 漢愛애疼등 清고심비家위루셔위倭이

도오시마시다 效他 임내다 漢效햪他타 清발부샴비倭구지마네마시다 輳輳 모도다 漢輳추輳추 清아참잠비倭이지도고로니야즈마루마

시다 喫醋 ᄉᆡᆷ내다 漢喫치醋추 清구톤새옴家치헌倭녀다무 知他 어이알리 漢知지他타 清아다라머삼비家머더구게倭나졔니시리마쇼우다

收拾 슈습ᄒᆞ다 漢收삭拾시 清발가랍비家후라위倭오사무루마시다 在行 ᄒᆡᆼ졍묘리안다 漢在재行항 清이챵가호우구시리마시다 乾

淨 조쟝 漢乾간淨징清긴치한 家거倭기레이마시다 撤清 조츤 키 漢撤 쳐 清칭清 一치한 야란 비 家 키위倭기레이오우니시 柱

俏 어엿븐 漢粧장俏샤又賣매俏샤清호치콘아랍비 쵸 호다 家고와키위倭우즉구사요우니시마시다 標致 어엿 漢標뱌致지清호치 섀다 콘家고와倭모요웅

가요이 賣美 자랑호 漢賣매美루清발당길람비家발 마시다 여뵈다 담라위倭나뎨스루톄미마시다 粗糙 추로 漢粗추糙찬清수 호다 스家부투쿠릭倭

기례잉가나 圖嘴 입치기안 漢圖투嘴쥐清쳐텨러비기쳠비 이마시다 싱각호다 倭구지바야리오모이마시다 毛病 고이 漢毛맛病 호벽 빙清벌치

니머쿠家벌렁치어번친 量窄 량즙 漢量량窄재清구빈잇헐련家사나가 倭아야시무노시즈게루 다 입쵸오倭고고롱가세바이마시다 脚硬 발 떡

휘조 漢脚교硬잉清벌련후투링가倭 霸占 억지로 漢霸바占젼清어졀쳠비家어졀 타 아시노시아와셍가요이마시다 앗다 러위倭오시예야라도루마시다

趕鬧 텀벙이 漢趕간鬧낫清머샤라울킨 剛綫 ス 漢剛강綫채清테거家 눈섭의 더倭가시마시노하즈니 위누컨倭사기호도 恩典

은 漢恩은典텬清거시 緣法 인 漢緣연法바清허스분家 打發 식여보 漢打다發바 텬家거식倭온게이 연 후비죠갈倭핫도오옷톄 비다 清토밀라비

家토민라위倭사 安當 온당 漢安도當당清아참비家솔가 停當 텽당 漢停팅當당 시야리마시다 호다 위倭아와세나다루마시다 호다 清두뇌당비

家우나가 名頭 소문난 漢名밍頭투 名밍譽유清거붕 兆 台 조짐 漢兆잔台태 기와메미시다 일흠 거쌀긴家너러일다倭고메노나 清사비家딜

와倭하지
메다다
之悔 뉘웃다 漢後후悔회又懊오悔회又反반悔회
清알랍비家걱시위[illegible]구야미마시다 可惜 앗갑다 漢可거惜시
清해리츄가

家해라한倭뻬기
너오시이마시다 耐心 모음실 이다 漢耐내心신清구넌도솜비家사나
가랏부리태倭고고로간넌마시다 記掛 패겨 호다 漢記기掛

과清무질런터어져허비家선길투
어절러위倭고고로가가라마시다 受用 놀이다 漢受수用융清벙선이반집비家찰마연
아쥬투루위倭오거테즈고우마시다

濫錢 헙피쓰논돈 漢濫란錢천清바아라지하家쉰거
쿠잣곳倭승기니즈가이노센몬 壞鈔 돈허비호다 漢壞홰鈔찬清지하
바얌비家죠곳구거

위倭센몬오단도
즈가이마시다 熱鬧 웨젼 런호다 漢熱셔鬧난清상창스머반집비家공기녀쥬셩
지너쥬아쥬투루위倭깃즈이갸시마시마시다 營

生 살올 일 漢營잉生승清반지러위머
倭이도나미오쇼우가이 剩下 남다 漢剩싱下햐清분첨비家
울러위倭아마리마시다 殼了 넉넉호다

漢殼구了랖清열렴비家
일러구우倭다루마시다 橫竪 이러나 저러나 漢橫흥竪슈又左조右우清허투운
두家어너컨러러컨倭도모가구모 預備 예비

호漢預유備비清벌헙비家벌러두
다위倭마예간도고시라예마시다 叩數 혬마 초다 漢叩쿠數수清론야챠붐비家토가
졸가쿨루위倭스오아와셔마시다 照

樣 그대로 漢照잔樣양清숭괴家
요수갈倭소노요우니 爲頭 위두 호다 漢爲위頭투清달람비家다루갈
라위倭마시랑가나리마시다 辦事

일호漢辦반事스清뻴련비家거
다쉬살거위倭고도시마시다 呈上 드리다 漢呈청上샹清알리붐비家
[illegible]위倭사상[illegible]마시다 撮 [illegible] 기다

漢㩳걷撥도 淸추쿨럼비家투키루 위倭히소사니유우마시다

撩撥 덧버다 漢撩랴撥보 淸비ᄀ비家엄커리 위倭이기도우루오가강구ᄉ

[illegible]人

喝 위엄으로져히다 漢威위喝허 淸호론이셔럼비家술리열기 하위倭이기오이샤라오소로이마시다

惹氣 분도도다 漢惹여氣키 淸키빙멈비家아술어커루 위倭기오히기인다스마시다

發狠 미이셩내다 漢發바狠혼 淸보톨스머질리담비家불길쥬컬렁러 위倭깃즈이햐라다뎨마시다

不係 알온 켜아너다 漢不부係채 又不부理리 淸헐서라쿠家아지라후우게 倭가가완

挨過 견뒤다 漢挨애過고 淸알리머우텹비 倭간닌마시다

改變 지변호다 漢改개變변 淸칼랑비家호빗후 뮈倭고도바오변스루마시다

照舊 녜대로 漢照잔舊구 淸번숑괴家열던요수갈 倭부가시요우너

托辭 핑계호논말 漢托토辭스 淸빅투아랍비家우어리 뮈倭가구쓰계노고도바

休强 세오지말라 漢休휴强걍 淸우머가훈쟈라 倭고도바오조요우나

拐騙 후러속이다 漢拐괘騙편 淸후비샤머에더덥비家바실란하구루 뮈倭다라스다ᄇᆞ가리마시다

撦白 긘잔주다 漢撦챵白버 淸열터ᄀ비家이청구멋지 뷔倭하스사시이너유우마시다

沒臉 낫업다 漢沒무臉련 淸더러아구家너굴우게 倭가옹가바이마시다

靦羞 낫붓그렵다 漢靦면羞삭 ᄀ靦면紅홍 淸ᄂ러부훈 倭가옹가하즈가시바시다

三停 삼분 漢三산停팅 淸일란우부家굴만후비 倭밋즈분너와계

護庇 발이다 漢護후庇비 淸훌삼비家워므ᄀ러 뮈倭치ᄀ와시마시다

仗庇 발입을밋다 漢仗장庇ᄂ 淸할ᄂ라더악다하家워우거러쥬이처 뮈倭히기마와시오다노미

隨便 발ᄀ호편로

다호 漢隨취便변清이치버다함비 倭… 마너시마시仛

當着 담당 호다 漢當당着조清알ㅣㅣ不ㄱ가 ㄱ뷔倭아즈계아다루마시仛

面奬 면당 호여길 이다 漢面면奬장清더러더새삼비 倭가오오다이뎨호메마시仛

揭短 단쳐 호다 漢揭게短된清버텁비家더구미 倭미시仛이교도오유우마시仛

細作 조 이 漢細시作조清머더시家머더 걸려치倭시소仛너시리모노

護短 단쳐말 이다 漢護후短된清보홀론바머할샤미 倭미지仛이교도오히기마와루나

시仛

獻勤 졍셩들 이다 漢獻현勤긴清힝스버실훙비家칭 기쥬심다뷔倭쇄이신이레마시仛

誇口 말로 쟈랑 漢誇과口쿠清아끼 발당기倭고도、仛

라、나티 스루

遵命 분부며 로호다 漢遵준命밍清헌두러종괴家걸러슨、 요소갈倭이이즈계요우니、시마시仛

領教 マ르침 을밧다 漢領령教갼清타치

부러버알리하家술가글리기、다가 가바倭오시예오우구루마시仛

花使 간대로 쓰다 漢花화使스清발래타쿠랑비家더 메커럭러뷔倭단또즈교우、마시仛

擺佈 거걸 호다 漢擺배佈부清조리삼비倭 오시메뎨교도오시마시仛

抖抖 버져 기다 漢抖두抖두又撒수撒수清비시 히담비倭아즈무、후리마시仛

打點 타졈 호다

摩摩 븐지 다 漢摩모摩모清비삼비家 빌리뮈倭난즈루마시仛

剛剛 오가 漢剛강剛강清알간家 아래한倭요우요우

漢打다點뎐清훙기기랍비家 두술다루뷔倭뎬못즈마시仛

跐着 븝다 漢跐채着조清버훙비家 긋키뷔倭후무마시仛

踏空 허방드 되다 漢踏… 다空

쿠清언더니머버후허倭아 이도고로오후무、마시仛

擠人 사룸미 졔기다 漢擠지人인清히훙비家키三、 서뷔倭히도오스마、仛

혼일

漢[illegible]왕[illegible]도 清[illegible]러배타랍두倭
도[illegible]랑기리교동가단[illegible]마시다

撥弹 흔나므 라다
漢撥 반 弹 탄[illegible]발[illegible]
도노스루고도오시가[illegible]

品[illegible]漢[illegible]清[illegible]쟈스어家겨
귀라[illegible]뮈倭야가마시마시다

數落 수죄 ᄒᆞ다
漢數 수 落 로 清 당심비家동구
두뮈倭도가오간스마시다

樣

子 [illegible]漢揚 양 子 즈 清 두룬
양家양슈倭요우스

胡討 한대로 뗘온다
漢胡 후 討 토 清 발래호스옴비家터메
알가다뮈倭아마리다라스마시다

約

束 약속 ᄒᆞ다
漢約 요 束 수 清 쟈바랍비家
탕길라뮈倭약소구마시다

舒展 펴이 다
漢舒 슈 展 전 清 사냐부
하倭노베시마시다

稍去 부텨 가다
漢稍 샾 去 큐 清 다하부머웅
기허倭조게유기마시다

搬去 옴겨 가다
漢搬 번 去 큐 清 구리남비家덥시
쥬어치버倭운조루유기마시다

搬来 옴겨 오다
漢搬 번 来 레 清 구린짐비家덥시쥬
이러버倭운조루기다리마시다

收貯 간슈 ᄒᆞ다
漢收 식 貯 쥬 清 아사람
비倭다구오우마시다

收了 거두 다
漢收 식 了 랸 清 받감비家후랴
뮈倭오사무루마시다

拾了 줍다
漢拾 시 了 랸 清 후겸비家두
구거루뮈倭히로우마시다

挑著 변되 메다
漢挑 上 著 丕 清[illegible]
[illegible]랍비家랍지[illegible]라뮈倭모
구도우너노우마시다

頂着 니 다
漢頂 딩 着 丕 清 후겸비家시
두뮈倭이단다기마시다

扛着 메 다
漢扛 강 着[illegible]清메허[illegible]
倭너노우
마시다

撻着 드 다
漢撻[illegible]着 丕 清 투겸비家
열구뮈倭앙게마시다

揣着 품에 질 으다
漢揣[illegible]着 丕 清 허얼[illegible]비
家어불러뮈倭후[illegible]교로
너산[illegible]
마시다

有[illegible]다
漢挾[illegible]着 丕 清 하비랍비家
합치뮈倭와사무마시다

背着 지 다
漢背 븨 着 丕 清 우눈비[illegible]
[illegible]마시다

抱

着안 漢色叫着조又接루把봐清더벌렴 [illegible] 버리뤼倭인다기마시다 茂着다 [illegible] 漢戚차 [illegible] 清 님비家녀 구뤼倭다시나메마싀다 等

着기두 러다 漢等둥着조清알람비家 굴려뤼倭마지마시다 逢着 만나다 漢逢봉着조清우차람비家 우차라뤼倭오우마시다 迎着 맛다

漢迎잉着조清옥돔비家 욱두뤼倭우가이마시다 碰着 마조닥 두리다 漢碰픙着조清갈참비家할구 차뤼倭아이야다루마싀다 閣着 걸다 [illegible]

거着조清타하비家톨 치倭가가루마시다 支着 괴오다 漢支즈着조又搋된着조清살림 비家훈루뤼倭사사예루마시다 撑着 버티오다 漢撑 쳥着

조清수잡비家룰루뤼倭 양계사사예루마시다 留着 머무다 漢留릭着조又存춘着조清일림 비家족소뤼倭돈도마루마시다 連着 닛다 漢連 련着

조清시람비家잘감잘 라뤼倭조즈게마시다 絟着 믹다 漢絟쵠着조又絟쵠上샹清쵀람 비家우야뤼倭무솝부마시다 綑着 동히다 漢綑쿤着조清

차담비家쿨려술러 뤼倭무솝부마시다 曬乾 뱃히물 리오다 漢曬새乾간清쌀감비家억시 거뤼倭히니호사이마시다 打開 펴다 漢打다開개清사람

비家너거뤼倭노 부뻬기마시다 攤開 헷치다 漢攤탄開개清네분비家너 걸거뤼倭히로구루마시다 掐開 쯔긔다 漢掐갸開개清 칼람비家흡호

치뤼倭와리 와계마시다 劈開 새치다 漢劈피開개清훨랍비家 하갈루뤼倭와리마시다 竪放 셰워노타 漢竪슈放방清운두 담비倭다뗴뗴오이마

사시 橫放 마로노타 漢橫훙放방清ㅎ특ㄴ닥비家쿤달 런탈비뤼倭용고이오이마시다 疊放 포개여노 [illegible] 漢疊 머신곱 [illegible] 다

오이마 시따

寬的 너른것 漢寬권的디淸오좋고家을권倭오ᄒᆞ[illegible]내모노

窄的 좁은것 漢窄저的디淸[illegible]家입쇼ᄉ倭[illegible]노

長的 긴것 漢長챵的디淸골밍거家[illegible]倭나가이모노

短的 저른것 漢短된的디淸보홀로거家오홀倭미지가이모노

方的 모진것 漢方방的디淸둘버졍거倭칸도인데모노

圓的 둥근것 漢圓원的디淸무헐렁거家두구리倭마루이모노

厚的 두터온것 漢厚후的디淸지라밍거家쥬자간倭아즈이모노

薄的 여른것 漢薄보的디淸너컬렁거家님건倭우스이모노

整的 왼것 漢整징的디淸골홍거家부굴리倭맛다구모노

扁的 넙죽혼것 漢扁변的디淸가파훙거家합다개倭시라시모노

鈎的 곱은것 漢鈎주的디淸고홍고家무뤼태倭망가루모노

彎的 휜것 漢彎완的디淸무당가家가지倭유미바루요우나모노

樣範 본 漢樣양範반淸거무헌家겁倭혼

招子 거리의부치는방 漢招잔子조淸[illegible]투와붕가倭지마다니가계후미

磨透 달하뿔어지다 漢磨모透투淸마나머본도죠호家뎔러쥬죠고루뤼倭동계데야낭가미마시따

窖氷 ᄂᆞᆼ빙나 漢窖갼氷빙淸쥬허아사람비家우수하타갈라뷔倭고오리다시나메마시따

活鎖 살오ᄌᆞ모다 漢活호鎖소淸술라요오슬람비倭나가라오도스마시따

死鎖 막ᄌᆞ모다 漢死스鎖소淸비태요오스람비倭가닥구오도스마시따

活扣 고내여미다 漢活호扣쿠淸오홀조머해탐비家기지미다쥬아무倭우ᄂᆞ가무ᄂᆞ솜부마시따

繫扣 도도이미다 漢繫긴扣쿠淸비개휘탐비家칭가우야뮈倭가닥구ᄂᆞ솜브ㅁㅣ

掛 거나 漢掛가上상淸라캄비家

열구뮈倭사나로 계마 上부치 다 漢上상清라투붐비家 두뮈倭스게다 撇撒호돌 리디 漢撒사清사바 倭노고리마시

對扯마조도 리다 漢對扯쳐清잇훈타람 바倭다이히기마시다 甩了보라 다 漢甩了랴清왈랍비 거거뮈倭스데루마시다 亂

扯라구도 리다 漢亂扯쳐清발래다람비 倭지가라나히기마시다 撕扯다 漢撕扯스扯쳐清타타람비 家우루뮈倭사구마시다 掙扎

쳐기 다 漢掙扎자 清구바담비 鬆寬버슴 ᄒ다 漢鬆寬쳔清술라家훈라倭 무슴붕나야와라구마시다 心空속공 그다 漢心空신궁 清쿤두 쿤

데倭소구야 이마시다 寬綽너ᄂ ᄒ다 漢寬綽찬清본처덜러家 일러구우倭유다가마시다 曉諭ᄀ유 ᄒ다 漢曉諭한諭유清ㅣ슈 머다리머가우런비

倭나다메 마시다 由他제다로 漢由他타清이나치해家 치누두라倭고고로요우니 隨你비다로 漢隨你니又依이你 니清시나치해家이누

지倭이 두라倭소씨노 고로요우너 一空벅벅이 漢一空이空딩又必비空딩清 우뮈家이루倭이요이요 一套훈걸 질 漢一套이套탄清어 무요히家나거이

지사야 獨自혼자 漢獨自두自즈清엄훈 家각차갈倭히도리 自然ᄌ연 漢自然ᄌ연清이나치 쉬家우버수번倭지텐 況且ᄒ믈며

漢況황且쳐清터러앙갈라家 어군어쳐배두개倭이완야 就是곳이라 漢就직是스清어러운해家터 뒤어너倭마고도니고례나 枉自속엽다

漢任왕自즈清운투후리家 ᄒ고수갈倭이단즈라니 믓ᄀᆞ 漢무잘己이清애비 니家거뒨倭모하야 倘或ᄒᆡ혹 漢 清아 가마 倭

金首 交部 方言

아녀 지니 該當 이맛당 漢該 當당 타갈라지 … 這是 마즘 漢這 잔是스 淸 … 家다가라쥬 … 오리 … 一

槪 도모지 漢一 이 槪개 淸비러 家버다 倭인도우 到底 나죵 漢到 닫底 디 淸시두지 家얼겁시 倭오와루마데 畢竟 무춤내 漢畢 비

낀 淸나랑기 家어거 벅러 倭오와루니 再三 다시곰 漢再 재 三산 淸칩투 倭가예승가예스 只管 그저 漢只 즈 管권 淸엄두 家쥬걸 倭다다

必定 반드시 漢必 비 定딩 淸우루나쿠 家열거우 倭가나라즈 一切 온갓 漢一 이 切쳐 淸에던 家열던 倭인셰쓰 諸凡 므릇 漢諸 쥬 凡

반 淸야아 家알 리바 倭오옷소 咱們 우리들 漢咱 자 們믄 淸무스 家만누 倭와례라 那們 저들 漢那 나 們믄 淸터스 家더더 倭아노슈 這

箇 이 漢這 져 箇거 淸어 家어려 倭고노 那箇 저 漢那 나 箇거 淸터 家더러 倭아노 如何 엇더호뇨 漢如 슈 何 허 淸안타 家카야 말 倭이 …

고자로 욱가 豈敢 엇지감히 漢豈 키 敢간 淸애 걸리 家어 서둑 선 倭나데나야 예데 尋常 네스 리 漢尋 신 常창 淸알사 家알살 倭우가 쏘 與

其 홈오 론 漢與 유 其기 淸앙갈라 家배투개 倭아라와 有趣 조미잇다 漢有 우 趣츄 淸암탕가 家심타부 倭오모시로웅가 고자리마시 以

일로 漢以 이 此츠 淸어러 家러너 倭고레요리 從此 이로서리 漢從 충 此츠 淸어러치 家어더어 倭고레요리 幾乎 거의 漢幾 기 乎후 淸엄 家레시하바 倭오

오가 다 雖然 비록 漢雖 쉬 然연 淸우두 家거두 倭다도예 來着 … 산 … 漢來 레 着 조 淸비 … 악 … 시마시 所有 잇는

漢所少有의消비시렬러 家악가다이드도고로다

果然과연 漢果고然연淸얄라거 家우너러계나모 **胡亂**호란 漢胡亂후롼淸와가라개家부

루구, 부루구갈 倭요우스나이

在先이젼 漢在재先션淸너너허 家우리두倭사이텐 **起初**처음 漢起키初추淸투탄 家투탐倭하시메 **頭**

先미리 漢預위先션淸되끈더家우리다사倭마예간도 **間空**거를 漢閒현空콩淸올로 家칠루거倭이도마 **臨時**림시 漢臨린時시淸덜긴家

쫄倭소노도 기나이데

一向요소 漢一이向향淸어러우슈리 家어너우찰倭고농고로 **新近**근간 漢新신近긴淸자가 위누권倭고노어나다

忽然믄득 漢忽후然연淸개태家 락기쥬倭다지마지 **儘着**잇것 漢儘진着죠淸업시허 家이낙시한倭루루 **後來**장리 漢後후來래淸

아마가家회치 倭고노마여

怎麼엇지 漢怎즘麼마淸아다라 어家야키지倭나테나 **爲何**엇지 漢爲위何허淸애누家 여아오베倭나테나데

央及비다 漢央양及기淸뱀비家잘 바리뮈倭다노미마시다 **抽豊**추풍 漢抽차豐봉淸투사아랍비家투살라 가뮈倭빈나루하도오다스게마시다

盤纏로비 漢盤펀纏첸淸쥬근이배랄 관倭미지너즈고우모노 **完了**맛다 漢完완了랴又了랴了랴淸와 집비家바라뮈倭스미마시다 **牢**

壯다 漢牢랍壯장淸버키家바 두뮈倭가닥구마시다 **好生**마장 漢好한生승淸우쟈쿠 家아수루倭이고우 **登時**그때로 漢登時스淸

이디해倭소 누셋즈요리

端的진로 家우드... 倩얄... **恰似**맛치 漢恰似 ... 달래 ... 탑 ... 倭

조오도우나 시ᄀᆞ마ㅣ야 湊巧 곡이라 조치리 … 倭다고 … 消 ᄉᆞᆺ훌라부하家투할 … 아이마시야 … 간 …

비清토토치오조라쿠家토토우 불후우게倭가나라즈시리맛셴 不消 모롬이 漢不부消샤清우루냐쿠 家열커우게倭가마예데 既然 그러면 漢

기然연清더던드 러倭소우냐레바 待要 ᄒᆞ마 漢待대要얀清열레 家아래倭양갓테 彼此 서로 漢彼비此츠清잇훈더 家하릴찬倭당가이나 且

住 날회라 漢且쳐住쥬清타가수 家배자倭짓도야메 再不 그리아니면 漢再재不부清룰투야쿠오치家 이서텅키쿨러倭소우맛센네바 越

羧 더욱 漢越웨羧방清너 머머家덩倭나오 從来 본더 漢從총来래又原원来래清 다더家욱타간倭모도요리 煩你 네게 漢煩반你니清신더 빈다

범비家치마두잘바리뮈 倭소씨나다노미마시야 强如 비러 낫다 漢强강如슈清물루간 倭진도예이마시야 快此 빗비 漢快쾌此츠셔清 후둔家운

하요 우 想是 싱각건데 漢想샹是스清앤치 家랍倭오모예바 或者 혹 漢或훠者져清어머뭉거 家니거니건倭아루이와 但早 다

漢但단是스清다우 家안차倭단다스 這些 이리 漢這져些세清운 투家에무倭고레 那些 저리 漢那나些세清루 투家데무倭가레 許

만흔 漢許휴多도清우 것 탈라倭단또모노 有餘 남다 漢有우餘유清물루家운 러털러倭아마리마시야 稀少 드므다 漢稀히少샤清 서리家시 … 倭

마레이 바시야 缺少 투 漢缺켸少샤清어겨훈 家룰곤倭진지마루 些須 약간 漢些세須슈清 … 倭진도 … 一半 반

漢一이并브清어무둘린 家니거마다倭이지반

相同 ᄀᆞᆺ漢相상同=清아ᄂᆞ...아달 다리倭아아...나시구마시다

彷彿 방불漢彷방 호다彿불...

아달리샴비家아달리샤 뛰倭아이너다리마시다

無涉 간셥지漢無우涉셔清달지아쿠家 아니타하마우게倭가가리마셴

感激 감ᄀᆨ漢感 ᄒᆞ다...

기清흑셔머구님비家시두쥬 사나뛰倭가다직계마시다

情願 졍漢情칭願원清치항가 원家두라대倭뎅가이

結實 돈돈漢結... ᄒᆞ다시清...

家출로倭겐 고우마시다

掏出 더듬어漢掏탄出츄清힘기머두치 내다붐비倭예라부인데마시다

挨擠 사룸만한漢挨애擠지 밀니다清아나...힐

후붐비倭히동가단 쓰너오스시마시다

慌了 겁내漢慌황了랴清올리하담비家오올 다리헬라뛰倭오吉보웅가베마시다

粧體面 ...스러

온漢粧좡體티面면清더렁다랑스머 쳬家최최쳬쳔倭례기례기노요우너

下馬威 첫호漢下햐馬마威위清모린치어 령부머호론倭하시메이기오이

力量大 덕량漢力리量량大다清부나간암바家머 크다뎐이거倭도우로웅가오오이마시다

大分上 큰졍漢大다分본 분上상清암바

부나간家이거머 뎔倭다이죠우븐

出分資 츄렴漢出츄分본資즈清우부슈밤비家뎟 내다처갈가뛰倭닷시아와셔인데마시다

莫惹他 져를집漢莫모惹셔他타清터러버우머비머 쟈말라러倭아노히도오고나시맏스루나

這站箇 이漢這져站잔箇거清어러 번부너家어너더倭곤도

那站箇 그漢那나站... 번너家너...

找不得 엇지모... 又尋 ᄒᆞ다...

신부着...바

32 a

하 나쿠家어기쿠 [illegible] 止不부得 清알리머 [illegible] 不 [illegible]
우게倭 [illegible] 맛센 [illegible] 무타나쿠倭농가ᅩ 맏세
다 漢罷바不부得 清알하야쿠家 定不得 뎡치못 漢定딩不부得더清독토부 保
얏가우게倭용기노우마시따 홍다 치오죠라쿠家독토우게
不得 밋지못 漢係밧不부得더清악다치오죠라쿠 捨不得 앗겨 漢捨셔不부得
홍다 家바룰라쥬볼후우게倭다노미맛센 홍다 더清해람비家
해랄라뮈倭오 使不得 쓰지못 漢使시不부得더清배랄라치오죠 造化低
시미사마시따 홍다 라쿠家거럭러쿠게倭즈가이맛센 망ᄉ
업 漢造잔化화低디清잡시키야쿠家잡 根子大 셰죡엇 漢根근子즈大다清부쥬리
다 실태우게倭시아와셍가고자리맛센 사룸 날마家다가가산군倭례기
례기이엔 現世報 싱젼 漢現현世시報반清데잘란이가룰란 兩面刀 반복소
노히도 보복 倭이기도기나하라이오미마시따 셜
이 漢兩량面면刀도清오보로도로 不動惮 움즉이지 漢不부動둥惮단清아시ㅏ라
날마倭후다고고로모지하도 아니타 쿠家쿠덜루우게倭웅구쇼 맛
센 不妨事 해롭지 漢不부妨방事스清항가나쿠家 不打緊 관계치 漢不부 [illegible]
아니타 개키倭사마당궁가고자리맛센 아니타 다緊 [illegible]
오용고아쿠家개우 見成的 시방잇 漢見현成칭的디清벌러니 爭甚麽 언[illegible]
궤倭구루시우맛센 논것 家벌런倭이마고자리모노 나뱌
노 漢争증甚合麽마清가나쿠우두家더 蹉 [illegible] 次 그르덕 漢蹉초 [illegible] 漢次清처[illegible]
우건투거뒤倭니구라니메지나루따 다부하 [illegible]구사노데니

아싱가 산스 **走了風** 누셜 ᄒᆞ다 漢走주了랴風봉淸 … 붐비家쟈다라 뮈倭당 … 다시仒 **奈何** 보 漢奈버何 쳐人인 … 다

아가붐비家하시라굴루 뮈倭히도고나시마시仒 **欺負人** 사룸업슈 이너기다 漢欺키負부人인淸부시훌간비家도 로샤뮈倭히도나잉가시루마시仒 **赶不上** 밋지못 ᄒᆞ다 漢赶간不부上 샹淸암차 …

對不着 샹합지 못ᄒᆞ다 漢對뒤不부着조淸잇훈더아 챠나라쿠倭아이야와세맛션 **趕近前** 아드 …

부하쿠倭오요 바즈마시仒 **跐房子** 집잡다 漢跐채房방子즈淸타한갬비 倭도마리야오사다메마시仒 **挨近前** 아드 漢挨太近 …

애近긴前쳔淸아나머이번집비家룰기쥬 **一壁廂** 일변으로 漢一이壁비廂상淸어무 … 례家니거나굴倭이지 …

답시뮈倭즁기즁기스스무이레마시仒 **强壓住** 업누르다 漢强 …

鬼混了 샹업시 번이다 漢鬼귀混훈了랴淸말래온돔비家룰룹우 거기뮈倭요우스나이가시마시마시仒

캉壓야住쥬淸얼걸러머가다삼비家어려 올런다루뮈倭고와시니오사유마시仒 **仗着誰** 눌을밋 으리오 漢仗쟝着조誰쉬淸위더 악담비家건두바루뮈倭

나니오다노 미맛쇼웃가 **全靠你** 젼혀너를 밋노라 漢全쳔靠캎你니淸요오니신더악담 비倭못바라소나다오다노미맛스루 **錯怪他** …

그릇허믈ᄒᆞ다 漢錯초怪괘他타淸타샤라머뭇함비家타샤라 쥬언덕털러뮈倭오로이야야마리시마시仒 **怎禁他** 엇지말 리리오 漢怎즘禁긴他타淸타뫌

가칭 … 오家야키지 … 일가 … 지 … 漢 … 무分 … 曉 … 나쿠家 …
… 倭 … 제니긴세 … 맛 … 나 … 셔러 … 倭ㅍ고 … 이

由不 다ᄒᆞ하家어 ... 다 부ᄅᆞ다마라 ... 스루니 코리다마라 못ᄒᆞ더 ...

漢經 덕더ᄆᆞ ...

回 못시다 부的더淸치쇠 ... 치오죠라쿠家두라 번벌華우게倭고ᄃᆞ호릿나마가시맛센

故意兒 짐 漢故구意이兒ᄉᆞᆯ淸졸대 죵 家죠리마倭고도사라 게倭간넌이 다시맛센

耐不的 견ᄃᆡ지 漢耐내不부的디淸알리먹 못ᄒᆞ다 무터라쿠家다가간치다

沒坐性 안즐셩 漢沒무坐조性싱淸소빈 업다 ...

沒耐性 견ᄃᆡᆯ셩 漢沒무耐내性싱淸도소머무 업다 터라쿠倭다마리맛센히도 마쿠倭가루이히도

有手藝 손지조 漢有우手 잇다 ...

沒定準 뎡ᄒᆞᆫ것 漢沒무定딩準쥰淸도욘바하라 업다 쿠倭모지고고롱가고자리맛센 삭藝이淸범선비家렁거거뷔倭 데노사이가궁간고자리마시야

者不真 보기분명 漢者 치아니타 ...

沒信行 신힝 漢沒무信신行힝淸악둔아쿠家바루우 업다 게倭다노미亻또몬다망가고자리맛센 부真진淸투와라더얄갼아쿠家우져쿠 둘토돌해우게倭미룽가훈됴우라즈

拉不動 ᄭᅳᆯ어움즉 漢拉라不부動둥淸수샤 못ᄒᆞ다 하ᄉᆞ머아시샤라쿠 치

不長進 장닉샹 漢不부長장進진淸거터라쿠家서러 업다 쿠우게倭마예미징가고자리맛센 루버치쿠더쿠게倭 히기웅국구맛센

不 ...

好機口 거변 漢好하機기口무淸 도타 앙갈링家아마버 입ᄌᆞᆷ지 漢不부戒계口쿠淸앙가탈가라쿠家 아마쳐걸러쿠게倭구지고라예맛센

口 못ᄒᆞ다

喬家公 가장인 漢喬갼家가公궁淸보외다아 ... 취ᄒᆞ다 倭이 ... 시마시 倭고도마工벋즈 가요웅없자리

麻把人

사롬친 漢㾾ᄆ 化반人신 清능딤비家용 … 서그 漢小生使 … 淸아지거잡
노ᄒ다 什뮈倭히도오셰셰루마시仆 … 上니 신家 한不부倭치도요로기

이노 고도

孩子氣 우희 乏

漢孩해子즈氣키清쥬셔무지런家
처오젼션걸倭고도모노아바례

做牽頭 이드다

村판ᄉ 漢做주牽쳔頭

투清잘라쿠담비家쟈구칠라뮈
倭요우부예루도기나아이히도

探信息 쇼식듣 보다

漢探탄信신息시清머지걸렵ᄂ家
머더걸러뮈倭소우오타즈티마시

仆다

答應的 시죵드 논이

漢答다應잉的디清아차부러쟈부러날
마家다라가쥬워치후쿤倭즈가이하도

走熟的 닉게두 니논

漢走

주熟수的디清헐려머우러허날마家야부후기
불바수락산쿤倭사이젼요리오우라이히도

回頭人 재가혼 계집

漢回휘頭투人인青
다후머에건기하허

허家지치누쿨아북산어커널
倭후다담비우셰루요우부

望門寡 혼인젼의 된과부

漢望왕門믄寡과清홀보호옹골로
앙가시倭옌볜나스마예노야모메

瞞不過 속이지 못ᄒ다

漢瞞먼不부過고清언더라쿠家
하구라후우게倭다바가리맛센

没得說 니를것 업다

漢没무得더
說쉬清기수

기러바아쿠家걸렵처쿠우게
倭유우모농가고자리맛센

合他說 져두려 니르다

漢合허他타說쉬清더더헌두家더군
둘걸러倭가노호우니유우마시仆

不用說 니르지 말라

漢不부用융說쉬清우머기수러
러家부우걸러倭유우마셰즈

背地裡 못보 는듸

漢背븨地디ᄀ
리清영기치家

어치니 미
마젠ᄃ고로

一地

디裡리 비러
工우

脚

리 漢 무 고

아 亦孙 平리倭가 계 閒 이閒 왕감비 仕
하 송가 이 맛시다 우누 뮈倭소우 기마
머무지 漢住乔不부辛랴清도소라쿠 過不去 ᄆᆞ음에거 漢過고不부去큐清월랴머
못ᄒᆞ다 倭회사시구, 돈도마루, 맛션 림ᄒᆞ다 우터라쿠家거걱더후기
다亭계倭고고 不要命 살려아 漢不부要얀命밍清열건셜럼비家아 没来由
라 가가리 니타 민쿠지러뮈倭이기오, 텡고우, 맛션
연유漢沒무来레由우清빌리빅 克得過 견딜만 漢克충得더過고清니거더 田
업시루아쿠倭사시아이나이뎨 ᄒᆞ다 머옴비倭간년, 호도, 마시다.
他罷 날려보 漢他휘他타罷바清헌두머웅기家걸 打底兒 밋조리 漢打다底디
내라 러쥬우더倭유우뎨오고리맛셰이 ᄒᆞ다 兒술清버령
신담비家이루갈달비뮈 裁派人 사롬뎡ᄒᆞ 漢裁채派패人인淸토밀랍비家ᄒᆞᆯ
倭모도오, 도리마시다 여식이다 라뮈倭히도오사다뻬뎨사시마시
不合意 뜻에맛지 漢不부合허意이淸이챠쿠家타갈람 體面吊 톄면샹 漢體
아니타 지우게倭고고롱기니, 아와셰맛션 ᄒᆞ다 티面
면吊댠淸더라쿠家니출, 우 猜得着 짐작ᄒᆞ 漢猜채得더着죠淸부허머괴부 長
게倭쳐이멘야부려마시다 여맛다 하倭신쥬우니아와셰마시다
快些 져기식 漢快괘些셔淸마지거셜라하家 上緊些 밧비 漢上샹緊긴些
훤ᄒᆞ다 바한알랏기뮈倭짓도, 하려시마시다 ᄒᆞ다 셔 하힐람
家울롤타뮈倭이송 小遲些 져기지 漢小 遲치些셔淸허니얼 비
가시우시마시다 졍이나 한이 부 도오소 다

田子 이즈 漢這列田휘子즈清어러이츄 미 온 漢 한 수래清이탕
리家어너우찰倭고농고로 이 거적
버倭난노도기 不覺的 얼런 漢不부覺교的디清헐춘아 翻過来 디집 漢翻
니이다루싸 쿠家아직우게倭짓도노마 다 過고
려清우발람비家올치그 不赴手 손에맛굿 漢不부赴친手쉬清갈라더이챠쿠家갈
뮈倭히룽가여루마시싸 지아니타 두타갈람지우게倭며나아와셔맛신
乾透心 족이지 漢乾간透투心신清아끼머올호 不耐勞 질겨지 漢不부耐내勞란清냔챤
몹으다 호倭소구마메호사이마시싸 못흐다
아쿠家후질우게倭 齊底兒 그루간조 漢齊치底디兒슬清뵈칠러칼김 沒
간넌이다시맛션 련이흐다 비倭시당가도도노예마시싸
何 호일 漢没무奈내何허清우매나머무터라 廝赶着 서루뜨 漢廝스赶간着죠清
엽다 쿠家옥토한츄불후게倭노우모나이 로다 잇훈더암챠탐비家
어설쿠두우챠라뮈倭 撞不着 마조치지 漢撞좡不부着죠清둥갈라하쿠 風裡
아이사당고우마시싸 못흐다 家어설쿠우게倭아이오우맛션
話 풍면의 漢風풍裡리話화清울란두하기순家수락란 不得空 틈을 漢不부得더
소문 소노수슨우거倭가뎨다요리너기기소우 업다 空쿵清올로옹
아쿠家칠루거우게倭 休理他 저를알온 漢休휴理리他타清터러버우머헐
이도망가고자리맛션 취말라 시러倭가려오시리오우나라즈
對 흐난 더倭 적그나 漢動둥不부動둥清 치오 日夜 밤낫 漢 기도 아 시 夜여清이녕 動

너우 川倭요 不 ᄀᆞ라 好自在 ᄒᆞ더 시이무ᄒᆞᆯ랏 倭이고우혀ㅇ 안마ㅅ

루히 재淸입 남비家

지버 漢好ᄒᆞᆫ過ᄒᆞ고活ᄒᆞ고淸샌반짐비家샌

다 아쥬투루뮈倭요이승구루마시다

中州鄕語

扠 재 凡事已然者江南蘄州府郡城曰扠鼂山曰賁지太倉曰偕列兵江曰籍列嘉定曰嗟列即此語了字義

寧馨 녕힝 江南蘄州府問爲何如曰寧馨晉山濤謂王衍曰何物老嫗生寧馨兒晉宋間人語助猶言若何也

點㨾 뎐양 廣東廣州府問如何

毛 맏 無也

左 조 山西臨晉縣謂怎麽

首尾 슈이 汾州寧鄕縣謂交關人物者又男女之私通亦曰首尾

巴結 바겨 勉强營爲也

臭厭 착연 可憎也

蹭蹬 층등

落䁖 락로 與世乖舛也

摸索 모새 作事不果決也

拖拉 토라 事不了決也

條直 됴지 物事就理也

郎當 랑당 敗事也

翻騰 반등 好撥弄也

支査 즈차 有圭角也

秀溜 슈릭

活絡 ᄒᆞ로 俊快可喜也

放手 방슈 江南蘄州府謂貪縱爲非後漢書循吏放手

揵 련 撥捍也

語撥茶撥水

欣飛 太비 悪少趫捷也

縮肭 수뉴 不任事也五行志王侯縮肭

事際 ᄉᆞ지 也

修 ...

식조 葦理整齊也唐中和二年修紀部伍

喝賜 허스 當送搞賞之唐人娼妓當送辨者

溫 ... 冷也

負子 부 江南太倉州謂虛人意

孛窣 보수 急遽也

指望 망 明也

佁儗 進退不… 江南嘉定縣謂人佗以佁儗

沒雕當 무댜 言人作事無據也

耐可 내가 猶言寧可也

看嘴臭 가주 俗見不當意者輒曰看嘴鼻

鏖糟 압잡 汚穢之物也

縮囊 수낭 呼人以嘶貧窘也焦氏易林亦言利少囊縮

蝈伴 잔반 蝈蝗也蝗飛蔽野過而相銜而過齧齧不絕故俗以人衆相從謂之蝈伴

懸羊頭 현양두 俗諺懸羊頭賣狗肉謂人虛乙不宗也

黑屎 흑시 謂人猶豫不猛

亡聊賴 무료래 謂無所事事者前者

眼孔淺 안공천 謂人見物生羨曰眼孔淺

習慣 시관 謂人…慣曰習慣

蹛槽 잔잡 江南嘉定縣以嫖客他戀為蹛槽

媌嫪 호랴 雅娼謂遊婚曰媌嫪俗作媌嫪老說文士所行者曰媌嫪媌

一出

忒殺 티사 猶言太甚松江府亦然

該个 개거 江南崇明縣阿堵寧馨之類即蘇云个星也

流水 류쉬 猶言作速乃催促之事

白相 버상 猶言項項謂無錢而觀看也

箇裏 거리 江南松江府謂此也

油花 유화 江南太平府凡圓滑能事謂之油花

方言類釋 索引

一、本索引은 李鎭煥(一九八四) 十八世紀國語의 造語法硏究 —「方言集釋」을 中心으로 — 의 附錄에 있는 것을 轉載하였다.

二、이 索引은 造語法硏究의 必要에서 만들어진 것이므로 派生語、複合語와 관계되는 것만 들어있고 單一語는 빠져 있다.

三、引用單語中 語幹末音이 ㄹ인 用言은 ㄹ末音을 밝혀서 引用하였다. 例：ᄂᆞᆺ서다(「方集」)→ᄂᆞᆺ설다(本索引)

四、[ ]속의 글자는 原典에 훼손된 부분을 復元한 것이다.

五、本索引은「가나다」順으로 하고「・」는 다른 母音보다 앞에 배열하였다.

附 錄

引用 單語	現代語 풀이	「方言集釋」 表記		
		標題語	우리말 釈	巻:張
ᄀᆞᄅᆞ떡	가루떡	餑餑	ᄀᆞᄅᆞᄯᅥᆨ	二 29
ᄀᆞᄅᆞ침	가르침	領敎	ᄀᆞᄅᆞ침을밧다	四 28
ᄀᆞ리틀	갈이틀	鏇床	ᄀᆞ리틀	三 30
ᄀᆞᆺ줄	갓줄	打沿道	ᄀᆞᆺ줄굿다	二 7
ᄀᆞ즉이	가지런히	齊邊兒	ᄃᆞᆫᄀᆞ즉이ᄒᆞ다	二 25
ᄀᆞᆫ지러이다	간지럽히다	格支	ᄀᆞᆫ지러이다	一 22
ᄀᆞᆯ이다	갈리다	鏇了	ᄀᆞᆯ이다	四 1
ᄀᆞᆲ셔다	? 나란히 서다	雙杠	ᄀᆞᆲ션무지게	一 4
ᄀᆞᆺ난벼	갓난벼	秧針	ᄀᆞᆺ난벼	三 23
ᄀᆞᆺ부다	가쁘다	痉了	ᄀᆞᆺ부다	一 20
가물티	가물치	黑魚	가물티	四 19
가븨야이	가벼이	輕慢	가븨야이너기다	四 24
가ᄉᆞᆷ거리	가슴걸이	攀胷	가ᄉᆞᆷ거리	四 6
가족	가죽	剝皮	가족벗기다	四 9

가지	가지	枝條	가지	四21
가치	까치	喜鵲	가치	四11
간대로	함부로, 마구	花使	간대로ᄡᅳ다	四28
간ᄌᆞ런이	가지런히	齊底兒	그른간ᄌᆞ런이ᄒᆞ다	四35
갈가마괴	갈가마귀	寒鴉	갈가마괴	四12
갈새	갈새	葦鳥	갈새	四11
갈래	갈래	河汊	믈갈래	一11
갈티	갈치	裙帶魚	갈티	四19
감ᄌᆞ비	감잡이	鐵鈎搭	감ᄌᆞ비	二20
감히	감히	豈敢	엇지감히	四30
갑옷	갑옷	甲	갑옷	二12
갓거리	갓걸이	帽架	갓거리	三9
갓북	가죽북	鼓	갓북	二9
갓언치	가죽언치	皮屉	갓언치	四7
갓옷	가죽옷	皮襖	갓옷	二23
개ᄂᆞ리	개나리	辛夷花	개ᄂᆞ리곳	四22
개벼록	개벼룩	狗蚤	개벼록	四18
개야지	강아지	柳絮	버들개야지	四22
개ᄌᆞ리	개자리	狗窩	개ᄌᆞ리	四16
개쥭나모	개죽나무	臭春樹	개쥭나모	四21
ᄢᅢ치다	깨치다	劈開	ᄢᅢ치다	四29
개ᄑᆞ리	개파리	狗蠅	개ᄑᆞ리	四17
개희ᄢᅵ	개새끼	狗養的	개희ᄢᅵ	三13
거두치다	걷어치다	撩衣	옷거두치다	二24
거름	걸음	遲鈍	거름ᄡᅳ다	四14
거림길	갈림길	岔路	거림길	二17
거림ᄒᆞ다	꺼림하다	過不去	ᄆᆞ음에거림ᄒᆞ다	四34

거스러지다	거스러지다	毛倒搶	털거스러지다	四 16
거스리	거슬러	逆流上	비거스리오로다	四 5
거족	거죽	衣面	옷거족	二 24
거즛것	가짜	假的	거즛것	三 20
거즛말	거짓말	謊話	거즛말	一 25
거지다	?걸치면서 지다	日頭壓山	히산에거지다	一 3
써지다	꺼지다	坑塌	구돌써지다	二 20
걱정ᄒᆞ다	걱정하다	嘈心	걱정ᄒᆞ다	一 23
걸니다	걸리다	墊車	술위걸닌딕뻐드다	四 6
걸리다	걸리다	嗦子閣刺	가싀걸리다	三 2
걸싀	걸쇠	釕銱	걸싀	二 20
걸오다	걸우다	糞田	밧걸오다	三 23
검금	겅금	黑礬	검금	三 19
것조	겉조	穀子	것조	三 25
세뚧다	꿰뚫다	透鑽	세뚧다	四 1
겨드랑	겨드랑	肐子窩	겨드랑	一 17
겨를	겨를	閒空	겨를	四 31
겨릅째	겨릅대	麻稭	겨릅째	三 26
셔민다	껴매다	挾棒	술위ㅅ셔민난나모	四 5
겨ᄋᆞ살이	겨우살이	冬青子	겨ᄋᆞ살이	四 21
겨오	겨우	剛剛	겨오	四 28
셔호다	껴호다	壓縫	셔호다	二 25
결을업다	겨를없다	不得空	결을업다	四 35
겹옷	겹옷	裌衣	겹옷	二 23
겻돕다	곁돕다	幫助	겻돕다	四 24
고기소	고기소	肉餡	고기소	二 30
고름	고름	濃水	고름	三 4

고솜돗치	고슴도치	刺 蝟	고솜돗치	四 16
골항	고랑	田 溝	밧골항	三 23
골희눈(몰)	고리눈(말)	玉 眼 馬	골희눈몰	四 14
곳봉오리	꽃봉오리	花 咕 嘟	곳봉오리	四 23
곳송이	꽃송이	花 朶	곳송이	四 23
곳티다	고치다	修 橋	ᄃᆞ리곳티다	二 18
곳퍼기	꽃포기	花 叢	곳퍼기	四 23
ᄭᅬᆺ고리	꾀꼬리	黃 鸝	ᄭᅬᆺ고리	四 11
구두더리다	구두덜거리다	咕 噥	구두더리다	一 25
ᄭᅮ러안ㅅ다	꿇어앉다	跪 着 坐	ᄭᅮ러안ㅅ다	一 19
구레나롯	구레나룻	連 鬢 鬍 子	구레나롯	一 17
구룸ᄃᆞ리	구름다리	雲 梯	구룸ᄃᆞ리	二 17
구븨	굽이	轉 彎	구븨도다	二 17
구울리다	굴리다	溜 軸	매에구울리ᄂᆞᆫ돌	三 25
구을리다	굴리다	墪 轂 轤	밧우희구을리ᄂᆞᆫ돌	三 25
구을매	연자매	碾 子	구을매	三 25
ᄭᅮ지람	꾸지람	喫 罵	ᄭᅮ지람듯다	三 13
굴 레	굴레	轡 頭	굴레	四 6
굴레ᄭᅩᆨ뒤거리	굴레꼭뒤걸이	搭 腦	굴레ᄭᅩᆨ뒤거리	四 7
굴헝	구렁	坑 子	굴헝	一 10
ᄭᅮᆷ	꿈	做 夢	ᄭᅮᆷᄭᅮ다	一 21
굼벙이	굼벵이	蠐 螬	굼벙이	四 18
굽슬굽슬ᄒᆞ다	곱슬곱슬하다	捲 毛	굽슬굽슬ᄒᆞᆫ털	四 16
굽히다	굽히다	彎 腰	허리굽히다	一 22
ᄭᅰ졍ᄭᅰ졍ᄒᆞ다	꾸정꾸정하다	硬 朗	ᄭᅰ졍ᄭᅰ졍ᄒᆞ다	四 26
귀먹다	귀먹다	耳 聾	귀먹다	三 3
귀밋	귀밑	耳 根	귀밋	一 15

커밋털	커밀털	鬚毛	커밋털	一 17
귀ㅅ구무	귓구멍	耳孔	귀ㅅ구무	一 15
귀ㅅ바회	귓바퀴	耳輪	귀ㅅ바회	一 15
귀ㅅ불	귓불	耳垂	귀ㅅ불	一 16
귀엿골	귀엣고리	耳墜子	귀엿골	三 8
귓도라미	귀뚜라미	金鍾児	귓도라미	四 17
그대로	그대로	照樣	그대로	四 27
그덕그덕	끄덕끄덕	磕睡	그덕그덕조으다	一 20
그덕이다	끄덕이다	點頭	마리그덕이다	一 20
선들다	끄어들다	採來	선드러오다	三 16
그릇	그릇	錯認	그릇아다	四 25
그리	그리	再不	그리아니면	四 31
그림	그림	畫	그림	二 7
그믐	그믐	月盡	그믐	一 7
그슬이다	그슬리다	燎了	그슬이다	二 32
그으름	그을음	竈煤	그으름	四 10
선을줄	끄는 줄	撒縄	선을줄	四 5
글게	글게	鐵鉋子	글게	三 13
블임	?감싸 보호함	伏庇	블임을 밋다	四 27
쓸히다	끓이다	滾過水	쓸힌물	二 32
급히	급히	飛報	급히보ᄒᆞᄂᆞᆫ글월	一 30
기동	기둥	柱	기동	二 19
기러기	기러기	鴻鴈	기러기	四 11
기리다	기리다	過獎	너무기리다	四 25
기우로	기울게	歪了	살기우로가다	二 14
기우리다	기울이다	歪着頭	마리기우리다	一 22
기음	기음	莠草	기음	三 24

씨이다	끼이다	罩霧	안개씨이다	一 5
길드리다	길들이다	熬鷹	매길드리다	四 8
길이다	기리다	面奬	당면ᄒᆞ여길이다	四 28
깁체	깁체	羅兒	깁체	三 11
깃거ᄒᆞ다	기꺼하다	喜歡	깃거ᄒᆞ다	一 23
ᄂᆞᄅᆞᄇᆡ	나룻배	擺渡船	ᄂᆞᄅᆞᄇᆡ	四 3
ᄂᆞ믈밧	나물밭	菜田	ᄂᆞ믈밧	三 23
ᄂᆞ족ᄒᆞ다	나직하다	慢坡	ᄂᆞ족ᄒᆞᆫ두던	一 10
ᄂᆞ졀	나절	一晌田	ᄒᆞᆫᄂᆞ졀ᄀᆞ리	三 23
ᄂᆞᆯ개	날개	搧翅	ᄂᆞᆯ개붓다	四 12
ᄂᆞᆯ개ㅅ쥭지	날갯죽지	翅膀	ᄂᆞᆯ개ㅅ쥭지	四 12
ᄂᆞᆯ것	날것	生的	ᄂᆞᆯ것	二 32
ᄂᆞᆯ니다	날리다	雪花飄揚	눈ᄂᆞᆯ니다	一 6
ᄂᆞᆯ리다	날리다	颼風雨	ᄇᆞ롬에ᄂᆞᆯ리ᄂᆞᆫ비	一 5
ᄂᆞᆯ리다	날리다	放風箏	연ᄂᆞᆯ리다	四 3
ᄂᆞᆯ즘싱	날짐승	撒糞	ᄂᆞᆯ즘싱ᄯᅩᆼ누다	四 12
ᄂᆞᆺ갓	낯가죽	面皮	ᄂᆞᆺ갓	一 17
ᄂᆞᆺ닉다	낯익다	面熟	ᄂᆞᆺ닉다	四 25
ᄂᆞᆺ붓그럽다	낯부끄럽다	面羞	ᄂᆞᆺ붓그럽다	四 27
ᄂᆞᆺ셜다	낯설다	面生	ᄂᆞᆺ서다	四 25
ᄂᆞᆺ업다	낯없다	沒臉	ᄂᆞᆺ업다	四 27
나나리벌	나나니벌	螟蛉	나나리벌	四 17
나모고긔양	나뭇고갱이	木心	나모고긔양	四 21
나모ㅅ결	나뭇결	木理	나모ㅅ결	四 21
나모ㅅ공이	나무의 옹이	木節子	나모ㅅ공이	四 22
나모ㅅ등걸	나뭇등걸	木根老	나모ㅅ등걸.	四 21
나모ㅅ진	나뭇진	樹津	나모ㅅ진	四 22

나모쇼시랑	나무쇠스랑	木把子	나모쇼시랑	三 25
나모ᄒᆞ다	나무하다	打柴的	나모ᄒᆞᄂᆞᆫ이	一 34
나모활	나무활	木弓	나모활	二 12
나아들다	나아들다	挨近前	ᄎᆞᄎᆞ나아드다	四 33
나죵ᄂᆡ	끝끝내	到底	나죵ᄂᆡ	四 30
나히다	낳게 하다	收生婆	아희나히ᄂᆞᆫ계집	二 2
낙시ㅅ대	낚싯대	釣竿	낙시ㅅ대	四 9
낙시ㅅ줄	낚싯줄	釣線	낙시ㅅ줄	四 9
날회다	잠시 멈추다	且住	날회라	四 31
납죡ᄒᆞ다	납작하다	匾嘴	납죡ᄒᆞᆫ입	一 16
내밀다	내밀다	前奔顱	마리앏내미다	一 15
내친계집	내친계집	出娘子	내친계집	一 14
내티다	내치다	赶出去	ᄶᅩ차내티다	三 16
너무	너무	過獎	너무기리다	四 25
너븐짓	넓은 깃	翅次翎	너븐짓	四 12
넉넉ᄒᆞ다	넉넉하다	寬綽	넉넉ᄒᆞ다	四 30
널ᄃᆞ리	널다리	板橋	널ᄃᆞ리	二 18
널문	널문	板門	널문	二 19
넘기다	넘기다	洋奶	졋넘기다	二 2
넙갈나모	?떡갈나무	檏櫟樹	넙갈나모	四 21
네거리	네거리	十字街	네거리	二 17
네모	네모	四稜	네모	三 13
녑마기	옆막이	垂帶	서ᄃᆞ리녑마기	一 27
노ᄅᆡ	노래	歌童	노ᄅᆡ부ᄅᆞᄂᆞᆫ아희	一 35
노래	노래	歌曲兒	노래	二 9
노ᄅᆞᆫᄌᆞ의	노른자위	蛋黃	노ᄅᆞᆫᄌᆞ의	四 12
노린내	노린내	膫氣	노린내	三 2

노질(ᄒᆞ다)	노질(하다)	使 划 子	노질ᄒᆞ다	四 4
노히다	놓이다	心 鬆	ᄆᆞᄋᆞᆷ노히다	一 23
녹이다	녹이다	鎔 化	녹이다	四 1
놉히	높이	高 陞	벼슬놉히돗다	一 32
누른내	?눌은내(눈내)	燎 胡 氣	누른내	三 3
누른밥	눌은밥	胡 飯	누른밥	二 29
누에	누에	蚕 子	누에	三 22
누의들	누이들	姊 妹	누의들	一 13
누이다	누이다	眠 棺	돗머누이다	四 4
눈망올	눈망울	眼 珠	눈망올	一 16
눈ㅅ두에	눈두덩	眼 胞	눈ㅅ두에	一 16
눈ㅅ믈	눈물	眼 淚	눈ㅅ믈	一 16
눈ㅅ섭	눈썹	描 尾	눈ㅅ섭짓다	三 8
눈ㅅ섭머리	눈썹머리	眉 頭	눈ㅅ섭머리	一 16
눈살	눈쌀	皺 眉	눈살집픠다	一 22
눈어엿	눈자위	眼 眶	눈어엿	一 16
눈에치	눈에치	害 骨 眼	눈에치알타	四 15
눈초리	눈초리	眼 角	눈초리	一 16
눈치	눈치	眼 勢	눈치	一 21
눈흙빈이	사팔뜨기	斜 眼 的	눈흙빈이	三 6
눅가락	?육손	贅 指	눅가락	一 17
느러지다	늘어지다	吊 塌 灰	느러진몬지	四 10
늬쓴ᄒᆞ다	느끼ᄒᆞ다	膩 住	늬쓴ᄒᆞ다	三 2
니쏭	이똥	馬 牙 子	니쏭	三 5
니부자리	이부자리	鋪 蓋	니부자리	三 9
니블	이불	被 兒	니블	三 9
니ㅅ삿	잇새	牙 縫	니ㅅ삿	一 16
니ᄡᆞᆯ	입쌀	大 米	니ᄡᆞᆯ	三 25

니뽀시개	이쑤시개	牙 乂 兒	니뽀시개	三 9
니좀	잊음	忘 魂 大	니좀하다	一 24
닉기다	이기다	熟 皮	가죽닉기다	四 9
닉이다	이기다	熟 鐵	닉인쇠	三 19
닐오다	일구다	新 開 田	새로닐온밧	三 23
닛곳	잇꽃	紅 花	닛곳	四 23
닛집	잇짚	稻 草	닛집	三 26
드라미	다람쥐	山 鼠	드라미	四 16
드린사회	데릴사위	贅 婿	드린사회	一 14
든든이	단단히	緊 扣	든든이민다	四 29
든든흔다	단단하다	結 實	든든흔다	四 32
든물	단물	甜 水	든물	一 10
돌리다	달리다	火 着	불돌리다	四 10
돌리다	달리다	跑 馬	몰돌리다	二 11
돌ㅅ모로	달무리	月 暈	돌ㅅ모로	一 3
돌ㅅ빗	달빛	月 華	돌ㅅ빗	一 3
돍의볏	닭의 볏	鷄 冠	돍의볏	四 12
돍의알	달걀	鷄 蛋	돍의알	四 12
돍의알떡	달걀떡	鷄 蛋 餻	돍의알떡	二 30
뜸언치	땀언치	汗 屉	뜸언치	四 7
뗌질(흔다)	땜질하다	銲 藥	뗌질흔는약	四 1
다듬이(흔다)	다듬이하다	碾 一 碾	다듬이흔다	二 28
다록이플	다로기풀	兀 刺 草	다록이플	四 23
다븨ㅅ대	담뱃대	烟 袋	다븨ㅅ대	三 12
다스흔다	다스하다	暖 和	다스흔다	一 8
다시곰	다시금	再 三	다시곰	四 30
다이다	대다	襯 衣	살에다여닙는옷	二 23

다히다	대다	攏 岸	빅뭇틔다히다	四 4
닫줄	닻줄	纜	닫줄	四 4
달고질(ㅎ다)	달구질(하다)	夯 打	달고질ㅎ다	二 21
달호다	달구다	炸 白	쇠달호다	四 1
달히다	달이다	熬 了	달히다	二 32
답답ㅎ다	답답하다	心 悶	답답ㅎ다	一 23
댓무우	(댓)무우	蘿 蔔	댓무우	三 28
떠들다	떠들다	墊 車	술위걸닌더떠드다	四 6
더러이다	더럽히다	黷 汚	옷더러이다	二 24
써러지다	떨어지다	星 隕	별써러지다	一 3
더옥	더욱	越 發	더옥	四 31
더우어리다	더듬거리다	結 吧 子	더우어리ᄂᆞᆫ놈	三 6
덜렁이다	덜렁이다	光 當	물덜렁이다	四 14
덤벙이다	덤벙이다	趕 鬧	덤벙이ᄂᆞᆫ쇰의	四 26
덧내다	덧내다	撩 撥	덧내다	四 27
덧니	덧니	重 牙	덧니	一 16
데이다	데우다	溫 着	데이다	二 32
데치다	데치다	炸 菜	나믈데치다	二 31
도곤도곤ㅎ다	도곤도곤하다	心 爆	가솜도곤도곤ㅎ다	一 23
도도개	돋우개	挑 竿	도도개	三 11
도도다	돋우다	惹 氣	분도도다	四 27
도랏곳	도라지꽃	僧 帽 花	도랏곳	四 22
도래	도래	鼻 鍋 子	쇠코ㅅ도래	四 16
도로다	돌리다	倒 嚼	쇼여믈도로다	四 13
도로래	땅강아지	蓬 蓬 姑	도로래	四 18
도로혀다	돌이키다	轉 身	몸도로혀다.	一 20
도리채질(ㅎ다)	도리깨질(하다)	打 連	도리채질ㅎ다	三 24

도셔다	도서다	痘 回 了	역질도셔다	三 5
도적ᄒᆞ다	도적질하다	偷 去	도적ᄒᆞ여가다	三 14
도토리나모	도토리나무	橡 樹	도토리나모	四 21
돈나기ᄒᆞ다	돈내기하다	賭 錢	돈나기ᄒᆞ다	四 3
돌ᄃᆞ리	돌다리	石 橋	돌ᄃᆞ리	二 18
돌리다	돌리다	輪 班	번돌리다	一 30
돌매	돌매, 맷돌	磨 子	돌매	三 25
돌보다	돌보다	看 顧	돌보다	四 24
돗머	돛머	眠 桅	돗대누이다	四 4
돗대박이나모	돛대박이 나무	鹿 耳	돗대박이나모	四 4
동고림	동그라미	圈 子	동고림	二 7
되ᄭᅵ다	되깨다	甦 醒	되ᄭᅵ다	三 7
되다	되다	量 量	되다 又자히다	二 10
된밥	된밥	乾 飯	된밥	二 29
두로	두루	遍 瘡	두로허다	三 4
두렷ᄒᆞ다	둥글다	月 盈	돌두렷ᄒᆞ다	一 3
두로혀다	돌이키다	囬 頭	마리두로혀다	一 20
둘러안ㅅ다	둘러앉다	圍 坐	둘러안ㅅ다	一 19
뚤어지다	뚫어지다	磨 透	달하뚤어지다	四 29
둣터비	두꺼비	黑 蟆	둣터비	四 17
둥구레칼	둥굴레칼	團 枷	둥구레칼	三 16
둥굴리다	뒹굴리다	團 起 來	둥굴리다	四 1
뒤니ᄅᆞ다	번복하여 말하다	顚 倒 說	뒤니ᄅᆞ다	一 25
뒤ᄲᅡ지다	뒤빠지다	失 手 放	뒤ᄲᅡ지다	二 14
뒤ㅅ쟈락	뒷자락	後 襟	뒤ㅅ쟈락	二 24
뒤질리다	뒤질리다	茄 皮 眼	뒤질린눈	一 16
뒤집다	뒤집다	反 穿	뒤집어닙다	二 24

뒤트기옷	뒤트기옷	開岐袍	뒤트기옷	二 22
뒷다리	뒷다리	後腿	뒷다리	四 15
뒷드림	뒷드림	腦包	투구뒷드림	二 12
뒷솟동	뒷솟동	坐纓	뒷솟동	四 7
뒷터	뒷터	後院	집뒷터	二 21
드러나다	드러나다	露齒	니드러나다	一 16
드렁허리	드렁허리	鱔魚	드렁허리	四 19
드레	두레박	水斗	드레	三 11
드레	두레박	井繩	드레ㅅ줄	三 12
드림	드림	耳鏡	투구두녑드림	二 12
ᄯᅳ이다	띄우다	開船	빅ᄯᅳ이다	四 4
ᄯᅳᆫ구룸	뜬구름	浮雲	ᄯᅳᆫ구룸	一 4
들ᄭᅢ	들깨	蘇子	들ᄭᅢ	三 26
들기름	들기름	蘓油	들기름	二 30
들쇠	들쇠	提子	들쇠	三 13
들에ㅅ불	들불	荒火	들에ㅅ불	四 10
들이다	들이다	彎字炕	세면으로들인구돌	二 20
듧그믈	들그물	打扮罾	듧그믈치다	四 9
ᄠᅳᆷ단지ᄒᆞ다	뜸단지하다	拔火罐	ᄠᅳᆷ단지ᄒᆞ다	三 7
ᄠᅳᆷ질(ᄒᆞ다)	뜸질(하다)	艾灸	ᄠᅳᆷ질ᄒᆞ다	三 7
듯보다	듣보다	打聽	듯보다	四 25
듯ᄒᆞ다	듯하다	心焦	ᄆᆞ음ᄐᆞᄂᆞᆫ듯ᄒᆞ다	一 23
등걸숫	등걸숯	骨董炭	등걸숫	四 10
등긁이	등긁이	痒撓	등긁이	三 12
등ᄆᆞᄅᆞ	등마루	脊梁	몰등ᄆᆞᄅᆞ	四 15
ᄯᅴㅅ돈	띳돈	帶版子	ᄯᅴㅅ돈	二 22
ᄯᅴ수울	띳술	帶穗子	ᄯᅴ수울	二 23

띄어엿	띠의 테두리	帶圍	띄어엿	二 22
ᄣᅴ오다	띄우다	悶飯	밥ᄣᅴ오다	二 31
띄우다	띄우다	老米	씌워묵한발	三 25
디새집	기와집	瓦房	디새집	二 18
디오다	지우다	𪏭	옷세ᄢᅴ디오는진믈	二 26
ᄆᆞ이	매우	日平西	히ᄆᆞ이기우다	一 3
ᄆᆞ춤내	마침내	畢竟	ᄆᆞ춤내	四 30
ᄆᆞᆯ굽	말굽	馬蹄子	ᄆᆞᆯ굽	四 15
ᄆᆞᆯ굽쇠	말굽쇠	元寶	ᄆᆞᆯ굽쇠	三 18
ᄆᆞᆯ다갈	말굽의 대갈	馬釘子	ᄆᆞᆯ다갈	四 7
ᄆᆞᆯᄯᅩᇰ구으리	말똥구리	蜣螂	ᄆᆞᆯᄯᅩᇰ구으리	四 18
ᄆᆞᆯ리오다	말리다	曬乾	볏히ᄆᆞᆯ리오다	四 29
ᄆᆞᆯ총체	말총체	馬尾羅	ᄆᆞᆯ총체	三 11
ᄆᆞᆮ누의	맏누이	姐姐	ᄆᆞᆮ누의	一 13
ᄆᆞᆮ아ᄃᆞᆯ	맏아들	長子	ᄆᆞᆮ아ᄃᆞᆯ	一 13
ᄆᆞᆮ아자비	큰아버지	伯父	ᄆᆞᆮ아자비	一 13
ᄆᆡ듭	매듭	紇縒	실ᄆᆡ듭	二 28
ᄆᆡ암이	매미	秋蟬	ᄆᆡ암이	四 17
ᄆᆡ이	매우	潑狠	ᄆᆡ이셩내다	四 27
ᄆᆡ즙	매듭	方勝兒	수면ᄆᆡ즙	二 23
ᄆᆡ치다	맺히다	結粒	곡식알ᄆᆡ치다	三 23
ᄆᆡ티다	맺히다	結角兒	고토리ᄆᆡ티다	三 24
ᄆᆡᆫ밥	맨밥	空飯	ᄆᆡᆫ밥	二 29
마구	마구	亂扯	마구드리다	四 30
마리털	머리털	頭髮	마리털	一 17
마야지	망아지	馬駒	마야지	四 14
마조	마주	影壁	문마조ᄡᅳᆫ담	一 27

마조닥ᄃᆞ리다	맞닥드리다	碰着	마조닥ᄃᆞ리다	四 29
마조치다	마주치다	撞不着	마조치지못ᄒᆞ다	四 35
마즘	마침	這是	마즘	四 30
마치ᄒᆞ다	맞이하다	接風	마지ᄒᆞ다	四 26
마초	맞추어	甘雨	ᄣᅢ마초오ᄂᆞᆫ비	一 4
마초다	맞추다	親嘴	입마초다	一 21
막나이	막내	晚生子	막나이	一 13
막다ᄅᆞᆫ	막다른	死衚衕	막다ᄅᆞᆫ골	二 17
막오	마구	潑養	막오길으다	二 2
막ᄌᆞᄅᆞ다	막아 자르다	攔當	막ᄌᆞᄅᆞ다	四 24
막히다	막히다	話窮	말막히다	一 25
만ᄒᆞ다	만하다	充得過	견딜만ᄒᆞ다	四 34
만히	많이	雪大	눈만히오다	一 6
말리다	말리다	勸開	말리다	四 25
말음쇠	마름쇠	鐵蒺藜	말음쇠	二 14
말ᄒᆞ다	말하다	說話	말ᄒᆞ다	一 25
맛당이	마땅히	該當	맛당이	四 30
맛밧고다	맞바꾸다	對換	맛밧고다	三 21
맛보다	맛보다	嘗嘗	맛보다	三 1
맛비최다	맞비치다	日光轉射	ᄒᆡᆺ빗맛비최다	一 3
맛업다	맞엎다	嚮墻	지새맛업허ᄡᆞᆫ담	二 21
맛지다	맡기다	交付	맛지다	一 30
매그믈	매그물	鷹網	매그믈	四 8
매만지다	매만지다	抹泥	ᄒᆞᆰ매만지다	二 22
매부리코	매부리코	鷹嘴鼻	매부리코	三 6
매ㅅ자곡	맷자국	鞭根痕	매ㅅ자곡	三 5
먀옥ᄒᆞ다	매욱하다	乜斜	먀옥ᄒᆞ다	一 24

머귀나모	머귀나무	梧桐樹	머귀나모	四 20
머즉ᄒᆞ다	머츰하다	雨住	비머즉ᄒᆞ다	一 5
먹이다	먹이다	打糨	풀먹이다	二 25
먹줄	먹줄	墨線	먹줄	三 29
멀리	멀리	挑遠	멀리쏘다	二 14
멀믜ᄒᆞ다	멀미하다	暈船	빅ㅅ멀믜ᄒᆞ다	四 4
메오다	메우다	艌船	빈틈메오다	四 4
메우다	메우다	枷號	칼메워회시ᄒᆞ다	三 16
며ᄂᆞ리톱	며느리발톱	距	며ᄂᆞ리톱	四 12
멱부리ᄃᆞᆰ	멱부리닭	鬚鷄	멱부리ᄃᆞᆰ	四 12
몌오다	메우다	填坑	굴헝몌오다	一 10
멜줄	?멜빵	套繩	멜줄	四 5
모긔ㅅ불	모깃불	蚊烟	모긔ㅅ불	四 10
모도다	모으다	轃轃	ᄒᆞᆫ듸모도다	四 26
모래무지	모래무지	穿沙魚	모래무지	四 19
모ᄌᆞ라다	모자라다	不勾	모ᄌᆞ라다	三 21
목구무	목구멍	咽喉	목구무	一 16
목져	목젖	重唇	목져	一 16
몰리이다	몰리다	弓半欺	활몰리이다	二 14
몸ᄡᅵ	몸매	身量	몸ᄡᅵ	一 18
몸채	몸채	正房	몸채	二 18
못ᄒᆞ다	못하다	坐不住	안잣지못ᄒᆞ다	一 20
뫼ㅅ곡뒤	산꼭대기	山頂	뫼ㅅ곡뒤	一 10
뫼ㅅ굴헝	산골짜기	山壑	뫼ㅅ굴헝	一 10
뫼ㅅᄃᆞᆰ	멧닭	錦鷄	뫼ㅅᄃᆞᆰ	四 11
뫼ㅅ두던	산둔덕	坡子	뫼ㅅ두던	一 10
뫼ㅅ뒤	산 뒤	山背	뫼ㅅ뒤	一 10

뫼ㅅ등	산등성이	山 脊	뫼ㅅ등	一 10
뫼ㅅ앒	산 앞	山 陽	뫼ㅅ앒	一 10
뫼ㅅ오리	멧오리	野 鴨	뫼ㅅ오리	四 12
뫼ㅅ허리	산허리	山 腰	뫼ㅅ허리	一 10
묏ᄂᆞ물	멧나물	挑 菜	묏ᄂᆞ물킈다	三 29
묏비둘기	산비둘기	斑 鳩	묏비둘기	四 11
무듸질(ᄒᆞ다)	무두질(하다)	鍬 皮	가족무듸질ᄒᆞ다	四 9
무른밥	무른밥	爛 飯	무른밥	二 29
무리	무리	一 起 兵	ᄒᆞᆫ무리ㅅ군ᄉᆞ	二 11
무샤마귀	무사마귀	黃 子	무샤마귀	三 5
무서리	무서리	甜 霜	무서리	一 5
무쇠	무쇠	水 鐵	무쇠	三 19
무술	박주	水 酒	무술	三 1
무ᄌᆞ미(ᄒᆞ다)	무자맥질(하다)	氽 水	무ᄌᆞ미ᄒᆞ다	四 5
묵히다	묵히다	老 米	씌워묵힌밭	三 25
문ᄇᆡ	문배	酸 梨	문ᄇᆡ	三 26
물자ᄋᆡ	무자위	水 車	물자ᄋᆡ	三 25
뭇치다	묻히다	膏 筆	붓에먹뭇치다	二 7
믁이다	묵이다	籠 鷹	매믁이다	四 8
물가지	물가지	水 茄 子	물가지	三 28
물갈래	물갈래	河 汊	물갈래	一 11
물결	물결	波 浪	물결	一 11
물고기	물고기	魚	물고기	二 30
물구븨	물굽이	河 灣	물구븨	一 11
물드리다	물들이다	打 染	물드리다	二 28
물들이다	물들이다	染 造	물들이다	二 27
물밋	물밑	水 底	물밋	一 11

믈ㅅㄱ	물가	河 沿	믈ㅅㄱ	一 11
믈ㅅ거품	물거품	水 沫	믈ㅅ거품	一 11
믈ㅅ방올	물방울	水 泡	믈ㅅ방올	一 11
믈쑥	물쑥	蔄 蒿	믈쑥	三 29
믈여믈	물알	穗 含 漿	믈여믈드다	三 23
믈줄기	물줄기	水 泒	믈줄기	一 11
믌고기(젓)	물고기(젓)	魚 鮓	믌고기젓	二 30
믠소	민소	素 餡	믠소	二 30
믯그리	미꾸라지	泥 鰍	믯그리	四 20
미친개	미친개	風 狗	미친개	四 16
민며ᄂᆞ리	민며느리	童養媳婦	민며ᄂᆞ리	一 14
밀기올	밀기울	麩 子	밀기올	三 26
밀니다	밀리다	挨 擠	사롬만하밀니다	四 32
밀치다	밀치다	推 了	밀치다	一 22
밋기	미끼	魚 餌	밋기	四 9
밋ᄯᅥᆺ	? 토산물, 본산물	地 頭 的	밋ᄯᅥᆺ	三 20
밋지다	밑지다	虧 本	밋지다	三 21
ᄲᅵ이다	뽑히다	擧 人	향시에ᄲᅵᆫ인사롬	二 8
ᄇᆞᆰ쥐	박쥐	蝙 蝠	ᄇᆞᆰ쥐	四 11
ᄇᆞᆲ히이다	밟히다	被 跐	ᄇᆞᆲ히이다	一 22
ᄇᆡ부르다	배부르다	飽 了	ᄇᆡ부르다	三 1
ᄇᆡㅅ노	배의 노	划 子	ᄇᆡㅅ노	四 4
ᄇᆡㅅᄃᆞ리	배의 다리	跳 板	ᄇᆡㅅᄃᆞ리	四 5
ᄇᆡㅅ돗	배의 돛	篷	ᄇᆡㅅ돗	四 4
ᄇᆡㅅ고믈	(뱃)고물	船 梢	ᄇᆡㅅ고믈	四 4
ᄇᆡㅅ니믈	(뱃)이물	船 頭	ᄇᆡㅅ니믈	四 4
ᄇᆡㅅ대	뱃대끈	肚 帶	ᄇᆡㅅ대	四 6

빗돗대	뱃돗대	桅竿	빗돗대	四 4
바곳비	바고삐	纆繩	바곳비	四 6
바굴레	바굴레	籠頭	바굴레	四 6
바ᄂᆞ질(ᄒᆞ다)	바느질(하다)	裁縫的	바ᄂᆞ질ᄒᆞᄂᆞᆫ이	一 34
바ᄂᆞᆯ결이	바늘겨레	針扎子	바ᄂᆞᆯ결이	二 25
바ᄂᆞᆯ귀	바늘귀	紉針	바ᄂᆞᆯ귀셰다	二 25
바지춤	바지춤	開袴	바지춤빠히다	二 24
박박	박박	面麻裯	박박얽다	一 19
박음질	박음질	倒扣針	박음질	二 25
박히다	박히다	戳刺	가싀박히다	三 5
반갑다	반갑다	趂想	반갑다	二 5
반ᄃᆞ시	반드시	必定	반ᄃᆞ시	四 30
발쏩	발톱	修脚	발쏩다듬다	三 8
발ㅅ등	발등	脚背	발ㅅ등	一 18
발ㅅ바당	발바닥	脚心	발ㅅ바당	一 18
발쓰게	발싸개	褁脚	발쓰게	二 24
발톱	발톱	爪子	발톱	四 12
밤눈	밤눈	夜眼	몰밤눈	四 15
밥알	밥알	飯粒兒	밥알	二 29
밧골항	밭고랑	田溝	밧골항	三 23
밧두둙	밭두둑	田壠	밧두둙	三 23
밧바다	? 넓은바다, 밖바다	洋	밧바다	一 10
밧비	바삐	快些	밧비	四 31
밧침	받침	烙板	인도밧침젼반	二 25
뱝새	뱁새	鷦鷯	뱝새	四 11
버들개야지	버들강아지	柳絮	버들개야지.	四 22
버들나모	버드나무	柳樹	버들나모	四 21

버리다	벌리다	岔腿立	다리버리고셔다	一 20
버서나다	벗어나다	脫出	버서나다	三 15
버서지다	벗어지다	擦破油皮	피ᄌᆞ버서지다	三 5
버슴ᄒᆞ다	부스스하다	鬆寬	버슴ᄒᆞ다	四 30
벅국새	뻐꾸기	布穀	벅국새	四 11
벅벅이	벅벅이	一定	벅벅이	四 30
번득이다	번득이다	電光閃爍	번게번득이다	一 4
번ᄒᆞ다	번하다	眼亮	눈번ᄒᆞ다	一 21
벌떡이다	벌떡이다	驀起來	벌떡이다	一 20
벌ㅅ블	들불	燒荒	벌ㅅ블	一 10
벌이다	벌리다	張口	입벌이다	一 21
범나븨	범나비	蝴蝶	범나븨	四 17
벗기다	벗기다	剝梨皮	비벗기다	三 27
벗치다	뻗대다	抵賴	벗치다	三 15
베거리	베걸이	三脚	베거리	二 28
벼개	베개	枕頭	벼개	三 9
벼갯모	베갯모	枕頭頂	벼갯모	三 9
벼로믈집	벼룻물집	硯水城	벼로믈집	二 7
벼로ㅅ길	벼랑길	棧道	벼로ㅅ길	二 17
벼슬ᄒᆞ이다	벼슬시키다	除做官	벼슬ᄒᆞ이다	一 32
병아리	병아리	鷄雛	병아리	四 12
볘슬ᄒᆞ다	벼슬하다	做官	볘슬ᄒᆞ다	一 32
보람ᄒᆞ다	표하다	幌子	자분것 픈는집의보람ᄒᆞᆫ것	三 20
보조개우믈	보조개	笑印	보조개우믈	一 16
복쇼아뼈	복숭아뼈	踝子骨	복쇼아뼈	一 18
볼기빡	볼기짝	股鵪	볼기빡	一 18
뵈다	보이다	賣弄	쟈랑ᄒᆞ여뵈다	四 26

뵈다	보이다	老蒼	늙어뵈다	一19
뵈틀	베틀	機身	뵈틀	二28
부나븨	불나방	撲燈蛾	부나븨	四17
부넘기	부넘기	竈嗓	부넘기	二21
부레	부레풀	上鰾	부레소로다	四 2
부로ᄠᅳ다	부릅뜨다	睜眼	눈부로ᄠᅳ다	一21
부리이다	부림받다	欽差	나라명으로부리인이	一33
부쇠ㅅ깃	부싯깃	火絨	부쇠ㅅ깃	三12
부쇠ㅅ돌	부싯돌	火石	부쇠ㅅ돌	三12
부체	부채	扇子	부체	三12
부체ㅅ살	부챗살	扇骨子	부체ㅅ살	三12
부치다	붙이다	刮貼	긁고부치다	二 7
부헝이	부엉이	鵂鶹	부헝이	四11
북채	북채	鼓槌	북채	二 9
불ᄭᅩᆺ	불꽃	火苗	불ᄭᅩᆺ	四10
불노롬	불놀이	煙火	불노롬	四 3
불ㅅᄯᅩᆼ	불똥	火星	불ㅅᄯᅩᆼ	四10
불ᄲᅡ개	불쏘시개	引柴	불ᄲᅡ께	四10
불틔	불티	燄頭飛煤	불틔	四10
붓ᄭᅳᆺ	붓끝	筆尖	붓ᄭᅳᆺ	二 7
붓ᄃᆡ	붓대	筆管	붓ᄃᆡ	二 7
붓돗질ᄒᆞ다	부뚜질하다	颺颺	붓돗질ᄒᆞ다	三24
붓두겁	붓두껍	筆帽	붓두겁	二 7
붓박이창	붙박이창	死牕	붓박이창	二19
뷧독이다	비틀거리다	走踉蹌	뷧독이다	一20
븨틀다	비틀다	撚線	실븨트다	二28
비옷다	비웃다	陪笑	비옷다	一21

빗구럭이	빗꾸러기	債 權	빗구럭이	三 22
빗기다	빗기다	刷 馬	몰빗기다	四 15
빗놋타	빗놓다	姜 礤	빗노흔서ᄃᆞ리	一 27
빗저이	?빗답게	光 降	빗저이오다	二 5
ᄉᆞ기다	삭이다	消 化	먹은것ᄉᆞ기다	三 2
ᄡᆞ눈	싸라기눈	米 心 雪	ᄡᆞ눈	一 6
ᄉᆞ랑ᄒᆞ다	사랑하다	愛 疼	ᄉᆞ랑ᄒᆞ다	四 26
ᄉᆞ미부리	소맷부리	袖 口	ᄉᆞ미부리	二 24
ᄉᆞᆯ씨다	살찌다	胖	ᄉᆞᆯ씨다	一 19
ᄡᆞᆯ아기	싸라기	碎 米	ᄡᆞᆯ아기	三 26
ᄡᆞᆷ	쌈	一 包	ᄒᆞᆫᄡᆞᆷ	二 10
ᄉᆡᆼ각ᄒᆞ다	생각하다	想 一 想	ᄉᆡᆼ각ᄒᆞ다	一 22
사ᄅᆞᆷ	사람	陰 陽 人	음양아ᄂᆞᆫ사ᄅᆞᆷ	一 34
사록이다	절뚝거리다	畧 蹶	사록이다	四 14
사ᄎᆞᆷᄯᅢ	사침대	攪 棍	사ᄎᆞᆷᄯᅢ	二 28
산양ᄒᆞ다	사냥하다	打 圍	산양ᄒᆞ다	四 7
산영개	사냥개	韃 狗	산영개	四 16
살ㅅ대	화살대	箭 竿	살ㅅ대	二 13
살ㅅ짓	살깃	箭 翎	살ㅅ짓	二 13
살오	살려	活 鎖	살오ᄌᆞ모다	四 29
살오ᄂᆡ	살의 오늬	箭 扣	살오ᄂᆡ	二 13
살지다	살지다	面 皺	ᄂᆞᆺ체살지다	一 19
삼ᄯᅴ	삼띠	麻 帶	삼ᄯᅴ	二 3
삿깃	기저귀	尿 褯 子	삿깃	二 2
새로	새로	新 開 田	새로닐온밧	三 23
새ᄆᆡ	새매	雀 鷹	새ᄆᆡ	四 11
새ㅅ별	샛별	明 星	새ㅅ별	一 2

새옴	새암	喫醋	남진ᄃᆞ토ᄂᆞᆫ새옴	四 26
새옴ᄒᆞ다	새암하다	護草	여믈새옴ᄒᆞ다	四 15
샹업시	상없게	鬼混了	샹업시덤벙이다	四 33
서김	석임	酒醭	서김	三 1
서ᄂᆞᆯᄒᆞ다	서늘하다	凉快	서ᄂᆞᆯᄒᆞ다	一 8
서벅서벅ᄒᆞ다	서벅서벅하다	地鬆	ᄯᅡ서벅서벅ᄒᆞ다	一 9
석이다	썩이다	耐心	ᄆᆞ옴석이다	四 27
설날	설날	除夕	아ᄎᆞᆫ설날밤	一 8
섯ᄃᆞᆯ	섣달	臘用	섯ᄃᆞᆯ	一 7
세거리	세거리	丁字街	세거리	二 17
세오다	? (고집) 세우다	休強	세오지말라	四 27
셔름	설움	喫虧	셔름을닙다	四 24
써흐레	써레	耙	써흐레	三 24
셜핏ᄒᆞ다	설핏하다	日微斜	ᄒᆡ셜핏ᄒᆞ다	一 3
세오다	세우다	犁柱	보십허리에세온기동	三 24
셰우다	세우다	竪旗	긔셰우다	二 11
소기다	속이다	哄他	져를소기다	四 24
소ᄂᆡ활	쇠뇌활	弩弓	소ᄂᆡ활	二 13
소나모	소나무	松樹	소나모	四 20
소릐ᄒᆞ다	소리치다	馬嘶	물소릐ᄒᆞ다	四 15
소로다	솔게 하다	上鰾	부레소로다	四 2
소소다	솟구다	聳身	몸소소다	一 22
ᄡᅩ아가다	?쏜살같이 가다	流星	ᄡᅩ아가ᄂᆞᆫ별	一 3
소용이치다	소용돌이치다	打滾	소용이치다	四 14
속눈섭	속눈썹	眼睫毛	속눈섭	一 16
속닙	속잎	嫩葉兒	속닙	四 21
속이다	속이다	拐騙	후려속이다	四 27

손가락	손가락	指頭	손가락	一 17
손돕	손톱	修指甲	손돕다둠다	三 8
손등	손등	手背	손등	一 17
손목	손목	手腕	손목	一 17
손범아귀	(손) 범아귀	手虎口	손범아귀	一 17
손ㅅ금	손금	手紋	손ㅅ금	一 17
손ㅅ돕	손톱	手指甲	손ㅅ돕	一 17
손ㅅ바당	손바닥	手心	손ㅅ바당	一 17
손ㅅ벽	손뼉	拍手	손ㅅ벽티다	一 20
손ㅅ샷	손샅	手丫	손ㅅ샷	一 17
손시시	손씻이	澆手	손시시	四 24
손즛	손짓	手勢	손즛	一 20
솔닙	솔잎	松針	솔닙	四 22
솔방올	솔방울	松塔子	솔방올	四 22
솟아귀	솥아귀	竈口	솟아귀	二 20
송곳니	송곳니	月牙	송곳니	一 16
송이눈	송이눈	鵝毛雪	송이눈	一 6
쇠가릐	쇠가래	鐵杴	쇠가릐	三 24
쇠마치	쇠망치	鐵鎚	쇠마치	三 29
쇠북	쇠북	鐘	쇠북	二 9
쇠사슬	쇠사슬	鐵鎖	쇠사슬	三 16
쇠손	흙손	墁刀	쇠손	三 29
쇠야디	송아지	牛犢	쇠야디	四 13
쇳블	쇠뿔	牛角	쇳블	四 13
수개	수캐	公狗	수개	四 16
수기다	숙이다	穗子垂	고개수기다	三 23
수득이	수두룩이	尖量	수득이되다	二 16

ᄲᅮᆨ짐(ᄒᆞ다)	쑥찜(하다)	艾 焫	ᄲᅮᆨ짐ᄒᆞ다	三 7
술위ᄡᅵ	수레바퀴의 축	車 軸	술위ᄡᅵ	四 5
술위ㅅ ᄂᆞ룻	수레의 채	大 鞅	술위ㅅᄂᆞ룻멍에	四 5
술위ㅅ 멍에	수레의 멍에	車 輗	술위ㅅ멍에	四 5
술위ㅅ 박회	수레바퀴	車 輪	술위ㅅ박회	四 5
술위ㅅ살	수레바퀴의 살	輻 條	술위ㅅ살	四 5
술위ㅅ 쇠야기	수레의 쐐기	轄 子	술위ㅅ쇠야기	四 5
술위채	수레채, 끌채	車 轅	술위채	四 5
숨쉬다	숨쉬다	出 氣	숨쉬다	一 22
숨ᄎᆞ다	숨차다	喘 急	숨ᄎᆞ다	一 22
숫구무	숫구멍	顖 頂	숫구무	一 15
숫무우	순무	蔓 菁	숫무우	三 28
슈라ᄒᆞ다	수라들다	用 膳	슈라ᄒᆞ시다	三 1
쓰르렁이	쓰르라미	秋 涼 児	쓰르렁이	四 17
스츠실	시치마실	水 線	스츠실	二 25
쓴믈	경수(硬水)	苦 水	쓴믈	一 10
쓴바괴	씀바귀	曲 麻 菜	쓴바괴	三 28
쓸개	쓸개	膽	쓸개	一 17
슬먹다	슬슬 먹다	懶 待 喫	슬먹다	三 2
싀근싀근 ᄒᆞ다	시근시근하다	酸 疼	싀근싀근ᄒᆞ다	三 4
씌오다	씌우다	戴 葦 帽	붓두겁 씌오다	二 7
싀훤ᄒᆞ다	시원하다	暢 快	싀훤ᄒᆞ다	四 26
시르떡	시루떡	撒 糕	시르떡	二 29
신나모	신나무	茶 條 樹	신나모	四 21
실감기	실감개	線 板	실감기	二 28
실ᄭᅩ리	실꾸리	線 軸	실ᄭᅩ리	二 27
실테	실테	線 績	실테	二 28

씰홈ᄒᆞ다	씨름하다	捽 校	씰홈ᄒᆞ다	四 2
인민이	애매히	屈 認	인민이승복ᄒᆞ다	三 15
인민히	애매히	賴 誣	인민히보칙다	四 24
아감질(ᄒᆞ다)	?아감질하다	格 蹬	아감질ᄒᆞ다	一 22
아릿동	아랫도리	甲 裙	갑옷아릿동	二 12
아릿비	아랫배	小 肚	아릿비	一 17
아랫목	아랫목	炕 頭	아랫목	二 20
아븨누의	고모	姑 母	아븨누의	一 13
아ᄋᆞ누의	여동생	妹 子	아ᄋᆞ누의	一 13
아ᄋᆞ아자비	작은아버지	叔 父	아ᄋᆞ아자비	一 13
아이다	빼앗기다	被 搶	아이다	三 14
아즈랑이	아지랭이	野 馬	아즈랑이	一 5
악쁘다	악쓰다	用 強	악쁘다	四 25
안다	안다	抱 着	안다	四 29
안치다	앉히다	蹲 鷹	민안치다	四 8
알프다	아프다	肚 子 疼	비알프다	三 3
ᄋᆞᆲ솟동	(말의) 앞가슴걸이	前 纓	ᄋᆞᆲ솟동	四 7
ᄋᆞᆲ쟈락	앞자락	前 襟	ᄋᆞᆲ쟈락	二 24
암개	암캐	母 狗	암개	四 16
암ᄂᆡ	암내	狐 臊 氣	암ᄂᆡ	三 5
압니	앞니	門 牙	압니	一 16
압다리	앞다리	前 脚	압다리	四 15
앗갑다	아깝다	可 惜	앗갑다	四 27
앗겨ᄒᆞ다	아껴하다	捨 不 得	앗겨ᄒᆞ다	四 32
애쁘다	애쓰다	淘 氣	애쁘다	一 23
어긔롭다	너그럽다	魁 偉	어긔롭다	一 19
어득ᄒᆞ다	어둑하다	雲 黑	구룸어득ᄒᆞ다	一 4

어려워ᄒᆞ다	어려워하다	作 難	어려워ᄒᆞ다	四 25
어롱괴	얼룩고양이	花 猫	어롱괴	四 16
어롱쇼	얼룩소	花 牛	어롱쇼	四 13
어룬	어른	長 輩	어룬	一 15
어룬스럽다	어른스럽다	粧 體 面	어룬스러온쳬	四 32
어름	얼음	氷	어름	一 11
어릐	얼레	籰 子	어릐	二 29
어믜계집동싱	이모	姨 母	어믜계집동싱	一 13
어우로다	어우르다	紉 線	실어우로다	二 28
어으렁이	?두쪽으로 된 씨	並 蒂 子	어으렁이	三 27
어즐ᄒᆞ다	어질어질하다	頭 眩	마리어즐ᄒᆞ다	三 3
얼러몰	얼룩말	花 馬	얼럭몰	四 14
얼의다	얼리다	凝 了	얼의다	二 32
얼킈다	얽히다	絲 亂	실얼킈다	二 28
얽머흘다	얽고 험하다	坎 坷 地	얽머흔싸	一 9
엄니	어금니	齙 牙	엄니	一 16
업누르다	엎어 누르다	強 壓 住	업누르다	四 33
업슈이	없이	小 看	업슈이너기다	四 25
엇므르다	엇마르다	顛 倒 裁	엇므르다	二 25
에옴길	에움길, 굽은길	彎 路	에옴길	二 17
에우치다	지워버리다	句 抹	에우치다	二 6
여름	열매	結 子	여름여다	四 22
여어보다	엿보다	偷 看	여어보다	一 21
열리다	열리다	門 走 扇	문결로열리다	二 19
열쇠	열쇠	鑰 匙	열쇠	三 12
오래	오래	久 違	오래못볼다	二 5
오리	오라기	封 條	봉ᄒᆞᄂᆞᆫ오리죠히	一 30

온갓	온갓	一 切	온갓	四30
올감이	올가미	活扣子	올감이	四 8
올나다	올리다	紬 子	사긔에올나는물	三19
올리다	올리다	報 捷	쳡셔올리다	二12
올창이	올챙이	蝌 蚪	올창이	四17
올ᄒᆡ	올해	今 年	올ᄒᆡ	一 7
옴기다	옮기다	會挪步	발옴기다	二 2
옴두터비	옴두꺼비	癩蝦蟆	옴두터비	四17
옷거리	옷걸이	衣 架	옷거리	三 9
옷것섭	옷겉섶	大 襟	옷것섭	二24
옷기슭	옷기슭	衣 邊	옷기슭	二24
옷깃	옷깃	風 領	털두론옷깃	二23
옷쟈락	옷자락	割 襟	옷쟈락버혀혼인뎡ᄒᆞ다	二 1
외겹실	외겹실	絲	외겹실	二27
외ㅅ손	오이덩굴손	瓜 蔓	외ㅅ손	三29
요ᄉᆞ이	요사이	一 向	요ᄉᆞ이	四31
욕ᄒᆞ다	욕하다	罵 話	욕ᄒᆞ다	三13
우러리창	우러리창	天 牕	우러리창	二19
우렁이	우렁이	土 螺	우렁이	四20
욱이다	욱이다	凹 進	욱여드다	四 8
울섭	울섶	夾木柵	울섭막다	二22
움즉이다	움직이다	不動憚	움즉이지아니타	四32
웃동	윗도리	甲 身	갑옷웃동	二12
웃목	웃목	炕 梢	구돌웃목	二20
웃옷	웃옷	袍 子	웃옷	二22
웃짐	웃짐	梢 頭	웃짐	四 6
원슈스럽다	원수스럽다	業 障	원슈스러온놈	三13

의젓ᄒᆞ다	의젓하다	不肖	의젓지아니타	三 13
이녁	이녁	賤姓	이녁셩	一 35
이다지	이다지	偌多	이다지하다	四 26
이릐ᄒᆞ다	응석부리다	撒嬌	이릐ᄒᆞ다	二 2
이리	이리	這些	이리	四 31
이리나져리나	이러나저러나	横竪	이리나져리나	四 27
이리져리	이리저리	支吾	이리져리ᄒᆞ다	一 24
이즈러지다	이지러지다	月虧	돌이즈러지다	一 3
이즈음	이즈음	這囬子	이즈음	四 35
일ᄒᆞ다	일하다	辦事	일ᄒᆞ다	四 27
입시욹	입술	唇	입시욹	一 16
입아귀	입아귀	馬嚼瘡	입아귀허다	三 4
입치기	입치다꺼리	圖嘴	입치기만싱각ᄒᆞ다	四 26
입하ᄂᆞᆯ	입천장	巧舌	입하ᄂᆞᆯ	一 16
입힐홈	입다툼	合口	입힐홈	三 14
잇기	이끼	青苔	잇기	四 24
ᄌᆞ모다	잠그다	活鎖	살오ᄌᆞ모다	四 29
ᄌᆞ물쇠	자물쇠	鎖子	ᄌᆞ물쇠	三 12
ᄌᆞ믌쇠	자물쇠	鎖穿條	ᄌᆞ믌쇠압다리	三 12
ᄌᆞ애	자새	轆轤	ᄌᆞ애	三 11
ᄌᆞ옥ᄒᆞ다	자옥하다	霧濃	안개ᄌᆞ옥ᄒᆞ다	一 5
ᄌᆞᆫ말	잔말	小米子話	ᄌᆞᆫ말	一 25
ᄌᆞᆫ믈으다	?진무르다	紅爛眼	눈ᄌᆞᆫ믈으다	三 5
ᄌᆞᆫ허리	잔허리	軟腰	ᄌᆞᆫ허리	一 17
ᄌᆞᆷㅅ귀	잠귀	睡聰	ᄌᆞᆷㅅ귀ᄇᆞᆰ다	一 21
ᄌᆞᆷᄌᆞᆷᄒᆞ다	잠잠하다	默口	ᄌᆞᆷᄌᆞᆷᄒᆞ다	一 21
진나비	잔나비, 원숭이	猢猻	진나비	四 13

자괴질(ㅎ다)	자귀질(하다)	鏟 去	자괴질ㅎ다	四 1
자히다	재다	量 量	되다又자히다	二 10
잡히다	잡히다	見 贓	잡힌장믈	三 15
잣나모	잣나무	果 松 樹	잣나모	四 20
잰나귀	? 빠른 나귀	快 驢	잰나귀	四 15
쟈랑ㅎ다	자랑하다	賣 弄	쟈랑ㅎ여뵈다	四 26
쟛송이	잣송이	栢 塔 子	쟛송이	四 22
쟝구아비	장구아비	釘 倒 蟲	쟝구아비	四 18
저올눈	저울눈	毫 星	저올눈	三 12
저올ㅅ대	저울대	枰 竿	저올ㅅ대	三 12
저프다	두렵다	害 怕	저프다	一 23
저히다	위협하다	嚇 他	저히다	四 25
절이다	절이다	用 塩	절이다	二 32
져그나	적으나마	小 便 宜	져그나	四 34
져기	적이	雨 少 停	비져기 머즉ㅎ다	一 5
져리	저리	那 些	져리	四 31
져비	제비	拙 燕	져비	四 12
젹이다	제기다	准 状	소지젹이다	三 14
졀ㅎ다	절하다	拜	졀ㅎ다	一 27
졉히다	접히다	讓 子	바둑졉히다	四 3
졋곡지	젖꼭지	妳 嘴	졋곡지	一 17
졋니	젖니	妳 牙	졋니	一 16
졋아비	? 젖아비	奶 公	졋아비	一 14
졋어미	젖어미	奶 娘	졋어미	一 14
조쇼리키다	쪼그리다	跐 着 坐	조쇼리켜안ㅅ다	一 20
조을음	졸음	睡 頭	조을음	一 20
조이ㅎ다	花紋새기다	起 花	조이ㅎ다	四 1

좃집	조짚	穀 草	좃집	三 26
죠알이	종아리	鴨 脚	안뱡죠알이	三 6
죠희돈	종이돈	紙 錢	죠희돈	三 17
죵다리새	종달새	銅 嘴	수죵다리새	四 11
죵아리	종아리	小 腿	죵아리	一 18
주름	주름	拏 褶 子	주름잡다	二 25
주리다	줄이다	裁 缺	졀주리다	一 33
주머귀	주먹	拳 頭	주머귀	一 17
주머니	주머니	荷 包	주머니	二 23
죽엄	주검	尸 身	죽엄	二 2
죽은깨	죽은깨	雀 瘢	죽은깨	三 5
죽이다	죽이다	法 場	사룸죽이는터	三 16
줄살	줄살	繫 綠 箭	줄살	二 13
쥐덧	쥐덫	木 猫	쥐덧	三 13
쥐며ᄂᆞ리	쥐며느리	濕 生 虫	쥐며ᄂᆞ리	四 18
쥐어지르다	쥐어지르다	拳 搗	주머귀로쥐어지르다	三 14
쥐젓	쥐젖	米 口 疥	쥐젓	三 5
즈름길	지름길	抄 路	즈름길	二 17
즌퍼리	진펄	茅 蕩	즌퍼리	一 10
지게	지게	背 架 子	지게	三 11
지오다	지우다	退 毛	털지오다	四 9
지우다	지우다	放 牕	창지우다	二 20
짐	짐	包 子	짐	四 6
집게	집게	鉗 子	집게	三 29
집벅이다	? 덤벙이다	打 奔	물집벅이다	四 14
집팡이	지팡이	拐 杖	집팡이	三 11
짓비단	우단	羽 緞	짓비단	二 26

ᄎᆞ조	차조	小 黃 米	차조	三 25
ᄎᆞ조기	차조기	紫 蘇 菜	ᄎᆞ조기	三 28
ᄎᆞ지ᄒᆞ다	차지하다	馬 牌 子	역마ᄎᆞ지ᄒᆞᄂᆞᆫ사ᄅᆞᆷ	一 34
ᄎᆞᆯ기장	찰기장	黍 子	ᄎᆞᆯ기장	三 26
ᄎᆞᆯᄯᅥᆨ	찰떡	粘 饈	ᄎᆞᆯᄯᅥᆨ	二 29
ᄎᆞᆯ슈슈	찰수수	粘 高 粱	ᄎᆞᆯ슈슈	三 26
ᄎᆞᆷᄭᅢ	참깨	芝 麻	ᄎᆞᆷᄭᅢ	三 26
ᄎᆞᆷ기름	참기름	香 油	ᄎᆞᆷ기름	二 30
ᄎᆞᆷ나믈	참나물	山 芹 菜	ᄎᆞᆷ나믈	三 28
ᄎᆞᆷ먹	참먹	香 墨	ᄎᆞᆷ먹	二 8
ᄎᆞᆷᄇᆡ	참배	甜 梨	ᄎᆞᆷᄇᆡ	三 26
ᄎᆞᆷ버슷	목이버섯	木 耳	ᄎᆞᆷ버슷	三 29
ᄎᆞᆷ빗	참빗	篦 子	ᄎᆞᆷ빗	三 8
ᄎᆞᆷ빗질(ᄒᆞ다)	참빗질(하다)	篦 了	ᄎᆞᆷ빗질ᄒᆞ다	三 8
ᄎᆞᆷ새	참새	麻 雀	ᄎᆞᆷ새	四 11
ᄎᆞᆷ외	참외	香 瓜	ᄎᆞᆷ외	三 27
ᄎᆞᆸᄡᆞᆯ	찹쌀	粘 米	ᄎᆞᆸᄡᆞᆯ	三 25
ᄎᆡ오다	채우다	湃 了	ᄎᆡ오다	二 32
ᄎᆡ이다	채이다	被 踢	ᄎᆡ이다	三 14
ᄎᆡ칼	채칼	擦 床	ᄎᆡ칼	三 10
채	채	天 大 亮	채ᄇᆞᆰ다	一 9
쳐가ᄉᆞ리(ᄒᆞ다)	처가살이(하다)	贅 居	쳐가ᄉᆞ리ᄒᆞ다	二 1
체ᄒᆞ다	체하다	放 刁	야긔ᄊᆞᆫ체ᄒᆞ다	四 25
축축ᄒᆞ다	축축하다	地 潮	ᄯᅡ축축ᄒᆞ다	一 9
춤	춤	舞	춤	二 9
춤밧기	턱받이	褔 子	아ᄒᆡ춤밧기	二 2
칼ᄂᆞᆯ	칼날	鐋 刀	칼ᄂᆞᆯ세우다	四 1

칼ᄌᆞᄅᆞ	칼자루	刀 把	칼ᄌᆞᄅᆞ	二12
칼짓	칼깃	翅 大 翎	칼짓	四12
켸이다	켕기다	撐 皮	가족켸이다	四 9
코ㅅ구무	콧구멍	鼻 孔	코ㅅ구무	一16
코ㅅ도래	(쇠)코뚜레	鼻 鍋 子	쇠코ㅅ도래	四16
코ㅅᄆᆞᄅᆞ	콧마루	鼻 樑	코ㅅᄆᆞᄅᆞ	一16
코ㅅ믈	콧물	鼻 涕	코ㅅ믈	一16
코ㅅ방올	콧방울	鼻 翅	코ㅅ방올	一16
코키리	코끼리	象	코키리	四13
콩각대	콩깍지	豆 稭	콩각대	三26
콩고토리	콩꼬투리	豆 角	콩고토리	三24
콩ᄑᆞᆺ	콩팥	腰 子	콩ᄑᆞᆺ	一18
킈	키	身 子 高	킈크다	一19
터어엿	터둘레	院 圈 子	터어엿	二21
터지다	터지다	地 坼	ᄶᅡ터지다	一 9
톱니	톱니	鋸 齒	톱니	三30
톱밥	톱밥	鋸 末	톱밥	三30
틔눈	티눈	鷄 眼	발의틔눈	三 4
티이다	치이다	車 碾 子	술위예티이다	四 6
ᄑᆞ리치	파리채	蠅 拂 子	ᄑᆞ리치	三12
ᄑᆞᆯ쇠	팔찌	釧 子	ᄑᆞᆯ쇠	三 8
ᄑᆞᆺ듥	팥닭	鸂 鶒	ᄑᆞᆺ듥	四11
파ㅅ종지	팟종	葱 管	파ㅅ종지	三29
파임	파임	字 尾	글ᄌᆞ파임	二 6
퍼붓다	퍼붓다	傾 盆 雨	퍼붓듯오ᄂᆞᆫ비	一 5
편히	편히	穩 坐	편히 안ㅅ다.	一19
표범	표범	豹	표범	四13

풀치다	풀치다	採頭髮	마리털풀쳐잡다	三14
퓌오다	피우다	煤火炕	불퓌오ᄂᆞᆫ구돌	二20
픠오다	피우다	燒香	향픠오다	三17
피ㅅ대	핏대	血道	피ㅅ대	一18
핑계ᄒᆞ다	핑계하다	托辭	핑계ᄒᆞᄂᆞᆫ말	四27
핑이	팽이	托羅	핑이	四3
ᄒᆞᄅᆞ사리	하루살이	蠓虫	ᄒᆞᄅᆞ사리	四18
ᄒᆞᆫᄂᆞ졸(ᄀᆞ리)	한나절(갈이)	一晌田	ᄒᆞᆫᄂᆞ졸ᄀᆞ리	三23
히ㅅ귀엿골	햇귀의 고리	日珥	히ㅅ귀엿골	一3
히ㅅ모로	햇무리	日暈	히ㅅ모로	一3
히ㅅ빗	햇빛	日光	히ㅅ빗	一3
할미새	할미새	鶺鴒	할미새	四11
합ᄉᆞ실	합사실	線	합ᄉᆞ실	二27
핫옷	핫옷	胖襖	두터온핫옷	二23
해롭다	해롭다	不妨事	해롭지아니타	四32
허리띄	허리띠	褲帶子	허리띄	二23
허믈	허물	過失	허믈	四25
허믈ᄒᆞ다	허물로 삼다	怪他	허믈ᄒᆞ다	四25
헙피	헤피	濫錢	헙피쓰ᄂᆞᆫ돈	四27
헤옴(ᄒᆞ다)	헤엄(하다)	泅水	헤옴ᄒᆞ다	四5
헷치다	헤치다	攤開	헷치다	四29
혀기다	에누리하다	講價	갑혀기다	三20
혀ㅅ긋	혀끝	舌尖	혀ㅅ긋	一16
혀쇠	혀쇠	折舌	혀쇠	二22
혈믈	?인도마(引導馬)	頂馬	혈믈	四14
형아ᄋᆞ	형제	叔伯弟兄	ᄉᆞ촌형아ᄋᆞ	一13
혬	셈	完賬	혬못다	三21

호리호리ᄒᆞ다	호리호리하다	高 條	모양호리호리ᄒᆞ다	一 19
홋바지	홑바지	單 褌	홋바지	二 23
홋옷	홑옷	單 衣	홋옷	二 23
환질ᄒᆞ다	? 맞서가다	折 搶	역풍의환질ᄒᆞ다	四 4
활시위	활시위	弓 絃	활시위	二 13
활좀	활줌통	弓 弝	활좀	二 13
홰ㅅ불	횃불	火 把	홰ㅅ불	四 10
후리ㅅ그믈	후릿그물	圍 網	후리ㅅ그믈	四 8
휘우다	휘게 하다	撅 彎	휘우다	四 1
흐리오다	흐리게 하다	抹 了	흐리오다	二 6
흔나므라다	마구 나무라다	駁 弾	흔나므라다	四 28
흔ᄒᆞ다	(값)싸다	價 賤	갑흔ᄒᆞ다	三 20
흘레(ᄒᆞ다)	흘레(ᄒᆞ다)	虎 走 仰	범흘레ᄒᆞ다	四 16
흙밧기	흙받기	泥 托	흙밧기	三 29
흙비	흙비	土 雨	흙비	一 5
흙손	흙손	抹 子	흙손	三 29
흣들리다	흩뜨리다	抛 撒	흣들리다	四 30
흣터지다	흩어지다	雲 綻	구름흣터지다	一 4
희번득이다	희번덕거리다	飜 白 眼	눈희번득이다	一 21
희조출ᄒᆞ다	희고 조촐하다	白 淨	희조출ᄒᆞ다	一 18
흰ᄌᆞ의	흰자위	蛋 清	흰ᄌᆞ의	四 12
힘ㅅ줄	힘줄	筋	힘ㅅ줄	一 18
힘쓰다	힘쓰다	用 力	힘쓰다	四 24